U0584181

活在洪武时代

朱元璋治下小人物的命运

谌旭彬 ◎ 著

浙江人民出版社

图书在版编目（CIP）数据

活在洪武时代：朱元璋治下小人物的命运 / 谌旭彬
著. -- 杭州：浙江人民出版社，2022.7（2024.11重印）
ISBN 978-7-213-10567-8

Ⅰ. ①活… Ⅱ.①谌… Ⅲ.①法制史—研究—中国—
明代 Ⅳ.①D929.48

中国版本图书馆CIP数据核字（2022）第056934号

本书中文简体版由北京行距文化传媒有限公司授权浙江人民出
版社有限公司在中国大陆地区（不包括香港、澳门、台湾）独家出版、
发行。

活在洪武时代：朱元璋治下小人物的命运
谌旭彬 著

出版发行：浙江人民出版社（杭州市环城北路 177 号 邮编 310006）
　　　　　市场部电话：（0571）85061682　85176516
责任编辑：尚 婧 魏 力
策划编辑：魏 力
营销编辑：陈雯怡 张紫懿 陈芊如
责任校对：何培玉
责任印务：幸天骄
封面设计：人马艺术设计·储平
电脑制版：北京之江文化传媒有限公司
印　　刷：杭州丰源印刷有限公司
开　　本：710 毫米 × 1000 毫米 1/16 印　张：18
字　　数：260 千字 插　页：4
版　　次：2022 年 7 月第 1 版 印　次：2024 年 11 月第 6 次印刷
书　　号：ISBN 978-7-213-10567-8
定　　价：88.00 元

如发现印装质量问题，影响阅读，请与市场部联系调换。

前　言

这本书的主角不是朱元璋,而是朱元璋四编《大诰》[①]笔下的那些"洪武愚顽"。所以,书里没有帝王将相们的雄才大略,只有被统治者们的辗转腾挪。

愚顽和它的同义词顽愚、顽民、奸顽等,是四编《大诰》里极常见的词汇。

在《御制大诰》里,朱元璋骂洪武时代的百姓,说他们中的许多人是"不知其报"的"顽民"[②],不懂得感恩君王、报答君王。对句容县百姓实施了大屠杀后,朱元璋也不忘感慨"若此顽愚,将何治耶!"[③]。《御制大诰三编》里,朱元璋回顾颁布《御制大诰续编》的动机,也说是为了"警省愚顽"[④]。《大诰武臣》里,朱元璋又说,军中将官全是些"愚顽贪财不怕死的,说了干无事。似这等难教难化,将了怎地好?"[⑤]。

在朱元璋的语境里,"洪武愚顽"指的是那些生活在洪武时代,既愚蠢又顽固,不肯接受朝廷教化的"不合格的被统治者"。他们遍布在洪武时代的各

---

① 本书若无特殊说明,《大诰》一般是指四编《大诰》。最早发行的《大诰》一般称作《御制大诰》。

② 《御制大诰·民不知报第三十一》,张德信、毛佩琦主编:《洪武御制全书》,黄山书社1995年版,第762页。

③ 《御制大诰·伪钞第四十八》,《洪武御制全书》,第771页。

④ 《御制大诰三编·序》,《洪武御制全书》,第858页。

⑤ 《大诰武臣·序》,《洪武御制全书》,第930页。

个角落，其身份可以是官员、胥吏与兵卒，也可以是农夫、商贾、工匠与读书人，甚至还包括僧侣与道士。

本书讲述的，便是这些人的故事。

按朱元璋四编《大诰》的说法，这些"愚顽"全都是些不可救药之人，他们被罚去做工役、充军流放乃至枭首凌迟、株连全家，皆是罪有应得。但需注意的是，明帝国百姓被勒令户户皆有、人人诵读的《大诰》，究其本质乃是一种宣传品。朱元璋颁布这些宣传品的核心目的，是想要树立自己仁德爱民的政治形象①，并对明帝国百姓实施思想控制②与行为控制③。

所有的宣传品都有一个共通的特点，就是会将其真实目的甚至可怕的那一面，用各种漂亮的外衣层层包裹起来。《大诰》自然也是这样做的。比如《御制大诰》第五十八条的内容，是朱元璋要在明帝国全境实施"乡饮酒礼"④——这是一种古老的聚餐活动。据《仪礼》记载，这种活动原本在"乡校"（地方官办学校）举行，由乡大夫与乡先生拟定宾客名单，再邀请宾客至乡校中堂，奏乐敬酒以示尊重。⑤活动的主要功能有二：一是"宾贤能"，也就是招待贤者（唐代演变为宴请科举中榜者）；二是"尚齿"，即对年老者表达敬意。自两汉至唐宋，乡饮酒礼的主要操办者乃是地方官府。唐太宗曾在贞观六年（632）下诏，命令各州长官负责恢复该礼；唐玄宗也曾在开元六年（718）下诏，命令

---

① 如《御制大诰·朝臣优劣第二十六》致力于驳斥"朝廷罪人，玉石不分"。见《洪武御制全书》，第760页。

② 如《御制大诰续编·明孝第七》宣扬"忠君才是大孝"的观念。见《洪武御制全书》，第798页。

③ 最典型的手段之一便是知丁法的推行。见《御制大诰续编·互知丁业第三》，《洪武御制全书》，第795—796页。

④ 洪武五年（1372）时，朱元璋便已"诏天下举行乡饮酒礼"，但成效有限，故《御制大诰》又再次强调。见《明太祖实录》卷七十三，洪武五年夏四月戊戌条。

⑤ 具体可参见杨宽《"乡饮酒礼"与"飨礼"新探》。杨宽：《古史新探》，复旦大学出版社2016年版，第214—234页。

地方官府在每年十二月必须举行乡饮酒礼。①

　　乡饮酒礼的这种传统形象，便是一件漂亮的外衣。与前代重在表彰与致敬不同，朱元璋版本的乡饮酒礼增加了"别奸顽异罪人"的内容。他在《御制大诰》里说得明白：

　　朕本不才，不过申明古先哲王教令而已。所以乡饮酒礼，叙长幼、论贤良，别奸顽，异罪人。其坐席间，高年有德者居于上，高年淳笃者并之，以次序齿而列。其有曾违条犯法之人，列于外坐，同类者成席，不许干于善良之席。主者若不分别，致使贵贱混淆，察知，或坐中人发觉，主者罪以违制。奸顽不由其主，紊乱正席，全家移出化外，的不虚示。呜呼！斯礼始古先哲王之制，妥良民于宇内，亘古至今。兴者，乡里安，邻里和，长幼序，无穷之乐，又何言哉。吾今特申明之，从者昌，否者亡。②

　　按朱元璋的规划：一，乡饮酒礼进入吃喝环节之前，会有漫长的政策宣讲和律例诵读，地方上所有百姓都要参加——早在洪武十六年（1383），朱元璋便已下诏勒令有违法犯罪前科者必须出席乡饮酒礼，"如有过犯之人，不行赴饮，及强坐众宾之上者，自系顽民，主席及诸人首告，迁徙边远住坐，其主席者及众宾推让有犯人在上坐，同罪"③。胆敢不参加者便是"顽民"，会被强制流放至偏远地区。二，整个宴会分为"正席"（善良之席）和"外座"（奸顽之席）两大区块。"高年有德者"与"高年淳笃者"坐在善良之席的上首，余者按年龄顺序入座。"违条犯法之人"只能集体入座奸顽之席。若有人不守规矩，或主持者纵容他人不守规矩，都要被流放。这种区分，是此前任何朝代举

　　①　《唐会要》卷二十六"乡饮酒"，（宋）王溥撰：上海古籍出版社2012年版，第581页。
　　②　《御制大诰·乡饮酒礼第五十八》，《洪武御制全书》，第775—776页。
　　③　《大明律附例》卷十二"乡饮酒礼"。

办乡饮酒礼时都未曾有过的举措。①

　　很显然，朱元璋的意图是以传统的乡饮酒礼为壳，来推行一种以集体聚餐的方式对"曾违条犯法之人"实施当众羞辱的治理政策，目的是让这些已被官府贴上"顽民"标签的百姓，在已遭受过律法的惩处之后（《大诰》的量刑尺度本就远超《大明律》，多是法外之刑），仍永久性地陷在"社会性死亡"的泥潭之中。为了将该政策落到实处，朱元璋制定了严厉的惩罚措施。若有"奸顽罪人"坐上善良之席，不但主持聚餐者会被治以重罪，乱席者本人也会被全家流放边疆。为了提升该政策的威慑力，朱元璋还强化了乡饮酒礼的举办频率。唐宋两代不过由州府每年举办一次（许多年份甚至不举办），朱元璋则规定府州县每年正月、十月必须各举办一次；县以下的里社，则以每百户人家为单位，由粮长或里长主持，每个季度举办一次。换言之，一个被烙上了"顽民"标签的底层百姓，每年至少要被拉出去示众羞辱四次。

　　这种让人一辈子"社会性死亡"的法外之刑，是极为可怕的东西。朱元璋却可以用"斯礼始古先哲王之制，妥良民于宇内，亘古至今"之类的文辞，将这种可怕的法外之刑打扮得理所当然。

　　再如，为了消灭"逸民"，朱元璋实施了严酷的知丁法，规定凡不在士农工商四业范围内谋生者，便是社会的害虫。为了消灭这些"害虫"，民众必须"互相知丁"，也就是知晓邻居从事何种职业，家中有几口人，何时出门何时归来，有哪些社会关系，且逼迫民众互相举报。如果邻居、亲戚与里甲发现了"逸夫"不抓，等到这个"逸夫"犯了事被官府拿住，"逸夫"本人处死，邻

---

　　① 　北魏太和十一年（487）恢复乡饮酒礼的诏书，也仅要求各州县将"不率长教者具以名闻"，也就是将不服从管教的百姓写成名单，上呈存档，并未将这些百姓拉到乡饮酒礼上公开羞辱。见《魏书·高祖本纪》，中华书局1974年版，第163页。此外，洪武五年（1372）朱元璋第一次下诏恢复乡饮酒礼时尚无这种区分，洪武十四年才增入"违条犯法之人列于外坐，同类者成席，不许杂于善良之中"的规定。见《明太祖实录》卷一百三十五，洪武十四年二月丁丑条。

居、亲戚与里甲连坐，要被流放到不毛之地。①

　　这种暴政只能造就一个互相举报、互相告密的高压社会、特务社会。许多的所谓"逸民"，便因为邻居亲戚的举报而遭到工役流放乃至诛杀的酷刑。朱元璋自己在《御制大诰续编》中也承认，"蒸民之中有等顽民，其顽也如是，其奸也如是，其愚也如是。呜呼!……今朕不能申古先哲王之道，所以奸顽受刑者多"②。

　　为了粉饰这种残酷，《大诰》中所有与消灭逸民有关的内容，都被精心包装了起来。包装的基本手段，便是渲染逸民如何包揽词讼，如何敲诈勒索，如何为非作歹。在《御制大诰续编》里，朱元璋一直在不厌其烦地列举：松江当地的逸民如何与官府勾结，"纷然于城市乡村扰害吾民"③；嘉兴当地的逸民，如何私刻催粮官的印章，假装成朝廷的催粮官，一路骗吃骗喝敲诈民众④……将残酷害民的知丁法，打扮成了"全是为了民众好"。

　　其实，只要稍具逻辑，便不难看穿其中的玄机：一，无论是勾结官府迫害民众，还是私刻官印敲诈民众，问题的根源都在官府。唯有官府失职，逸民才会有包揽词讼之类的机会。二，部分逸民犯罪，不代表所有逸民皆有罪。罗列一桩又一桩逸民犯罪的案例，来证明所有逸民都是社会的害虫，来证明民众没有在士农工商之外另寻生计的权利，来证明邻里间有互相举报、互相告密的必要性，来证明没有"路引"便不许离开村镇的政策具有合理性……如此种种，

　　① 《御制大诰续编·互知丁业第三》，《洪武御制全书》，第795页。原文是："市村绝不许有逸夫……若一里之间，百户之内，见诰仍有逸夫，里甲坐视，邻里亲戚不拿，其逸夫者，或于公门中，或在市间里，有犯非为，捕获到官，逸民处死，里甲四邻，化外之迁，的不虚示。"

　　② 《御制大诰续编·断指诽谤第七十九》，《洪武御制全书》第849页。

　　③ 《御制大诰续编·松江逸民为害第二》，《洪武御制全书》，第794页。

　　④ 《御制大诰续编·俏家第二十三》，《洪武御制全书》，第808页。朱元璋讲述该案的目的，便是要证明知丁法的正当性："呜呼! 若不互知丁业，其顽民无藉者多，游食者广，良善何当? 朕将焉治? 所以知丁之条，吾良民必助吾以行，即日升平矣。"

都是说不通的。

总而言之，《御制大诰》七十四条，《御制大诰续编》八十七条，《御制大诰三编》四十三条，《大诰武臣》三十二条，朱元璋在这四编《大诰》中，共计讲述了约两百桩案子。作为宣传品的一部分，这些讲述是不能当作信史直接采纳的。每一桩案子的发生逻辑、每一名"洪武愚顽"的命运脉络，都有重新审视的必要。不过，这也并不是说《大诰》里的每一桩案子都是冤案，朱元璋的每一句话都不可信——《大诰》是一种宣传品，也是一种史料，只是需要细作甄别。事实上，《大诰》中的许多案件，除了朱元璋提供的"事实判断"之外，已很难再找到更多的直接史料。毕竟，这些案子的主角只是普通的底层百姓，本就不属于旧式史学的记录对象。这也导致本书对案件的重审，往往只能从补足时代背景的角度入手。最终获得重构的，也往往止于"某一类愚顽"在洪武时代的生存境况。

钱穆有言："当信任何一国之国民，尤其是自称知识在水平线以上之国民，对其本国以往历史，应该略有所知。所谓对其本国以往历史略有所知，尤必附随一种对其本国以往历史之温情与敬意。"[1]

身为小民的笔者，只能将这温情与敬意给予洪武时代同属小民的"愚顽"们，同情他们的辗转腾挪，致敬他们那如野草般顽强的生命力。

---

① 钱穆：《国史大纲》，商务印书馆1996年版，正文前"凡读本书请先具下列诸信念"页。

目　录
Contents

第一章　四编《大诰》的基本主旨

概括起来，四部《大诰》的核心内容，无非四点：一，大明朝的官吏不行；二，大明朝的百姓不行；三，大明朝的军队将领不行；四，大明朝最行的是朱元璋，只有完全遵从朱元璋的教导，明帝国才能重现伟大的"三代之治"。

这位自命雄才的皇帝，回避了一个最重要的问题：为什么在他创建的大明朝里，人人都不行，只有他行？

一、"前代污染"太严重 ……………………………………………… 1

二、洪武时代的官吏不行 ………………………………………… 3

三、洪武时代的百姓不行 ………………………………………… 4

四、朕的"控驭之道"已用尽 …………………………………… 6

五、洪武时代的军官不行 ………………………………………… 8

六、《大诰》的极盛与速朽 ……………………………………… 10

第二章　史灵芝案：军民争妻事件

　　需要注意的是，朱元璋在《大诰》里的叙述，往往是一种有选择性的叙述。他经常刻意略掉那些不利于自己的事实情节，以求给《大诰》的读者造成一种"这些人都是坏蛋，都辜负了朕"的错误印象。"史灵芝案"正是如此。

一、朱元璋笔下的案情 ……………………………… 14

二、三大情理不通之处 ……………………………… 17

三、残酷的军事农奴制 ……………………………… 18

四、案件背后的真逻辑 ……………………………… 22

五、被刻意遮蔽的事实 ……………………………… 24

第三章　郭桓案：中产之家大抵皆破

　　自建国伊始，朱元璋就对读书人和官僚集团抱持着一种非常矛盾的态度。他没有办法一个人治理广袤的天下，不得不依赖读书人与官僚集团；但他又不信任这些人，始终对读书人和官僚集团的忠诚度怀有高度的疑虑。所以，"空印"这种制度缺陷造成的官场惯例，会被他无限放大，扩大成一场残酷而不必要的反贪风暴。

一、空印案与胡惟庸案 ……………………………… 27

二、郭桓案扩大化的根源 …………………………… 34

三、中人之家大抵皆破 ……………………………… 40

四、"顽民"不知报答君恩 ………………………… 48

第四章 朱升一案：胥吏的绝望与反抗

朱元璋将萧惟一与"小疾灵"的案子写入《大诰》，是为了以之为例，批判洪武时代官员与胥吏的道德品质极其恶劣，简直已无可救药。他丝毫没有意识到，时代的道德滑坡，往往是从政治滑坡开始的。

一、胥吏殴打了钦差旗军 …………………………… 52

二、朱元璋的刻意误诊 …………………………… 54

三、其实是制度有病 …………………………… 57

四、却要让人性吃药 …………………………… 60

五、胥吏遭惩的比例与力度 …………………………… 66

六、拍脑袋的胥吏配备标准 …………………………… 71

七、匪夷所思的公文灾难 …………………………… 80

八、高压恐惧下的行为失常 …………………………… 86

第五章 陈寿六案：百姓人人自危

这场"群众抓捕害民者"运动，没有将明帝国变成一个朗朗乾坤。相反，它以制度的形式，不断催生着人性中最恶劣的那些部分。结果便是每个人都在这场运动中危机四伏，每个人都必须战战就就提防他人。除了朱元璋，没有人是安全的。

一、天字第一号百姓 …………………………… 92

二、倒霉的何添观与马德旺 …………………………… 96

三、可怜的先进典型王复春 …………………………… 99

四、进退失据的"富民" …………………………… 103

五、没有人是安全的 …………………………… 110

第六章　杨馒头案：残酷的金融榨取

朱元璋在《大诰》里义正词严地怒斥曾秉正、章祥与杨馒头们是教化不了的"顽愚"，却回避了真正的问题：正是他自己出台的政策，在不断制造让他深恶痛绝的"顽愚"。

一、九十里路枭首相望 ………………………………………… 114

二、疯狂印发大明宝钞 ………………………………………… 115

三、畸形的纸币价值生态 ……………………………………… 117

四、杨馒头们走投无路 ………………………………………… 119

第七章　知丁连坐案：消灭社会活力

亲戚、邻居互相监视，妻舅、母舅、伯叔兄弟互相告发，父母扭送子女去官府……这是朱元璋亲笔描绘的洪武时代。这以《大诰》构筑起来的洪武时代，是一座人间地狱。

一、镇江百姓的无妄之灾 ……………………………………… 125

二、皇帝被打脸，百姓来背锅 ………………………………… 129

三、可怕的"逸民自残事件" ………………………………… 131

四、路引抽干了社会活力 ……………………………………… 135

五、"空引案"里的民生困境 ………………………………… 138

第八章　潘富案：前朝"顽民"的末路

对民众而言，"宽"意味着自由度高；自由度高，意味着民众对朝廷的依附性弱，意味着民间比较容易形成有力量的组织。作为造反者，朱元璋亲眼见证了发达的民间组织对元政权造成的冲击。所以他夺取天下后，便决意采取与"胡元之宽"相反的"猛"，来作为自己施政的核心理念。

一、皂隶潘富的大逃亡 …………………………… 145

二、"胡元之宽"下的江南 …………………………… 146

三、"荆杖"背后的玄机 …………………………… 150

四、必须被瓦解的"千乘乡僧寺" …………………… 154

第九章 剁指案：不合作有罪

教育，是朱元璋在洪武时代下大力气反复折腾的一件大事。折腾的目的，便是为了将天下读书人的思想控制起来，使他们拜服在朱元璋"天命所归""爱民如子"之类的政治"人设"下，心甘情愿地忠于明帝国，为朱氏皇权所用。

一、朕是你的再生父母 …………………………… 160

二、朕所用之人全是坏蛋 …………………………… 164

三、夏伯启的教师身份 …………………………… 170

四、不容忍任何消极自由 …………………………… 177

第十章 彭玉琳案：被逼反的洪武百姓

"优游"是舒服闲适的意思，"自尽"即自然死亡。朱元璋的意思是：相比在乱世被人用兵刃砍死，在太平时代饿死冻死其实已经是一种福气，是一种更舒服的死法。据此，朱元璋向大明百姓发出了灵魂之问：为什么要去做好乱的愚民呢？安安分分做太平百姓不好吗？

一、朕来给你们讲讲道理 …………………………………………… 183

二、遍地暴动的洪武时代 …………………………………………… 188

三、民生凋敝的洪武时代 …………………………………………… 189

四、告密风潮逼反底层百姓 ………………………………………… 194

第十一章　陆仲和案：消灭富户运动

除了政治大案，洪武时代的其他种种社会运动，如整肃胥吏、抓捕游民、举报害民者等，富户们皆是首当其冲的受害者。经历过洪武时代的方孝孺后来总结说"当是时，浙东、西巨室故家，多以罪倾其宗"，"太祖高皇帝……在位三十年间，大家富民多以逾制失道亡其宗"。

一、刁民猜忌下的"陆仲和案" …………………………………… 199

二、刁民猜忌下的"唐谦案" ……………………………………… 205

三、陆仲和倒霉的真正原因 ………………………………………… 211

四、消灭大族富户的三大办法 ……………………………………… 213

第十二章　《大诰武臣》：两百万农奴

为什么不收逃兵败兵？为什么不收水乡与城市之兵，只收山乡之民？道理很简单：这类人生活在恶劣封闭的环境里，恶劣造就犷悍，封闭造就朴拙，朴拙的含义便是他们不懂各种战场全身之术。所谓"乡野老实之人"，便是指没知识没见识的底层愚民。专挑愚民为军，此举本身便是将士兵当成了贱民。

一、洪武士兵"不如猪狗" ············ 223

二、两百万军户实为贱民 ············ 226

三、逃跑是唯一的希望 ············ 231

第十三章 老人治国：临死前的妥协

权力来自谁，权力的使用者便对谁负责。耆宿的权力来自地方官府，老人们就会很自然地变成地方官府的权力在基层（里）的延伸。

一、刘老汉让朱元璋失望了 ············ 238

二、别出心裁的"耆宿制度" ············ 242

三、权力来自谁，便对谁负责 ············ 245

四、"老人治国"的玄机 ············ 247

后 记 ············ 254

附文：朱元璋"丢脸"考 ············ 257

一、丑像明代便已出现 ············ 258

二、项上奇骨与穆穆之容 ············ 260

三、父亲"继承"儿子的样貌 ············ 261

四、丑脸是相术语言的具化 ············ 265

第一章　四编《大诰》的基本主旨

此《诰》前后三编，凡朕臣民，务要家藏人诵，以为鉴戒。倘有不遵，迁于化外，的不虚示。

——《御制大诰三编·颁行三诰第四十三》

一、"前代污染"太严重

自洪武十八年（1385）年底起，至洪武二十年年底止，短短两年时间里，明太祖朱元璋先后亲自写定、颁布了四部以被诛杀者事迹为主要内容、"充满血腥气味"[①]的刑典，分别是：《御制大诰》《御制大诰续编》《御制大诰三编》《大诰武臣》。

国家自有典章制度，朱元璋为什么还要在典章制度之外颁布《大诰》，实施"以诰治国"？

对于这个问题，《御制大诰》的序言里有一番解释。

朱元璋说："朕听闻古代的君臣，担当天下重任，关心民生疾苦，制定纲纪造福百姓。真可谓君臣同心，志气相投。皇天后土被感动，四海五岳也愿意显灵，于是风调雨顺，五谷丰登，家给人足。这些君臣故事载入史册，君子

---

① 杨一凡：《明大诰研究》，江苏人民出版社1988年版，第6页。

们今天读到，仍会感动仰慕，恨自己没机会耳闻目睹。反观我大明朝，情况却全然相反。官员办理政务总是私心胜过公心，贪赃枉法层出不绝，最后搞到罪愆深似大海、重如山岳。前一批被杀者的尸体还没清理干净，后一批死刑犯又送到了刑场。如此这般前赴后继，倒在尸山血海之中的贪腐官员不计其数。"

据此，他发出一项设问：

> 呜呼！果朕不才而致是欤？抑前代污染而有此欤？①

意思是：这到底是为什么？是朕治国的才能不足，还是前朝恶政的污染太严重？

答案当然只能是后者，否则朱元璋就该去下罪己诏，而不是颁布血淋淋的《大诰》来恐吓明帝国的官民。《御制大诰》序言里说得很明白：败坏世道、败坏读书人节操的，是元代的"九十三年之治"。这些节操败坏的读书人，进入明帝国后出来做官，个个"私胜公微"，即私心膨胀公心衰微。万般无奈，我朱元璋只好拿起屠刀，一批接着一批将他们诛杀。

类似的解释，在《大诰》正式颁布之时，朱元璋也曾对群臣现场演说过：

> 上叹曰：华风沦没，彝道倾颓。自即位以来，制礼乐、定法制、改衣冠、别章服、正纲常、明上下，尽复先王之旧，使民晓然知有礼义，莫敢犯分而挠法。万机之暇，著为大诰，以昭示天下。且曰：忠君孝亲、治人修己，尽在此矣。能者养之以福，不能者败以取祸。颁之臣民，永以为训。②

大意是：朕自登基以来，制礼乐、定法制、改衣冠……该恢复的传统都恢复了，该施展的教化也都施展了。还从百忙之中抽出时间，写了这本《大

---

① 《御制大诰·序》，《洪武御制全书》，第749页。

② 《明太祖实录》卷一百七十六，洪武十八年冬十月己丑条。

诰》。忠君孝亲、治人修己的法门，全包罗在该书当中。朕现在正式颁行《大诰》。天下臣民须永远服从该书的指示。遵从指示者有福，不遵从指示者要倒大霉。

二、洪武时代的官吏不行

朱元璋颁布的四部《大诰》，虽俱以天下臣民为教育对象，但每一部的侧重点仍有不同。

先说《御制大诰》。

《御制大诰》的正式颁布时间，是洪武十八年（1385）十一月[①]。它的主要批判对象是明帝国的官吏集团，核心主旨是"洪武时代的官吏不行"——《御制大诰》序言里说得很明白，该书旨在"将害民事理，昭示天下诸司，敢有不务公而务私，在外赃贪，酷虐吾民者，穷其原而搜罪之"[②]，目的是曝光大明朝官吏集团贪赃枉法、祸害百姓的种种罪行。

"洪武时代的官吏不行"这一结论，明确见于《御制大诰·后序》。该序由刘三吾奉朱元璋之命撰写。刘三吾是一位臭名昭著的御用文人，除了帮助朱元璋编辑《大诰》，还曾秉承朱元璋的旨意，删节过《孟子》。刘三吾在《后序》里说：皇上自夺取天下以来，"思得贤才与图治道"，天天盼望着能与一干道德高尚、能力出众的人才一起将这天下治理好，让百姓过上好日子。结果却是"中外臣庶，罔体圣心，大肆贪墨"，朝廷内外竟然全是贪污腐败分子。皇上无奈，"不得已施之五刑"。本想着严刑峻法可以让他们有所收敛，结果却"犯者自若"，官吏们仍然贪腐不休。皇上心存好生之德，不忍彻底抛弃这些人，于是又耗费"圣虑"，将吃饭的时间挤出来，写成这本《大诰》，来挽

---

①　《大诰》各编的具体颁行时间，依据杨一凡《明大诰研究》的考据。见该书第7—8页。

②　《御制大诰·序》，《洪武御制全书》，第749页。

救他们。如此种种，足见皇上"爱民之意深矣"。

马屁拍完，刘三吾就《御制大诰》的核心政治目的，如此总结道：

> 是《诰》也……玉音所临，莫不曰：大哉皇言乎！一哉皇心乎！自今官钦遵之为官箴，不敢非法以挠害乎民。民钦守之为彝训，不敢违法以交通乎官。将见比屋可封，尧舜之治复见于今日矣。[①]

大意是：《大诰》让皇上的玉音降临在明帝国，天下百姓莫不交口赞叹。自此以后，官吏们要将《大诰》当成做官的最高戒条，不可再做侵害百姓的违法之事；百姓们也要将《大诰》当作行事的最高准则，不可再做结交官府的违法之事。如此，伟大的尧舜之治，必会在当代重现。

三、洪武时代的百姓不行

再说《御制大诰续编》。

《御制大诰续编》的颁布时间，是洪武十九年（1386）的年中。除了继续痛斥官吏集团，《御制大诰续编》也将洪武时代的百姓纳入核心批判对象当中，意即"洪武时代的百姓不行"。朱元璋在序言里写得明白：

> 上古，好闲无功造祸害民者少。为何？盖谓九州之田，皆系于官，法井以给民，民既验丁以授田，农无旷夫矣，所以造食者多，闲食者少。其井间之间，士夫工技，受田之日，验能准业，各有成效，法不许诳。由是士农工技，各知稼穑之艰难，所以农尽力于畎亩，士为政以仁，技艺专业，无敢妄谬。维时商出于农，贾于农隙之时。四业题名，专务以三：士、农、工，

---

① 《御制大诰·后序》，《洪武御制全书》，第785—786页。

独商不专，易于农隙。此先王之教精，则野无旷夫矣。今朕不才，不能申明我中国先王之旧章。愚夫愚妇，效习夷风，所以泯彝伦之攸叙。是致寿非寿，富非富，康宁不自如，攸好德鲜矣。考终命寡闻，奸恶日增。①

大意是：上古时代的百姓才是好百姓，明帝国的百姓差得太远。上古百姓之所以好，是因为"九州之田"全归官家所有，全控制在朝廷手中。朝廷按人头将土地分配给百姓耕种，再按人头向百姓征税，所以农夫中不会有游手好闲之人。"士"（读书人）与"工"（工匠、手艺人）也是一样，在朝廷的管控下，他们不会走上"诳"和"妄谬"的歧路。至于"商"，只能在农耕间隙偶尔为之，不允许成为一种独立职业。故此，上古时代的国家里，是找不到游民（旷夫）的。反观我大明朝，情况却全然相反，到处是"效习夷风"的"愚夫愚妇"，自元人处沾染了一身毛病，最后"寿非寿，富非富"，既保不住性命，也保不住财富。总之是寿终正寝者太少，奸恶之徒却一天比一天多。

大明朝的百姓堕落至此，该如何挽救？当然是再度祭出《大诰》这一法宝。朱元璋说：

朕皇皇宵昼，思治穷源。无乃旷夫多，刁诈广，致有五福不臻，凶灾迭至，殃吾民者，为此也。今朕复出是《诰》，大播寰中，敢有不遵者，以罪罪之，具条于后。②

意思是：祸害我大明朝百姓者，主要是那些刁滑狡诈的游民（旷夫）。这部《御制大诰续编》，便是专为惩治这些游民而作。《御制大诰续编》颁布到全国各个角落后，所有臣民须一体遵从。违者将严惩不贷。

不遵守《大诰》有罪，印制的《大诰》里出现错别字，同样有罪。洪武十九年（1386）冬，监察御史丘野向朱元璋报告说，《御制大诰续编》颁布

①② 《御制大诰续编·序》，《洪武御制全书》，第789页。

下去后，各地翻刻印刷，"字多讹舛，文不可读"，许多刻本有错别字。丘野建议"穷治而罪之"，深入调查那些有错别字的刻本，对参与刻版印刷者来一场大整顿乃至大诛杀。朱元璋很重视这件事，下旨说：之前颁布的《御制大诰》与《御制大诰续编》"字微画细"，翻刻的时候难免有错，现在再颁布一个大字体版本。此后"敢有仍前故意差讹，定拿所司提调及刊写者，人各治以重罪"，若再被发现有错别字，相关人员就等着被治以重罪吧！朱元璋还说，自己之所以要亲手编写两部《大诰》，全是因为"天下臣民不从教者多"，这大明朝里不合格的官吏与不合格的百姓实在太多。为了改进大明朝臣民的质量，这两部《大诰》必须做到"家传人诵"。①

四、朕的"控驭之道"已用尽

再说《御制大诰三编》。

《御制大诰三编》的颁布时间有些模糊，最早约为洪武二十年（1387）二月。从朱元璋写的序言来看，他之所以要颁布《御制大诰三编》，是因为《御制大诰》与《御制大诰续编》没有达成他期望中的效果。

朱元璋说，自己在洪武十八年（1385）颁布《御制大诰》时，已处于一种"控驭之道竭矣"②的状态。这话有些矫情，却并非夸张。朱元璋的控驭对象有二，一是官吏集团，一是普通民众。官吏方面，仅洪武十八年的"郭桓案"便"六部左、右侍郎以下皆处死"。"空印案"与"郭桓案"加起来，一共杀了八万余人③，朝廷内外为之一空。可是，如此这般地疯狂杀戮，且辅以"剥皮实草"的酷刑，朱元璋也没能得到他梦想中那种既有道德又有能力的官吏集团。民众方面，仅根据《明太祖实录》与《国榷》等书做粗略统计，"自洪武

①　《御制大诰续编·后序》，《洪武御制全书》，第855—856页。

②　《御制大诰三编·序》，《洪武御制全书》，第858页。

③　邱涛：《中国反贪制度史（上）》，山西人民出版社2019年版，第376页。

元年至洪武十八年，各地农民起义达百次以上。一个新王朝建立之初爆发这么多的农民起义，在中国古代历史上是少见的"。①《御制大诰》的颁布没有改善这种境况，用朱元璋的话说便是"恶人以为不然，仍蹈前非者叠叠，不旋踵而发觉"，于是又有了《御制大诰续编》。但《御制大诰续编》也不解决问题，"凶顽之人，不善之心，犹未向化"。黔驴技穷的朱元璋，只好再出《御制大诰三编》。②

较之朱元璋的自述，刘三吾奉命为《御制大诰三编》撰写的《后序》，基调就"正面"多了。

《后序》开篇，便是对朱元璋的肉麻吹捧。刘三吾说，三代以后的"汉晋唐宋之君"，都是些"因循为治"之人。他们把天下搞坏了，让世道距离伟大的"三代之治"越来越远。"胡元"入主中国之后，更是将"先王之教、华夏之风"扫荡得干干净净。只有我大明朝的开国皇帝"神圣文武"，是天命所归之人，是真正可以重造"三代之治"伟业的人。遗憾的是，皇上"乏贤为辅"，大明朝的臣子们全都不行，"所以治之虽严，而犯者自若"。皇上已然很努力，乱臣贼子却还是层出不穷。然而，皇上坚信这天底下"无有不可化之民"，所以先后颁布了《御制大诰》与《御制大诰续编》，且效果显著，百姓纷纷响应号召，将地方上的奸恶之徒擒拿到京城。皇上也由此知晓大明朝百姓"有从命之诚，有可化之机"，是可以改造好的。鉴于本朝百姓"狃于污习，虽暂革面，犹未格心"，被前朝风气污染，革了面却还未洗心，皇上再次从百忙之中挤出时间，撰写并颁布了伟大的《御制大诰三编》。③

《御制大诰·序》痛骂官吏，《御制大诰续编·序》斥责百姓，《御制大诰三编·序》不分官民，指向明帝国的所有"奸顽"。《御制大诰三编》的最末一条，是朱元璋传达给明帝国全体臣民的一道严旨："此《诰》前后三编，

① 杨一凡：《明大诰研究》，第12页。
② 《御制大诰三编·序》，《洪武御制全书》，第858—859页。
③ 《御制大诰三编·后序》，《洪武御制全书》，第927页。

凡朕臣民，务要家藏人诵，以为鉴戒。倘有不遵，迁于化外。"①——这三本《大诰》，家家都要收藏，人人都得诵读；若有人做不到这一点，便会被发配至边疆的不毛之地。朱元璋还说，这些话"的不虚示"，不是说着玩、放空炮，必须严格执行。

五、洪武时代的军官不行

最后说《大诰武臣》。

《大诰武臣》颁布于洪武二十年（1387）十二月。顾名思义，它的批判对象是明帝国的武将，内容主旨简言之便是"大明朝的武将中鲜有好人"。朱元璋在序言里说得明白：

> 这等官人，上坏朝廷的法度，下苦小军，略不有些哀念，将那小军每苦楚，也不如猪狗。……如今军官全家老小，吃着穿着的，这见受的职事，都是军身上来。这军便似他家里做饭的锅子一般，便似仓里米一般，又似庄家种的田一般。这军官每，如今害军呵，他那心也那里是个人心，也赶不上禽兽的心，若比草木也不如。②

大意是：这些武将无视朝廷法度，一味迫害底层士兵，没有丝毫怜悯之心，搞得我大明朝的底层士兵简直猪狗都不如。这些武将全家老小的吃穿，都得从底层士兵身上来（明代实行军屯制度）。这些底层士兵，实际上相当于武将们做饭的锅、仓里的米、种庄稼的田，需要好好保护和珍惜。可他们迫害起底层士兵来，却连禽兽草木都不如。

朱元璋还说，对南京城里那些武将们，"我每日早朝晚朝，说了无限的劝

① 《御制大诰三编·颁行三诰第四十三》，《洪武御制全书》，第926页。
② 《大诰武臣·序》，《洪武御制全书》，第929页。

戒言语"，结果却是"听从者少，努目不然者多"，没几个人愿意听我的话。等他们犯了法被抓起来，又"多有怀恨，说朝廷不肯容，又加诽谤之言，为这般凌迟了这诽谤的人若干"。总之，"似此等愚下之徒，我这般年纪大了，说得口干了，气不相接，也说他不醒"。没办法，只好"将这备细缘故，做成一本书，各官家都与一本"，将那些被诛杀的武将们的悲惨故事写成一本《大诰武臣》，每个武将家里都发一本，让他们的父母妻儿兄弟看看这些血淋淋的往事，然后一并参与劝诫。①

《御制大诰》《御制大诰续编》《御制大诰三编》的文字风格已相当通俗直白，《大诰武臣》的文字，则更为口语化。朱元璋说，自己之所以用口语风格写作《大诰武臣》，是为了照顾武将们的文化水平。他每天都在忧心大明朝的军队将领"似这等难教难化，将了怎地好？"，实在没办法，只好给每名武将和他的家庭颁发一本超级口语化、没有丝毫阅读门槛、没有丝毫理解难度的《大诰武臣》。

朱元璋告诫这些武将，《大诰武臣》颁布后，以后犯了事，不许说什么"不曾见文书，不知道"，也不许说什么"这文书又不是吏员话，又不是秀才文"，不许再拿没读过与读不懂来推卸责任。末了，他还以株连全家为威胁，警告武将们：

> 不听不信呵，家里有小孩儿每不记呵，犯法到官，从头儿计较将来，将家下儿男都问过，你记得这文书里几件？若还说不省得，那其间长幼都治以罪。为此，特将不才无藉、杀身亡家亡名之徒，条陈于后，仁者智者观之。管军人员，毋违我训，毋蹈前非。②

大意是：这本《大诰武臣》，编入的全是那些不成才、品行恶劣，最后招致家破人亡的武将们的劣迹。军队将领要好好阅读，认真体会，不要违背本

---

① 《大诰武臣·序》，《洪武御制全书》，第930页。
② 《大诰武臣·序》，《洪武御制全书》，第929—931页。

书的教导。否则，将来若是犯了事，便要将武将们家中的男丁全抓起来，命他们背诵《大诰武臣》。背不出来，便无论老幼一并治罪。

概括起来，四部《大诰》的核心内容，无非四点：一，大明朝的官吏不行；二，大明朝的百姓不行；三，大明朝的军队将领不行；四，大明朝最行的是朱元璋，只有完全遵从朱元璋的教导，明帝国才能重现伟大的"三代之治"。

这位自命雄才的皇帝，回避了一个最重要的问题：为什么在他创建的大明朝里，人人都不行，只有他行？

六、《大诰》的极盛与速朽

四部《大诰》，既是朱元璋用来塑造自我政治形象的宣传品，也是他用来改造明帝国官吏、百姓与军队将领的基本教材。运用至高无上的皇权，将之推广到明帝国的每一个角落，让每一个明帝国的臣民都受到《大诰》伟大光辉的润泽，可谓必然之事。

为了推广《大诰》，朱元璋在《御制大诰》里，便已威逼与利诱齐出："朕出是《诰》，昭示祸福，一切官民诸色人等，户户有此一本。若犯笞、杖、徒、流罪名，每减一等；无者每加一等。所在臣民，熟观为戒。"[1]明帝国的臣民，必须做到家家户户有一本《大诰》。犯法者家里若有《大诰》，便可减罪一等；若没有，便要加罪一等。

《御制大诰续编》里，朱元璋重申了这项政策，重点落在了威逼上："朕出斯令，一曰《大诰》，一曰《大诰续编》。斯上下之本，臣民之至宝，发布天下，务必户户有之。敢有不敬而不收者，非吾治化之民，迁居化外，永不令归，的不虚示。"[2]天下臣民必须户户皆有两部《大诰》。若有人胆敢不敬《大诰》、不收《大诰》，便不能再做大明朝的百姓，将被流放到不毛之地，永远

---

① 《御制大诰·颁行大诰第七十四》，《洪武御制全书》，第785页。
② 《御制大诰·颁行续诰第八十七》，《洪武御制全书》，第855页。

不许归来。朕这些话，不是说着玩的。

之后的《御制大诰三编》与《大诰武臣》里，也都有相似的威胁。

上述威胁只能迫使民众将《大诰》带回家。朱元璋真正希望的，是民众将《大诰》翻开认真阅读，使《大诰》真正成为"家传人诵"的宝典。于是，威逼之外又有了利诱。

洪武十九年（1386）正月，朱元璋下令将刚刚出炉的《御制大诰》"颁赐国子监生及天下府州县学生"①，使之成为全国各级学校的必修课程。洪武二十年，他又下令"天下府州县民，每里置塾，塾置师，聚生徒教诵《御制大诰》"②，以便底层百姓的子弟可以在农耕的间隙，就近在本地听塾师讲读《大诰》。洪武二十年九月，朱元璋又下诏给礼部，命令"今后科举、岁贡于《大诰》内出题，或策论判语参试之"③，将《大诰》变成了明帝国科举的重点考试内容。同年，他还下令"民间子弟读《御制大诰》，后令为师者率其徒能诵《大诰》者赴京，礼部较其所诵多寡，次第给赏"④，也就是让塾师带着底层农家子弟进京参加诵读《大诰》的比赛，由礼部负责举办，按诵读量的多少依次颁给赏赐。据说，在这场"全民读《大诰》竞赛"中，"时天下有讲读《大诰》师生来朝者十九万余人，并赐钞还"⑤，有多达十九万余人涌入南京城参加诵读大赛，所有人都拿到了朱元璋的赏钱。洪武二十五年（1392），朱元璋又下旨说，"秀才教训子弟，引赴京考试，有记一编、两编或者全记者，俱受赏"⑥，秀才带着自家孩子进京考试，能背诵一部两部或三部《大诰》者，都将得到皇帝的赏赐。此外，朱元璋还"诏选识字良家女及能读《大诰》者……署

---

① 《明太祖实录》卷一七七，洪武十九年正月庚辰条。

② 《明太祖实录》卷一八二，洪武二十年六月甲戌条。

③ 《明太祖实录》卷二一二，洪武二十四年九月乙酉条。

④ 《明太祖实录》卷二一四，洪武二十四年十一月己亥条。

⑤ （清）张廷玉等撰：《明史》卷九十三《刑法志一》，中华书局1974年版，第2284页。据《明太祖实录》卷二五三洪武三十年五月己卯条，这是洪武三十年的事情。

⑥ 《明会典》卷二十《读法》。

为女官"①。

如此这般，一面严刑相迫，一面重赏相诱，洪武时代的最后十余年里，《大诰》终于与明帝国百姓的日常生活牢牢捆绑在了一起。有人因为家中没有《大诰》遭到告发而家破人亡；有人因为能将《大诰》背诵得滚瓜烂熟而飞黄腾达；死刑犯可以因为持有《大诰》而免上断头台；普通人也会因为出门没带《大诰》而遭受牢狱之灾。更无人胆敢对《大诰》心存不敬妄生异议。时人在诗里说"挂书牛角田头读，且喜农夫也识丁""短檠灯火读《大诰》，喜色夜夜灯花亲""田家岁挽柴门闭，熟读天朝《大诰》编"②——洪武时代的百姓们，白天在田间耕种，要抽出间隙来恭读《大诰》；晚上收工回家，也要点上油灯恭读《大诰》。在《大诰》伟大光芒的映照下，明帝国百姓个个喜悦欢欣，连那油灯爆出的灯花，也是格外的亲切。

但没有人真正喜欢《大诰》。因为人的天性是向往自由，没有人会喜欢一个互相监视、遍地特务、极其缺乏活力的死气沉沉的社会。只有身为统治者的朱元璋喜欢这种死气沉沉——秦制"外儒内法"，本就一贯崇奉以损害社会活力为代价来维护社会的稳定。

洪武三十一年（1398），朱元璋去世。《大诰》的命运急转直下，"喜色夜夜灯花亲"很快便成了过眼烟云。唯有永乐时代，朱棣为了彰显自己是朱元璋的正统继承人，曾一度强制民间重新学习《大诰》，并准许科举时于《大诰》内出题，还曾短暂允许底层民众手持《大诰》进京控诉地方豪强。永乐时代之外的其他时期，对《大诰》"虽间有申明，但是力度明显减弱，更多的则是发挥科举入仕命题、'减等治罪'以及变相规谏帝王的作用。在具体的司法实践和社会管理中，其作用已不明显"③。到了明朝中叶，虽然朝堂之上偶尔

---

① 《浙江通志》卷二八〇《杂记下》。转引自刘涛：《明〈大诰〉与明代社会管理》，山东大学出版社2016年版，第279页。

② 谢应芳：《龟巢稿》卷十七《读大诰作巷歌》《赠陈栖云》《周可大新充粮长》。转引自刘涛：《明〈大诰〉与明代社会管理》，第281页。

③ 《明〈大诰〉与明代社会管理》，第288页。

还会拿出《大诰》来说事，但民间已鲜少能够见到《大诰》的踪影。现存《大诰》版本基本上刻于洪武时代，极少能见到明代中后期刊印的《大诰》版本，即是一个明证。

　　没有人愿意按照朱元璋定下的教条，毫无自由地过完一生。

第二章　史灵芝案：军民争妻事件

山西洪洞县姚小五妻史灵芝，系有夫妇人，已生男女三人，被军人唐闰山于兵部朦胧告取妻室。兵部给与勘合，着落洪洞县将唐闰山家属起赴镇江完聚。方起之时，本夫告县，不系军人唐闰山妻室。本县明知非理，不行与民辨明，擒拿奸诈之徒，推称内府勘合，不敢擅违。及至一切内府勘合，应速行而故违者，不下数十余道。其史灵芝，系人伦纲常之道，乃有司之首务，故违不理，所以有司尽行处斩。

——《御制大诰·军人妄给妻室第六》

一、朱元璋笔下的案情

《御制大诰》的第一条讲的是"君臣同游"，旨在告诫群臣要好好尽忠，不可蒙蔽欺骗君王，不可心生邪谋，形成小团体，凡此种种，"尽皆杀身之计"①。第二条讲的是"官亲起藁"，旨在告诫朝廷和地方大小官员须亲自撰写文件草稿，不可将这些事情交给吏卒和首领官②。第三条讲的是"胡元制治"，大意是元人入主中原之后，官员们将具体政务一概交给吏卒处理，自己则"袖手高坐"。这种坏风气也遗留到了大明朝，许多官员坐在衙门里"袖手

---

①② 《御制大诰·君臣同游第一》，《洪武御制全书》，第749—750页。

若尸"，事事都控制在吏卒手里①。第四条是鼓励忠臣向朝廷推荐贤能的首领官②。第五条是告诫官员上任后不要贪污腐败③。

第六条"军人妄给妻室"，是朱元璋在《大诰》中讲述的第一桩案子。

这桩案子的主题是"军人与百姓争妻"。按朱元璋的说法，大致案情是这样的：山西洪洞县百姓姚小五，有妻子名叫史灵芝。二人结婚多年，已生育子女三人。军人唐闰山向兵部提交材料，说史灵芝是自己的妻子。兵部下发文件给洪洞县，让地方政府将史灵芝送往镇江与唐闰山团聚。史灵芝被押解前往镇江之日，姚小五前往洪洞县告状，说史灵芝并非唐闰山之妻。洪洞县明知姚小五所言是真，却不想着替无辜百姓辩白，不想着去擒拿奸诈之徒，反而推说这是上级下发的文件，不敢擅自违抗。朱元璋知晓此事后，极为愤怒，认为地方政府平日里对待上级文件经常延迟办理，偏偏在史灵芝案这种关系到人伦纲常的要案上，故意如此积极，实在可恨，"所以有司尽行处斩"，下旨将办理此案的相关官员全部处斩。

此案中被处斩的"有司"，不仅是洪洞县的相关官员，还包括时任刑部尚书王峕（shí）。按朱元璋的说法，王峕在"史灵芝案"里的主要作为是：

> 刑部尚书王峕，将史灵芝并本夫及妄取军属奸夫，尽行提取在部，不行明坐妄取他人妻室为妻之罪，又不问乡贯同否，曾无日前有奸，却乃吹毛求疵，询问出史灵芝三岁时，曾定与奸夫唐闰山兄为婚，其人未出幼已故。灵芝长成，与姚小五为婚，已生男女三人，王峕尚欲差人原籍，勾取三岁媒合之人，意在动扰良民。持权妄为，有乖治体，非止一端。④

大意是："史灵芝案"闹到刑部之后，刑部将史灵芝本人、她的丈夫姚小五以及军人唐闰山三人，一并提至刑部衙门调查问话。在问询中得知，史灵芝

---

① 《御制大诰·胡元制治第三》，《洪武御制全书》，第750—751页。
②③ 《御制大诰·荐举首领官第四》，《洪武御制全书》，第751页。
④ 《御制大诰·刑部追问妄取军属第七》，《洪武御制全书》，第752页。

三岁时曾与唐闰山的兄长订下婚约。唐的兄长未及成年就夭折了。于是史灵芝成年后与姚小五结婚，并生下了三个儿女。为了验证此事的真实性，王峕又想派人去山西洪洞县，提取当年为三岁的史灵芝撮合婚约的媒人，来南京问话。朱元璋认为，王峕不问籍贯的异同、不问奸情的有无，不去追究"妄取他人妻室为妻"的罪过，却在史灵芝与夭折之人的三岁婚约上纠缠不休、大作调查，实在是肆意妄为、骚扰良民。

王峕对"史灵芝案"的审判与调查引起了朱元璋的不满，于是，王峕自己随后也成了都察院调查的对象。朱元璋在《大诰》里写道：

> 刑部尚书王峕，持五刑以弼五教，时所习者，先圣之道；及其行也，不体先圣之教，纵奸顽之志，郁良善之心，怀暴诽谤，惟在沽名。凡奏刑名，增减情辞，故行出入，每每不当。御史唐铎按实将欲勾问，其王峕面伤唐铎，径引唐则天故事，上侮朝廷，下慢执法之官。其词曰："你入我罪，久后少不得请公入瓮。"今所言王峕之事，不过一二尔，不才多矣！①

大意是：王峕身为刑部尚书，本该依照先贤圣哲的教导做事。结果他却反其道而行之，放纵奸顽，打击良善，办的案子经常判决不当，与事实存在出入。监察御史唐铎负责审查王峕。王峕当着唐铎的面，援引武则天时代的"酷吏"往事来攻击他，说什么"你现在给我罗织罪名，日后你自己也免不了请君入瓮的下场"。

"请君入瓮"典出《资治通鉴·唐纪·则天顺圣皇后》，讲的是酷吏来俊臣奉武则天之命去审查另一名酷吏周兴，审查手段正是周兴发明的"以炭火围烤大瓮，再将人置于瓮中"。在朱元璋听来，王峕批评唐铎是来俊臣、周兴式的酷吏，潜台词其实是在讽刺他朱元璋，说他也是武则天式的暴君。所以，朱元璋给王峕扣上了"怀暴诽谤，惟在沽名""上侮朝廷，下慢执法之官"的罪名，将之处斩。

---

① 《御制大诰·尚书王峕诽谤第八》。《洪武御制全书》，第752页。

以上，是依据《大诰》里朱元璋的叙述还原的"史灵芝案"基本案情。

需要注意的是，朱元璋在《大诰》里的叙述，往往是一种有选择性的叙述。他经常刻意略掉那些不利于自己的事实情节，以求给《大诰》的读者造成一种"这些人都是坏蛋，都辜负了朕"的错误印象。"史灵芝案"正是如此。

二、三大情理不通之处

《大诰》里的"史灵芝案"，讲述的是一个典型的明君故事：英明神武朱元璋，锐目如炬，识破了地方政府与中央刑部的种种玩忽职守，严惩了一批视民生如草芥的腐败官员，为史灵芝与姚小五夫妇辩白了冤情，让他们免遭强权拆散，可以继续合法地生活在一起，互相依靠度过余生。

但这个明君故事，有三处情理不通之处：

一，唐闰山只是一个普通军人，并无权势。为何洪洞县会在明知史灵芝已与姚小五婚配多年这个事实之后，仍选择强行将史灵芝押送至镇江交与唐闰山？朱元璋自己也说，洪洞县拿不敢违抗"内府堪合"来辩解是讲不通的，事后的调查发现，内府给该县下达了数十道文件，但都没得到及时执行，唯有在"押送史灵芝至镇江"这件事情上，洪洞县显得非常积极。这背后的驱动力究竟是什么？是怎样的利害关系，让洪洞县不遗余力地执行起了拆散史灵芝夫妇的"工作"？光用"县官是个大坏蛋"，不足以解释这一点。

二，王峕贵为刑部尚书，不可能为了唐闰山一介行伍而去徇私枉法，唐闰山也不可能有这个财力去贿赂王峕（否则他就不至于连妻室都没有，而要去和姚小五抢夺史灵芝）。同理，在朱元璋已对洪洞县的处理方式表达不满的前提下（这件案子能被上交至刑部，由时任尚书的王峕亲审，显然有更强大的力量在支持和推动，这个力量只能是朱元璋），王峕不可能，也无必要去偏袒洪洞县的大小官吏。那么，他为何在问出史灵芝与唐闰山之兄存在"三岁婚约"之后，还要去山西传当事媒人来南京问话？这些事果真如朱元璋所言是"多余的事"吗？如果是"多余的事"，王凯为什么要做？仅仅因为"王凯是个大坏蛋"吗？如果不是"多余的事"，必须调查的原因又是什么？

三，按朱元璋的讲述，王凯是在调查"史灵芝案"的过程中被诛杀的。他的调查，当时只进行到了"欲差人"去山西提取当事媒人这一步。也就是说，王凯并没有就"史灵芝案"做出最终裁决。朱元璋对他的不满，不是他的裁决有问题，而是他不该派人去调查史灵芝与唐闰山之兄的"三岁婚约"等情况。就常理而言，任何与案情有关的细节都应纳入调查范围，才是尽职尽责的做法，史灵芝与唐闰山之兄的"三岁婚约"，确实关系到唐闰山与史灵芝之间的纠纷，即便"多余"，也不能说王凯调查此事有多大的罪过，何以在朱元璋眼里，却成了无法被容忍的"持权妄为"？朱元璋为什么不等王凯将"史灵芝案"审理完毕，便要启动针对王凯的调查，并将之诛杀？

将这三点情理不通之处补充完整，便会发现，这并不是一则"明君故事"，而是一则皇权以杀戮推卸施政责任的"暴君故事"。

三、残酷的军事农奴制

事情要从唐闰山"卫所军人"这个身份说起。

由朱元璋一手创立的明朝卫所，实施"其军皆世籍"[①]的制度，也就是军官与兵丁世袭。维系世袭的核心手段有三项：一，军官与兵丁须将妻儿子女等家属迁徙到卫所，卫所里的每一个军人都对应着一个家庭，叫作"在卫军户"。二，卫所有自己的管辖区域，朝廷会拨给他们相应数量的屯田、马匹乃至果园，卫所的军人要从事农业生产。三，前两项手段主要是为了保证卫所军人可以不断繁衍后代。如果卫所出现军人逃亡的情况，或者"在卫军户"的繁衍中断，就会启用第三项手段"清勾"。简单说来，就是从

---

① 《明史》卷九十《兵二》，第2193页。

"原籍军户"之中，按亲疏次序强制勾选男丁，以补充卫所①。所谓"原籍军户"，指的是"在卫军户"留在原籍老家的父母兄弟等亲戚——明朝军制规定，军丁须离开原籍服役；为保证可供汲取的人力资源不会枯竭，又规定"原籍军户"不许分家。

朱元璋设计的这种卫所军户，是一种非常残酷的"军事农奴"制度。它最远可以追溯到曹魏的军屯制度——曹操制定并施行的军队屯田制。为了尽可能控制住这些屯田兵，驱策他们战时流血、平时流汗，曹魏政府建立了一套以人质胁迫为核心要义的"士家制度"。屯田兵称作"士"，其子孙称作"士息"，其妻称作"士妻"，其家称作"士家"。只要做了"士"，就世世代代不能再做自由民，子子孙孙都是曹魏的兵奴和农奴。"士"死了，他的妻子也不能改嫁给自由民，只能由政府分配改嫁给其他的"士"。"士"的子女，同样只能婚配其他"士"的子女。而且，"士"在边境屯田，他的妻子儿女，会被朝廷当作人质，集体控制在他处从事劳作生产。②为防止"士"的反抗，曹操还制定了严厉的《士亡法》。若有屯田兵或屯田民选择逃亡，政府会杀死他们的妻子儿女，严重者可以灭族。但即便如此，"太祖患犹不息"③，逃亡现象仍不断发生，可见压榨之严重。

明代的卫所军户制度，与曹魏的屯田制大体相仿，也是从户籍中划出部分人口，强制将其变成军户，让他们世世代代为朝廷屯田和服兵役④。卫所之兵变成了明帝国的军事农奴。朝廷和卫所的各级军官，便是卫所士兵的双重农

---

① 顾诚：《隐匿的疆土：卫所制度与明帝国》，光明日报出版社2012年版，第78页。

② 唐长孺：《〈晋书·赵至传〉中所见的曹魏士家制度》，收录于唐长孺：《魏晋南北朝史论丛》，商务印书馆2017年版，第27—33页。

③ 《三国志·魏书·高柔传》，中华书局1959年版，第684页。

④ 按永乐二年（1404）都察院左都御史陈瑛的说法，"以天下通计，人民不下一千万户，官军不下二百万家"，也就是天下五分之一的人口属于朝廷的"军事农奴"，明帝国实可谓是一个农奴制国家。见《明太宗实录》第三十卷，永乐二年八月庚寅。

奴主。

这些军丁，普遍承受着明帝国最沉重的剥削。他们（一般包括一兵加上一名随军余丁，以及他们的妻室）前往卫所的一切开支费用，须由"军户"自己承担，许多家庭因此破产；到了卫所之后，即成为军官奴役的对象，除了日复一日地种地、养马，还得承担各种差役，如砍柴、烧炭、割草、修渠、筑房、运粮等。更残酷的是，不但军丁自己的人生已丧失了阶层跃升的希望，他的后代也注定要走他的老路；如果没有后代，"原籍军户"里的兄弟子侄便会被朝廷当作替补，成为新的"军事农奴"。所以，有明一代，只有军户不断冒死逃亡，绝无民户主动成为军户。民户因担忧受到牵连导致阶层下降，普遍拒绝与军户通婚。军丁年过四十仍无婚配，是极为常见的现象。总体来说，在明代军、民、匠、灶这"四民"当中，军户的地位最低，"应役户丁的身份接近于奴隶"①。

命令士兵携带妻子儿女前往卫所驻防，是朱元璋的一大发明。明代以前各朝军制，为保证军队战斗力，大多禁止士兵携带家属至军中。朱元璋则反其道而行之，于洪武初年即鼓励军士携妻驻防。他在洪武四年（1371）发布过一条诏令，"自今凡赏赐军士无妻子者给战袄一袭，有妻子者给绵布二匹"②。有家室随行的士兵，较之无家室随行的士兵，得到的赏赐更加优厚，朱元璋的鼓励之意十分明显。这种鼓励，后来形成了固定政策："如原籍未有妻室，听就彼完娶，有妻在籍者，着令原籍亲属送去完娶。"③士兵在原籍没有妻室，可以在驻地娶一个；在原籍有妻室，需命原籍的亲属出钱出力，将妻室送往该士兵的驻防地。洪武时代的基本政策是：外军调入京城，士兵的妻室必须随行；发配前往边地（比如云南）充军者，也必须携带妻室前往。

朱元璋制定如此别具一格的政策，有三个目的。第一，如前文所述，是为

---

① 王毓铨：《明代的军屯》，中华书局1965年版，第234页。这数百万户"军事农奴"，在洪武时代更具体的命运，留待后文谈及《大诰武臣》时再做详述。

② 《明太祖实录》卷六十七，洪武四年八月甲午条。

③ （明）徐溥等：《大明会典》卷一五五，"军政起解"。

了让士兵可以繁衍后代，以保证卫所的"军事农奴"代代相传；第二，士兵的妻儿在卫所，可以做许多工作，如为士兵缝制军装，如参与屯田从事耕种；第三，也是最重要的目的，就是将士兵的妻儿弄到驻防地，可以大大增加士兵逃亡的成本，降低"军事农奴"的逃亡率。①

"军事农奴"的高逃亡率，是一个让朱元璋极为头疼的问题。仅吴元年（1367）到洪武三年（1370）十一月，便逃亡了四万七千九百八十六名士兵②。此后，随着士兵越来越"军事农奴化"，逃亡现象也越来越严重。作为应对，朱元璋先是以逃亡人数的多寡为依据，制定了针对军队将领的严惩制度。在严惩也无济于事之后，又于洪武十六年九月颁布命令，开展"勾军清军"运动，要求各卫所全面行动起来，去逮捕那些逃跑的士兵，同时命"给事中潘庸等及国子生、各卫舍人分行天下都司卫所，清理军籍"③，派出大批人到军中，核查军队的实际人数。

朱元璋向都司卫所施压，但只要残酷的"军事农奴"制度不改变，都司卫所也不会有办法解决士兵的高逃亡率问题。朱元璋的政策必须应付，于是军中开始盛行以"冒取同姓及同姓之亲"的方式来补足缺额——对军方来说，较之去抓捕逃亡士兵，或调查"原籍军户"中谁是第一顺位的"军事农奴替补"，随便抓一个与缺额士兵同姓之人充数，显然是成本更低的解决办法。所以，"勾军清军"运动也没能解决问题。洪武二十一年（1388），朱元璋再次下诏给各卫所，要他们"核实军伍"，除了查军队跑了多少人、还剩多少人之外，还要严厉打击"匿己子以养子代者"这种普遍现象——军户将亲儿子藏起来，用养子代替，显然是深知一入军户即终身为奴、代代为奴。同年秋，朱元璋又要求各卫所将士兵的姓名、籍贯、所在原籍军户丁口等资料制成档案，以便士兵逃亡或死绝时，可以随时补足。④

---

① 《明代的军屯》，第244页。

② 《明太祖实录》卷五十九，洪武三年十二月丙子条。

③ 《明太祖实录》卷一五六，洪武十六年八月戊辰条下"是月"。

④ 《明史》卷九十二《兵四》，第2255页。

四、案件背后的真逻辑

补足了上述背景，便不难理解朱元璋讲述的"史灵芝案"里，为何会有三大情理不通之处。

先说第一处。为何洪洞县会在明知史灵芝已与姚小五婚配多年这个事实之后，仍选择强行将史灵芝押送至镇江交与唐闰山？

原因并不复杂。

唐闰山是镇江卫的士兵，是一名标准的"军事农奴"。为降低卫所内士兵的逃亡率，保证卫所士兵可以代代相继，明帝国于洪武十八年（1385）前后，正着手全面推行"卫所士兵与妻子儿女在驻防地团聚"这项重要工作。具体办法是下发文件给士兵的原籍州县，让"原籍军户"（也就是留在原籍的父母兄弟等）出钱出力，将士兵的妻子儿女送到驻防地。比如，洪武十七年三月初三，兵部向云南、大理等处守御卫所传达朱元璋的圣旨，要他们"尽问军人每，若是有粮，便差内官送将家小来"[①]——调查一下卫所军人屯垦所得的粮食是否够吃，如果够吃，便须派人将士兵留在原籍的妻儿一并弄到卫所。如果士兵在原籍没有娶妻，朱元璋另有规定，须由"原籍军户"代为娶妻，然后送往驻防地。

唐闰山向镇江卫报告，说自己在原籍洪洞县有一个名叫史灵芝的妻子。镇江卫定然会将之报送兵部，兵部定然会按常规流程出具文件给洪洞县，洪洞县的官员们拿到文件的第一反应，定然是"不能妨碍朝廷的强军大计"。所有人都清楚，"卫所士兵与妻子儿女在驻防地团聚"这项工作，是朱元璋亲自在盯的大事；而已为人妇的史灵芝被强行送往镇江唐闰山处，只是史灵芝与姚小五一家的喜乐悲欢。任何一个对洪武时代官场游戏规则稍具认知者，都明白应该如何选择。尸山血海在前，人人皆已知道，紧跟朱元璋的步伐、贯彻朱元璋的意志，才是最重要的事情。这才是洪洞县官员"推称内府勘合，不敢擅违"

---

① 王世贞：《弇山堂别集》卷八七《诏令杂考三》。转引自《隐匿的疆土：卫所制度与明帝国》，第79页。

的真实原因。

上述原因，朱元璋自然是知道的。但他不会在《大诰》中提及。因为这将暴露他统治术的奥秘，有损他英明神武的圣君形象。

再来看第二处。刑部尚书王峕，为何会将注意力放在史灵芝与唐闰山之兄的"三岁婚约"上？为何还欲派人前往山西，传当事证人来南京问话？

原因同样不复杂。王峕之所以要派人调查史灵芝与唐闰山之兄的"三岁婚约"是否属实，是因为这牵涉到一项称作"收继婚"的前元旧俗——在元代，兄死而弟继其嫂，或者弟死而兄继其媳，是很常见且一般会受到官府认可的事情。唐闰山之所以向镇江卫报告说史灵芝是自己的妻子，正是以这一旧俗为根据。

也就是说，确认史灵芝与唐闰山之兄的婚约是否真实存在，是刑部处理此案时必须首先解决的一个事实性前提。若婚约为假，史灵芝与唐闰山便只是毫无关系的路人，后续便无调查讨论的必要，唐闰山的诉求会被驳回。若婚约为真，事情就要麻烦许多——官司的发生时间是洪武十八年（1385）前后，婚约却是在前朝，也就是元代便已定下。《大明律》里虽有"若兄亡收嫂，弟亡收弟妇者，各绞"①的规定，但婚约订立在前，《大明律》出台在后，刑部将要面临一个艰难的选择：这桩争妻案，究竟该用旧法来判，还是该用新法来判？

王峕究竟倾向于哪一种选择？限于史料已不得而知。从判案角度上来讲，他将注意力放在史灵芝与唐闰山之兄的"三岁婚约"上，欲派人去山西传证人来南京问话，绝非如朱元璋所说的那般，是什么"持权妄为""意在动扰良民"，而是在走一项非常必要的法律程序。从政治角度来看，王峕知道史灵芝案是朱元璋亲自在盯的案子，为免遭挑刺，尽可能将案子中涉及的各项事实核查清楚，也是很正常的办事套路。可惜的是，朱元璋对法律程序这种东西毫无概念，他的信条一向是"朕即法律"，他更喜欢将自己的朴素正义凌驾于一切程序正义之上。

---

① 怀效锋点校：《大明律》，"户律三·婚姻·娶亲属妻妾"条，辽沈书社1990年版，第60页。

再来看第三处。如前文所说，王峕调查史灵芝与唐闰山之兄的"三岁婚约"，是非常正常的行为。朱元璋为何会感到愤怒，以至于将王峕残忍诛杀？

原因也不复杂。首先，在朱元璋的预期里，王峕本该清楚案子已经定调——若非是朱元璋对洪洞县的做法不满，这桩案子不会来到刑部，也不会由刑部尚书王峕亲自负责。史灵芝不能判给唐闰山，已是一个板上钉钉的结论。所以，他才会在《御制大诰》里斥责王峕，说他居然"不行明坐妄取他人妻室为妻之罪"，却要去调查什么"三岁婚约"。朱元璋将王峕的调查行动，视为对自己的蔑视——皇帝已然认定证据充分、可出结论的案子，刑部却还在大费周章展开调查，这不是对皇帝的蔑视，是什么呢？

其次，朱元璋之所以会关注到"史灵芝案"，有两个原因。一是该案涉及军队，与"卫所士兵与妻儿子女在驻防地团聚"这一重点整军政策有关。二是该案涉及"收继婚"这类胡风元俗。《御制大诰》的开篇序言里，朱元璋便说了，明帝国到处是贪污腐败分子，到处是造反的民众，根源便在于前代的"污染"，是元朝九十多年的统治败坏了世道，也败坏了人心。在朱元璋看来，王峕去调查"三岁婚约"的真实性，根本就是没有把朱元璋"消灭胡风元俗"的思想精神放在眼里、写入心中，否则就该明白这种调查毫无意义。"史灵芝案"需要的是一次政治判决，而不是纠结法理，纠结该不该用新法来判旧案。对王峕这种不能紧跟皇帝步伐与意志的官员，自然要派人好好调查一番，找到理由将之拿下。但就《御制大诰》只能以极笼统的表述来批判王峕这一点来看，朱元璋的政治打手唐铎，并没有从王峕身上查出什么实质性的东西。

五、被刻意遮蔽的事实

洪洞县的地方官，将军队建设的重要性摆在第一位，欲紧跟朱元璋的步伐与意志，结果集体丢了脑袋。刑部尚书王峕，因案件调查触及胡元风俗，被视为没能紧跟朱元璋的步伐与意志，也丢了脑袋。民女史灵芝，则在经历了一番惊心动魄的大风波之后，意外逃过了被逼与丈夫、孩子分离的悲惨命运。但她既不清楚自己为何会险遭这样的厄运，也不清楚自己为何又能逃脱这种厄运。她意识不到朱元璋的暴政才是自己命途多舛的根源，却大概率会在逃出生天后，庆幸自己遇到了"明君"。

《御制大诰》没有提及对唐闰山的处置。从朱元璋批评王皆"不行明坐妄取他人妻室为妻之罪"这句话来推测，唐闰山很可能受到了某种惩处，但这种惩处或许不太重。唐闰山是士兵，强迫"在籍军户"为士兵娶妻并将之送到驻防地，以提升士兵（也就是"军事农奴"）的逃亡成本，是明帝国此时正在执行的一项国策。《御制大诰》用了三条来讲"史灵芝案"，批判的矛头始终对准中央与地方官员，而非"妄取他人妻室为妻"的唐闰山，似乎可以支持这种推论。此外，未经查实即乱开文件给地方政府的兵部，是造成这桩案子的重要责任方，朱元璋也仅轻描淡写地说了一句"唐闰山于兵部朦胧告取妻室"，这话与其说是在批评兵部，倒不如说是在为兵部开脱。

如果不涉及"军事农奴"的管控问题，朱元璋会给予唐闰山怎样的判决？这个问题可以在《御制大诰》第二十二条中找到答案。朱元璋说：

> 同姓、两姨姑舅为婚，弟收兄妻，子承父妾，此前元之胡俗。……有等习顽之徒，假朕令律，将在元成婚者，儿女已成行列，其无藉之徒，通同贪官污吏，妄行告讦，致使数十年婚姻，无钱者尽皆离异，有钱者得以完全。此等之徒，异日一犯，身亡家破，悔之晚矣。……今后若有犯先王之教，罪不容诛。[1]

所谓"有等习顽之徒，假朕令律，将在元成婚者，儿女已成行列，其无藉之徒，通同贪官污吏，妄行告讦"，指的正是"史灵芝案"里的唐闰山这类

---

[1] 　《御制大诰·婚姻第二十二》，《洪武御制全书》，第757—758页。

人——普通百姓遵循旧俗"弟收兄妻，子承父妾"，往往发生在兄长或父亲去世的当下，既不会去打官司，也不会出现破坏他人"数十年婚姻"的问题。唯有原告背井离乡多年，家中兄嫂或父妾因丈夫去世已然改嫁另组家庭，而原告又突然得到某项"特权"的加持，才有可能发生这种告上衙门，且能得到衙门支持，进而破坏他人数十年婚姻的问题。满足这种条件的，主要是洪武十八年（1385）前后的那些"军事农奴"们。朱元璋的"无钱者尽皆离异，有钱者得以完全"一句，也可谓是泄露天机——有钱的家庭，可以出钱为"军事农奴"另行购买女性作为妻子；没钱的家庭，便只能接受抛弃儿女、夫妻分离的惨剧。军事建设优先，这是明帝国地方政府处理此类事情的普遍做法。

朱元璋明白这一切，但他不会在《大诰》里点明这一切。所以，针对唐闰山等人的尖锐批评，挪到了《御制大诰》的第二十二条，而非紧接第六、七、八条继续往下说。第二十二条里完全隐去了唐闰山等人的身份，对"军事农奴"这项暴政也只字不提，尽管它们正是整件事情发生的根源。

为了将自己塑造成一位空前绝后的"明君"，朱元璋将一切都推给了"无藉之徒"和"贪官污吏"。他绝不承认自己是这些荒诞悲剧的始作俑者。

第三章　郭桓案：中产之家大抵皆破

洪武十八年，户部试侍郎郭桓事觉发露，天下诸司尽皆赃罪，系狱者数万，尽皆拟罪。或曰：朝廷罪人，玉石不分。吁！朕听斯言，所言者理哉。此君子之心，恻隐之道，无不至仁。此行推之于君子则可，小人则不然。

——《御制大诰·朝臣优劣第二十六》

一、空印案与胡惟庸案

发生在洪武十八年（1385）的"郭桓案"，是理解《大诰》最重要的一把钥匙，也是还原洪武时代小民悲剧命运的关键。

但在说"郭桓案"之前，有必要先谈一谈洪武四大案①中的"空印案"和"胡惟庸案"。这两案都发生在"郭桓案"之前。朱元璋最后会走到启动"郭桓案"的地步，与他在这两案中遭遇的挫折，有很直接的关系。

---

① 洪武四大案，指的分别是：洪武八年（1375）的"空印案"（另有洪武九年、洪武十五年之说）、洪武十三年的"胡惟庸案"、洪武十八年的"郭桓案"、洪武二十六年的"蓝玉案"。其中，蓝玉案与本文主旨无关，该案之目的，是将能够对皇位继承构成威胁的有力量的军人贵族彻底清除，与之同时，朱元璋将自己的儿子分封至各地，成为拥有军事指挥权的藩王。

　　"空印案"发生在洪武八年（1375）至洪武九年前后①。所谓空印，指的是在空白文书簿册上加盖官印，也就是一张盖有印章的空白文件。

　　之所以会有"空印"，是因为明帝国的地方政府每年都需要派人前往南京中央户部，报告该年的赋税收支账目。只有地方提交的账目，与户部审核后的账目完全相符，这一年的赋税征收工作才算顺利完成。否则，地方政府就需要重新核查并填造账目。问题是，即便地方政府在征收钱粮的过程中，没有出现任何数据错误，户部在清点地方送缴来的钱粮时，也没有出现任何数据错误，二者的数据仍然大概率不会相符，因为钱粮在运输过程中必然会有损耗。地方派往中央提交账目的官员，只有到了户部之后，才能知晓运输中的具体损耗是多少；这些官员又没有办法随身带着地方衙门的官印入京，毕竟，地方政府每日的运转都需要官印。交通不发达的时代，只为盖个官印而在中央与地方之间来回跑，显然极不现实，浙江、江苏等靠近南京的省份还好，云南、四川等省份，派人跑一趟南京动辄需要数月，重填一次数据便回本省重盖一次官印，往往小半年就过去了。所以，随身携带多份已经盖好官印的空白文书，就成了一种全国通行的普遍做法。②

　　然而，朱元璋似乎并不了解"空印"现象背后的制度成因。当他获悉这种现象普遍存在后，即"疑有奸，大怒，论诸长吏死，佐贰榜百戍边"③，怀疑这背后存在着普遍的贪污腐败与作奸犯科，震怒之下，将所有的掌印官员判了死刑，副职一律杖刑一百、流放边疆。共计约有数百人，冤死在了朱元璋的屠刀之下。

　　对朱元璋来说，"空印案"是一个巨大的耻辱。原因是冤案启动后，朝中群臣无人敢向他说出"空印"的真相，却有一名叫作郑士利的儒生冒死上奏，戳破了他的认知错误，让朱元璋的大义凛然丧失了依托。这位郑士利，认定朱

①　参见陈梧桐：《明初空印案发生年代考》，《历史研究》1982年第3期；刘孔伏：《明初空印案新探》，《中国史研究动态》1986年第11期。

②　徐卫东：《明初空印案及其发生的时间》，《历史学家茶座》2007年第4期。

③　《明史》卷九十四《刑法二》，第2318页。

元璋是一位圣明之君，坚信只要有人站出来说清楚"空印"的来龙去脉，"宁有不悟怀？"，朱元璋一定会幡然醒悟改正错误。为显示自己没有私心，郑士利特意等到自己的兄长（也是一名掌印官员）已承受杖刑、免死释放之后，才将长达数千字的上书，呈递给朱元璋。其中写道：

> 诚欲深罪空印者，恐奸吏得挟空印纸为文移以虐民耳。臣以为文移必完印乃可，今考校策书，合两缝印，非一印一纸之比。纵得之，亦不足用，况不可得乎？且钱谷之数，府必合于省，省必合于户部，其数诚不可悬断预决，必至户部而后定。省、府远者去户部六七千里，近者三四千里，待策书既成，而后用印，则往来之难，非期年不可至。故必先用印而后书，此权宜之务，所从来远矣，何足深罪？且国家诸法，必明示之天下，而后罪犯法者，以其不可而故犯之也。自立国以至于今，未尝有空印之律。有司丞相不知其罪，今一旦捕而诛之，则何以使受诛者甘心而无词乎？朝廷求贤士而置之庶位，得之甚难，位至于郡守者，皆数十年所成就通达廉明之士，非如草菅然可刈而复生也，陛下奈何以不足罪之罪而坏足用之才乎？臣窃为陛下痛惜之。[①]

郑士利一共谈了四点意见：一，就政务运作的常识来看，利用空白文书作弊谋利、压榨百姓的可能性很低，因为空白报表上盖的是骑缝印，别说不会流散出去，即便被外人拿到了也没什么用。二，府、省与户部的数据必须吻合，不让盖空白文书，办事人员就只好来回跑，"非期年不可至"，有可能要在路上跑一年才能搞定。三，国家从来没有制定过法律说空印有罪，相关部门也从没因此逮捕过任何人，如今突然因空印杀人，被杀者不会心服。四，朝廷到处艰难求贤，却像割草一样砍人才的头，头被砍了，那是长不回来的。

这四点意见虽然中肯，却大大折损了朱元璋的颜面。所以，朱的反应是勃

---

① （明）方孝孺著，徐光大点校：《方孝孺集（下）·叶伯巨郑士利传》，浙江古籍出版社2013年版，第794—795页。

然大怒：

> 上览书大怒，诏丞相大夫杂问，谁教若为，必有主谋者。士利笑曰："顾吾书可用与否如何耳，且吾业既为国家言事，自分受祸，人谁为我谋乎！"辞卒不屈，然犹输作终身，而竟杀空印者。[①]

郑士利期望朱元璋勇敢地承认错误并改正判决，朱元璋却将丞相（当是胡惟庸）与御史大夫分别招来问话，要他们去调查究竟谁是郑士利上书的幕后主使。郑士利坚称上书与他人无关，完全是自己的独立意志。结果，郑士利被圣旨送去终身劳动改造，主管印章者也没能逃脱被杀的命运。

洪武十三年（1380），又发生了"胡惟庸案"。

朱元璋制造该案的动机，是他意识到围绕着丞相胡惟庸，朝臣们正在形成一个关系密切的利益共同体。但该利益共同体的形成，是朱元璋设计的制度在起作用，与胡惟庸本人的品德高低、野心大小，并无多少关系。无论是谁，只要处在胡惟庸那个位置上，便会吸引朝臣前来依附，便会被朱元璋视为眼中钉、肉中刺。

这项将胡惟庸推向死路的制度，是洪武六年（1373）启动的"察举制"。在此之前，朱元璋曾寄望于通过恢复科举取士，来构建明帝国的官僚集团。但经过两年的试行，到洪武六年，朱元璋失望了，公开对天下人发出了"朕恢复科举实心求贤，你们却用虚文应付朕"的责备。他在诏书里说，自己决定暂停科举，改行察举：

> 朕设科举，以求天下贤才，务得经明行修、文质相称之士，以资任用。今有司所取多后生少年，观其文词若可与有为，及试用之，能以所学措诸行事者甚寡。朕以实心求贤，而天下以虚文应朕，非朕责实求贤之

[①] 《方孝孺集（下）·叶伯巨郑士利传》，第795页。

意也。今各处科举宜暂停罢，别令有司察举贤才，必以德行为本，而文艺次之。[①]

诏书说得明白，朱元璋之所以不满科举取士，是因为他觉得这些考上来的人，文章虽然写得漂亮，但做起事来很糟糕。他希望新的察举制度优先考察人才的德行，将文艺放在次要地位。

但是，察举这种古老的取士手段，对皇权来说存在着一种天然的弊端：它缺乏客观的评定标准，究竟怎样的人才可以算"聪明正直"，怎样的人才可以算"贤良方正"，怎样的人才可以算"经明行修""孝廉""人才""耆旧""儒士"（以上皆是洪武时代察举的名目）？皇帝只能给出一个模糊的定义，进入具体操作后，全看推荐者的个人喜好。这也就意味着推荐者与被推荐者之间很容易形成亲密的恩主与门生关系。东汉曾实行过察举制，结果是朝堂之外出现了汝南袁氏、弘农杨氏这般门生故旧遍天下、号称"四世三公"（四代人皆有在朝中位列三公者）的大学阀，汝南袁氏更是依赖这张庞大的关系网，在东汉末年从学阀转型成了雄踞一方的军阀（袁绍、袁术兄弟）。

朱元璋重启察举制，同样只能依赖吏部这些政府机构来具体操作此事。其结果便是身为政务运作中枢的丞相胡惟庸，在察举制的加持下，变成了朝堂人际关系网的核心。胡惟庸的选人标准，很自然地成了下级官员推荐人才的标准。他的身边，也很自然地形成了一个让朱元璋不满的小圈子。所谓"谋反"，不过是朱元璋诛杀胡惟庸所使用的借口。该案牵连致死者，之所以多达三万余人，是因为朱元璋内心不能够信任那些通过察举进入统治秩序的士人。只有对官僚集团实施大规模清洗，才能让朱元璋重获安全感。

洪武十五年（1382）八月，当胡惟庸案带来的政治动荡渐趋平息，朱元璋

---

① 《明太祖实录》卷七十九，洪武六年二月乙未条。

即下令恢复科举取士，抛弃了察举制。

"空印案"与"胡惟庸案"的发生，有一个共同的核心原因，即朱元璋不信任明帝国的官僚集团，对他们充满了猜忌。这种不信任，包括两个层面。

第一个层面，是朱元璋认定明帝国的官僚系统充满了腐败（这大约是事实，中国秦制王朝的官僚系统，因缺乏独立的监督机制，往往自建国伊始即充满了腐败。可以说，腐败是秦制王朝的一种常态），"空印案"即是这种心理机制下的一种过激反应。即便事实证明朱元璋对"空印"的理解存在巨大偏差，他也不会改变"明帝国官僚系统充满了腐败"这个基本判断。

第二个层面，是朱元璋认定明帝国的官僚系统缺乏忠君思想。因为这些官僚全部是在忽视儒学教育的元代成长起来的，忠君从来就不是他们的核心意识形态。朱元璋的核心谋士之一刘基，便对君王持有强烈的批判立场。而朱元璋恰恰也很清楚这一点——刘基于元末隐居时，写过一本寓言集《郁离子》，其中有一篇石破天惊的《楚人养狙》，朱元璋是读过的：

> 楚有养狙以为生者，楚人谓之狙公。旦日必部分众狙于庭，使老狙率以之山中，求草木之实，赋什一以自奉，或不给，则加鞭焉。群狙皆畏苦之，弗敢违也。一日有小狙谓众狙曰：山之果公所树与？曰：否也，天生也。曰：非公不得而取与？曰：否也，皆得而取也。曰：然则吾何假于彼，而为之役乎？言未既，众狙皆悟。其夕相与伺狙公之寝，破栅毁柙。取其积，相携而入于林中，不复归。狙公卒馁而死。郁离子曰：世有以术使民而无道揆者，其如狙公乎？惟其昏而来觉也，一理有开之，其术穷矣。[①]

"狙"是一种猴子，说的是民众；靠奴役猴子为生的"狙公"，说的是帝王。狙公霸占了猴子们十分之一的劳动成果，却说是自己养活了猴子。某

---

① （明）刘基原著，傅正谷评注：《郁离子评注·术使》，天津古籍出版社1987年版，第135页。

日，一小猴提问猴群："山上的果树是狙公种的吗？没有狙公你们无法获得果实吗？既然答案都是否定的，你们为什么要受他奴役，并将这奴役视为一种理所当然呢？"于是猴群幡然醒悟。寓言的末尾，郁离子，也就是刘基自己，跑出来点题：世上那些用"术"来控制百姓、愚弄百姓，而不是以"道"治国之人，就是狙公。等猴子们醒悟过来，狙公的"术"就要失效，狙公就要饿死。

这样的寓言故事，朱元璋不会喜欢。所以历史进入洪武时代之后，刘基的命运每况愈下，最后竟沦落到险些死于非命的地步。

"胡惟庸案"之所以会被罗织成莫须有的谋反案，并牵连三万余人被杀（主要是官僚集团及其家属亲友，当时明帝国的官僚总数约为两万人），察举制导致胡惟庸坐大是最主要的原因。朱元璋之所以如此担忧胡惟庸坐大，又与他对察举所得士人是否具备"忠君思想"充满怀疑有非常直接的关系。如论者所言："这些案中清洗的绝大多数是元代培养出来的官吏和儒生，尽管其中不乏才能之士，但在朱元璋心目中，他们的忠诚都是值得怀疑的。"[1]

这种怀疑，也非常直接地表现在朱元璋的取士政策之中。洪武六年（1373），朱元璋在诏书里批评科举取士只能得到文艺之才，批评这些文艺之才缺乏处理实际政务的能力。但他在宣布改行察举制时，并没有将处理实际政务的能力作为首要选材标准，而是明确要求"必以德行为本，而文艺次之"——所谓"德行"，既包括要有爱民之心，更包括要有忠君的思想。次年，茹太素呈递万言书，批评朱元璋在用人上专门挑选"迂儒俗吏"，以致"才能之士，数年来幸存者百无一二"[2]，也就是喜欢起用政治官僚，技术官僚或被杀或遭逐，已经成了稀有物种。朱元璋读完后大怒，在朝堂上当众杖责了茹太素。洪武十五年废除察举制，朱元璋陈述理由，特别提到"有能者委以腹

① 龚笃清：《中国八股文史：明代卷》，岳麓书社2017年版，第181页。
② 《明史》卷一三八《茹太素传》，第3987页。

心，或面从而志异；有德者授以禄位，或无所建明"①——能办事的技术官僚，或许并不忠于我；忠于我的政治官僚，却又办不成事。相比之下，他认为恢复科举，可以对巩固朱家王朝的统治，产生更大的效果：

> 吾有法以柔天下，则无如复举制科。天下才智，无所试，久必愤盈。诸负血气者，遂凭之以起。②

按朱元璋的这番制度设计，科举的核心功用已不再是选拔合格的治理人才，而是为了摧折"天下才智"，为了将那些"负血气者"的精力消磨在漫漫的科举之路上。这也是朱元璋选择八股这种对治世毫无用处的知识，作为科举考试核心内容的主要原因。

以上，是"空印案"与"胡惟庸案"的始末。由这两桩规模甚大的冤案不难窥见，自建国伊始，朱元璋就对读书人和官僚集团抱持着一种非常矛盾的态度。他没有办法一个人治理广袤的天下，不得不依赖读书人与官僚集团；但他又不信任这些人，始终对读书人和官僚集团的忠诚度怀有高度的疑虑。所以，"空印"这种制度缺陷造成的官场惯例，会被他无限放大，扩大成一场残酷而不必要的反贪风暴；科举这种在隋唐两宋时期已然发展成熟的取士制度，也得不到他的信赖，恢复了又废除，废除了又改造性恢复，中间还闹出了多达三万余人被株连而死的"胡惟庸案"。如此种种，均是猜疑心态的产物。

二、郭桓案扩大化的根源

洪武十八年（1385），这种猜疑第三次大爆发，酿成了规模更大的"郭

---

① 《明太祖实录》卷一七二，洪武十八年三月壬戌朔条。

② （明）查继佐：《罪惟录》卷十八《科举志·总论》，浙江古籍出版社1986年版，第817页。

桓案"。

该案的起因，是监察御史余敏、丁廷举等向朱元璋告发，说北平布政使司、按察使司的官员李彧、赵全德等人，与负责户部日常工作的户部侍郎郭桓、胡益、王道亨等人舞弊贪污，侵盗了朝廷的官粮。深入调查下去之后，朱元璋得出一个结论：以郭桓为首，明帝国内部存在着一个巨型贪污集团。

在《御制大诰》里，朱元璋说，天底下"造罪患愚者"莫过于郭桓，此人盗卖的粮食规模极大，"前者榜上若欲尽写，恐民不信，但略写七百万耳"，之前担忧老百姓们不敢相信，所以在公开张贴的榜文里只写了七百万石这个数据。事实上，郭桓和以他为首的贪污集团，这些年里贪污掉的钱粮，"共折米算，所废者二千四百余万精粮"。我大明朝"空仓廪，乏府库，皆郭桓为之"。①

"二千四百余万精粮"是个什么概念？

洪武时代明帝国的夏税秋粮收入，共计二千九百四十三万石②。也就是说，按朱元璋认定的数据，以郭桓为首的这个巨型贪污集团，几乎吞掉了明帝国一年的夏税秋粮。附带一提，明朝正德时代，"浙江等十三布政司并南北直隶额派的夏税秋粮，大约二千六百六十八万四千五百五十余石"③。洪武时代甫历大乱，人口与耕地均处在恢复期，夏税秋粮的征收额度却高出正德时代约三百万石，可见朱元璋对民力的汲取，是相当严酷的。

相比"空印案"与"胡惟庸案"，"郭桓案"有两点不同。第一点是："空印案"与"胡惟庸案"可谓纯粹的冤案，"郭桓案"则属于严重扩大化。

朱元璋在《大诰》里说，郭桓等在检查浙西衢州、金华等地的秋粮征收

---

① 《御制大诰·郭桓造罪第四十九》，《洪武御制全书》，第771页。
② 《罪惟录》卷十《贡赋志》，第717页。
③ 《古今图书集成·食货典》卷二百五十四《国用部·论食货》。转引自周伯棣：《中国财政史》，上海人民出版社1981年版，第396页。

时，"接受浙西四府钞五十万张"①。这项指控或有一定的根据。毕竟，户部是一个专管钱粮出入的部门，郭桓又在户部工作多年，完全没有任何经济问题的概率很小。但是，朱元璋统计贪腐数据的方法，是完全错误的。据《大诰》里的自述，他是这样算的：

> 户部官郭桓等收受浙西秋粮，合上仓肆百伍拾万石。其郭桓等止收陆拾万石上仓，钞捌拾万锭入库。以当时折算，可抵贰百万石，余有壹百玖拾万未曾上仓。其桓等受要浙西等府钞伍拾万贯，致使府县官黄文等，通同刁顽人吏沈原等作弊，各分入己。②

意思是：浙西的秋粮，按政府额定的数字，是四百五十万石。郭桓等人收入国库的，只有六十万石粮食和八十万锭宝钞，这些宝钞按当时的价格可折算为二百万石粮食。也就是还剩下一百九十万石粮食没有入库。朱元璋遂据此认定，这没入库的一百九十万石粮食，是郭桓与浙西的地方政府官员一起合作舞弊，贪污掉了。

《大诰》里说郭桓等人总共贪污了"二千四百余万精粮"，也是这样推算出来的。

然而，现实中的税粮征收工作，并不按照朱元璋这种简单粗暴的逻辑运作。

明代的农业税，分为夏税与秋粮两块，既交实物，也交钱钞。明代的耕地，分为官田与民田两种，税赋标准并不相同，官田要承担的赋税，往往远重于民田。按《明史·食货志》记载的一般情形，官田每亩税赋是"五升三合五勺"，民田比官田"减两升"，重租田（被政府认定的肥沃之田）是"八升五

---

① 《御制大诰·郭桓造罪第四十九》，《洪武御制全书》，第771页。

② 《御制大诰·卖放浙西秋粮第二十三》，《洪武御制全书》，第758页。"郭桓案"后，朱元璋下令全国采用中文大写数字进行账簿记录，故该条文字涉及数据时，亦使用了大写数字。

合五勺"，没官田（被官府抄没的田地）是"一斗二升"①。这种一般情形是就全国而论的，在涉及"郭桓案"的江浙地区，情况要更为复杂，官田要承担的赋税也更为沉重。

说情况复杂，是因为这一地区被朱元璋认定为天下最富庶之地，且又是元末张周政权（张士诚）的核心地带。张士诚被灭后，朱元璋将该区域内原张周政权官员名下的大量田地没收为官田；之后，朱元璋又屡次发起运动，致力于消灭该地区的富户（或强制迁徙或人身消灭），又有大量民田被纳入官田。结果便是苏松江浙一带的官田比重极大，比如洪武十二年（1379）的数据显示，苏州府的田地总数是六万七千四百九十顷有余，其中官田是四万六千五百四十四点四七顷，占比高达百分之六十九②，其中有约四分之一（一万六千余顷）属于税粮负担最重的"抄没田"③。这种高占比，正是朱元璋所希望达成的效果——政府直接掌控的富庶田地越多，能汲取到的钱粮物资自然也就越多，明帝国的安全系数也就越高④。与官田的高占比相配套的，是税赋额度的剧增。洪武十二年，苏州府的夏税秋粮，较之张士诚的时代已翻倍不止。洪武二十六年，苏州府平均每亩田征收米麦高达二十八点五升⑤，相当于一般民田的八到九倍。苏州府九成以上的税粮来自官田，整个江浙地区的情况也大体相似。

如此沉重的官田税赋负担，按正常手段去征收，显然是根本不可能完成征

---

① 《明史》卷七十八《食货志二（赋役）》，第1896页。

② 洪武《苏州府志》卷十《税赋·田亩》，《中国方志丛书》，成文出版社有限公司1983年版，第425页。转引自吴建华主编：《苏州通史：明代卷》，苏州大学出版社2019年版，第40页。

③ 《天下郡国利病书》原编第四册"苏上"。转引自葛金芳：《中国近世农村经济制度史论》，商务印书馆2013年版，第402页。

④ 《明史·食货志》将这种现象理解为"惟苏、松、嘉、湖，怒其为张士诚守，乃籍诸豪族及富民田以为官田，按私租簿为税额"，以历史恩怨来解读历史，虽有依据（朱元璋曾实施过先投降地区税额低于后投降地区的歧视性政策），但似未触及事情的本质。

⑤ 《苏州通史：明代卷》，第44页。

税任务的。朱元璋理应知道这一点。洪武二年（1369），苏州府有超过三十万石税粮没有征上来。户部请求朱元璋惩办相关官员。朱元璋先是讲了一番苏州百姓也不容易之类的漂亮话，且下旨免去了苏州三十万五千八百石秋粮。但随即，他便开始频繁更换苏州知府，目的是找到一名能将税粮足额征上来的酷吏。于是，洪武三年正月派至苏州的新知府陈宁，就祭出了用烧红的烙铁来催逼百姓交粮的残酷手段，陈宁本人因此得了一个"陈烙铁"的外号①。朱元璋之所以选派陈宁去苏州，是因为陈宁之前在松江知府任上，以同样严酷的手段催逼税粮，颇见成效——洪武时代，松江府的税粮额度是一百二十万石，因负担太重，绝大多数时候"岁征曾不及半"②。

与"郭桓案"直接相关的浙西地区，同样是高税负的重灾区。《明史·食货志》里说，"司农卿杨宪又以浙西地膏腴，增其赋，亩加二倍。故浙西官、民田视他方倍蓰，亩税有二三石者"③。每亩官田纳税二到三石，意味着正常年景下一亩水稻的全部产出都要交给朝廷，耕种者所能留下的只有正常水稻季之外的杂粮出产（双季种植会降低亩产，同样所余甚少）。自然，无论派出怎样的酷吏，这种高税额都不可能完成，当农民无法在土地上维持生计时，他们就会抛弃土地成为流民（这也是洪武时代农民暴动多达两百余起的一个重要原因）。所以，洪武十三年（1380），朱元璋不得不下旨，对江南地区的税负额度略做了一些下调：原来每亩缴纳七斗五升至四斗四升者，减去十分之二；每亩缴纳四斗三升至三斗六升者，减至征收三斗五升。即便如此，民众的沉重负担，仍然没有得到本质性的改变。以湖州府的乌程县为例，该县在元代至正年间（1341—1368），每年的秋税粮是九万三千三百四十五石；进入洪武时代（1368—1398）后，陡增至二十一万二千零二石④。耕地没有增长，人口在战乱

---

① 《明太祖实录》卷一百二十九，洪武十三年正月戊戌。

② 嘉庆《松江府志》卷二〇《田赋》。转引自田培栋：《明史披拣集》，三秦出版社2012年版，第242页。

③ 《明史》卷七十八《食货志二（赋役）》，第1896页。

④ 蒋兆成：《明清杭嘉湖社会经济史研究》，杭州大学出版社1994年版，第77页。

中大幅减少，百姓们在洪武时代要承受的赋税，较之元末却已增长了一点二七倍之多。税粮拖欠，也就成了江南地区的一种普遍现象。

如此，也就不难理解"郭桓案"里的浙西秋粮为何只有二百六十万石收入国库，还有"壹百玖拾万未曾上仓"。以常理推断，这缺额里的一百九十万石粮食，大部分应该是没有能够征收上来，少部分缘于征收运输过程中的鼠雀消耗，官吏们的贪污腐败自然也会有（这几乎是必然会存在的现象），但绝不会是造成一百九十万石秋粮缺额的主要原因。

朱元璋将地方官府的行贿及郭桓的受贿，与贪污掉一百九十万石秋粮挂钩，殊不知还存在着另一个更大的可能：地方官府给郭桓塞钱，其实是为了换取朝廷不要过度严酷地追索这一百九十万石未能征收上来的税粮。按朱元璋的说法，郭桓所得是五十万贯钱，五十贯为一锭，也就是受贿了一万锭宝钞。朱元璋还说，当时八十万锭宝钞等同于二百万石粮食，也就是说，地方政府欠的一百九十万石粮食，相当于七十六万锭宝钞。行贿一万锭宝钞，以换取七十六万锭宝钞的税额不被严酷追缴，对地方政府而言，无疑是一件划算的事情；对郭桓来说，也是一件可以接受的事情，毕竟江南地区在洪武时代，几乎每年都没有办法征足额定的沉重税赋。但若是行贿一万锭宝钞，旨在贪污掉价值七十六万锭宝钞的粮食，这数额差距就太不符合常理了。而且，《大诰》里也没有郭桓与地方官府私分粮食、各得多少的记载。

朱元璋绝不会承认，是自己制定的高剥削政策，将底层民众逼到了难以为继的地步。

"郭桓案"发生之前，并非没有人指出过这种高剥削政策有问题。比如，苏州知府金绚（又作炯）认为，"全府税粮，官、民田轻重悬殊，相去有十倍者"，希望朝廷将之统一到同一水准，以便于征税并刷新吏治。该主张得到了时任户部尚书滕德懋的支持，金绚遂正式上书朱元璋。朱元璋看到奏章后的第一反应，不是金绚说得有没有道理，而是让人去查金绚家中民田和官田的比例，结果发现官田多于民田（金绚是浙江嘉兴人，当地官田本就多于民田，金绚家中官田比民田多是很正常的事情，当地大多数百姓名下的官田多于民田），朱元璋遂以此为借口，给金绚扣了一顶"挟私自利"的帽子，将之公开诛杀于苏州城的乐桥之上，以恐吓当地百姓。赞同金绚主张的户部尚书滕德懋，也没能逃过朱元璋的屠刀。滕德懋是苏州人，朱元璋认定他之所以同意金绚的主张，也是在为个人私利打算。杀了金绚之后不久，朱元璋便为滕德懋寻了一桩盗取军粮十万石的罪名，将之腰斩。朱还派人将滕德懋的妻子王氏逮捕，当庭审讯她："若夫盗粮十万，当死，汝何言？"（你丈夫贪污军粮十万石，按律当死，你有什么想说的？）王氏不服，回答道："是固当死！盗国家如许钱粮，而不以升斗养妻孥乎！"（确实是该死。盗取了国家这么多粮食，居然不拿个一升半斗回来赡养妻儿子女！）朱元璋追问："尔何食？"（你吃的是什么？）王氏回答："藜藿耳。"（野菜，代指粗劣的饭菜）朱元璋大怒，命人诛杀王氏并将其剖腹，结果王氏腹中真的只有"粝食菜茹"。①

朱元璋虽不得不承认滕德懋是个被误杀的"清忠"之人，但他没有变更政策。相反，在"金绚与滕德懋事件"之后，他出台了一项新规定：江浙苏松之人不可以再做户部之官。他始终固执地认为江南地区的粮食犹如海绵里的水，只要大力压榨总是有的。在洪武十八年（1385），他也仍然非常笃定地认为，明帝国之所以难以征收到足额的税粮，全因内部存在着一个以郭桓为核心的巨大贪腐集团。

在这种错误思维的支配下，"郭桓案"不可避免地走向了严重扩大化。

三、中人之家大抵皆破

"郭桓案"与"空印案""胡惟庸案"的第二个不同之处，是此次遭殃

---

① 同治《苏州府志》卷七十九《人物志·吴县》，《中国地方志集成·江苏府县志辑9》，江苏古籍出版社1991年版，第130页；同治《苏州府志》卷一四六《杂记三》，《中国地方志集成·江苏府县志辑10》，第703页。

的，并不仅仅局限于以郭桓为代表的官僚集团以及他们的亲属，还包括大量的普通百姓。据《明史》记载，此案的结果是：

> 六部左右侍郎下皆死，赃七百万，词连直省诸官吏，系死者数万人。核赃所寄借遍天下，民中人之家大抵皆破。①

"数万人"被诛杀这个数据，不是文学修辞上的夸张。按王春瑜《简明中国反贪史》的说法，这个"数万人"大约是八万余人②。实际上，此案被杀者的具体数目已不可考，连朱元璋也不知道自己到底杀了多少人，他只能在《大诰》里说"系狱者数万，尽皆拟罪"③。《明史》中的"数万人"，或许正是来自《大诰》的这段文字。但有一个数据是大体清楚的，即明帝国自中央六部而下至府县地方官，这套官僚系统的人数，全部加起来也不过两万余人。朱元璋不可能将官僚集团杀个干干净净——他至少还需要保留一个比"郭桓贪污集团"更大规模的官僚系统，来替他办理"郭桓案"。所以，可想而知，倒在朱元璋屠刀之下的"数万人"里，大部分属于普通百姓。数万人被杀，入狱、受刑（如挑筋、断足等酷刑，均见于《御制大诰》）、流放者以十倍计之，数十万乃至上百万普通人，成了这场以反腐为名的政治运动的牺牲者。

"核赃所寄借遍天下，民中人之家大抵皆破"，指的是朱元璋下令追查"二千四百余万精粮"的去向，最后闹到明帝国中等家资之人全部破产。据《御制大诰》，朱元璋制定的追赃办法是这样的：

> 如六部有犯赃罪，必究赃自何而至。若布政司贿于部，则拘布政司至，问斯赃尔自何得，必指于府。府亦拘至，问赃何来，必指于州。州亦拘至，必指于县。县亦拘至，必指于民。至此之际，害民之奸，岂可隐

① 《明史》卷九十四《刑法二》，第2318页。
② 王春瑜：《简明中国反贪史》，九州出版社2015年版，第181页。
③ 《御制大诰·朝臣优劣第二十六》，《洪武御制全书》，第760页。

乎！其令斯出，诸法司必如朕命，奸臣何逃之有哉。呜呼！君子见而其政尤勤，小人见而其心必省。①

大意是：六部有人贪污腐败，必须追究赃银是从哪里来的。如果发现赃银来自布政司，就将布政司抓捕归案，问出他行贿用的赃银从哪里来，可想而知一定是来自下面的府。再把府里的官员抓来，讯问出他行贿用的赃银来自哪里，可想而知一定是来自更下面的州。再把州的官员抓来讯问，结论一定是更下面的县。再把县里的官员抓来讯问，最后一定会指向百姓。如此，祸害民众的官员，就可以全部都被查出来。全国的所有司法机构，必须严格按照我设计的这套办法去做，要让奸臣们全部无处可逃。

话说得如此漂亮，为何造成的最终结果，却是明帝国的中产之家全部破产？

要解释这个问题，有必要先介绍一项朱元璋的制度创新——粮长制。

这是朱元璋在传统官僚系统之外另设的一套系统。该制度始于洪武四年（1371）。实施范围包括浙江、直隶（南京）、湖广、江西、福建等地。简要说来，就是以纳粮一万石为标准（也会顾及地理因素，某些地区可能超过一万石，有些地区则不足一万石），来划分税粮缴纳区域，每个区域由政府指定一名大户充当粮长、两名大户充当副粮长，由他们负责税粮的征收与运输工作，但朝廷并不向粮长们发工资，也不提供任何活动经费。

朱元璋发明这项制度，有三个目的。

第一，将朝廷征收税粮的行政成本最大限度地转嫁给地方大户。大户所拥有的资产，也可以成为朝廷税粮征收上的一项"保证"。当税粮无法正常征足时，大户们常被迫以个人资产来抵充税粮。

第二，农户纳税需将税粮运送至州县仓库，每户人家单独运输成本极高，且容易遭遇收粮官吏的刁难盘剥，所以历朝历代都会很自然地出现有背

---

① 《御制大诰·问赃缘由第二十七》，《洪武御制全书》，第761页。

景的"揽纳户"，百姓将税粮交给"揽纳户"并提供一定报酬，再由"揽纳户"将税粮送往州县。但"揽纳户"也存在问题，他们如果与州县官吏勾结，垄断税粮的缴纳渠道，农户有可能要付出更大的代价才能缴上税粮；而最让朝廷头疼的，是有些"揽纳户"可能会骗粮，收下农户的税粮之后却不将其送往国库，反自己囤积起来贱买贵卖。朱元璋认为，大户"有恒产者有恒心"，让大户担任粮长来取代良莠不齐的"揽纳户"，是一种"以良民治良民"①的好手段。

第三，朱元璋希望粮长可以自成一套汲取体系，以替代他不信任的官僚集团。粮长制设立前夕，朱元璋曾对中书省发表谈话，批判胥吏与儒生皆不称职，随后便下诏搜罗"业农而有志于仕、才堪用者"②。同年创设粮长制，正是这一用人理念的制度化。③

粮长的主要职责，是催征、经收和解运税粮。催征是挨家挨户向粮区内的农夫催税；经收是农户的税粮统一交由粮长保存管理（如果州县缺乏仓储设施，粮长还要个人出钱负责建设仓库保存税粮）；解运分存留和起运两块，存留是将粮食留在本地，起运则需要粮长个人出钱负责将之运往指定地区，或是京城，或是外地军队驻地。

如果不能足额、按期完成朝廷派发的税粮征收任务，粮长们会受到很严厉的惩罚。山阴人诸士吉，在洪武初年被任命为粮长，结果因催粮问题得罪了人，不但没收到税粮，还被诬告入狱。诸士吉本人被判了死刑，两个儿子也一同连坐。只剩一个八岁的女儿诸娥，由舅舅带着前往南京喊冤。当时有大量的百姓前往南京喊冤，为节省行政成本，官府出台了一项规定，喊冤者必须先滚

---

① 《明太祖实录》卷六十八，洪武四年九月丁丑。

② 《明太祖实录》卷六十四，洪武四年四月辛卯。

③ 梁方仲认为，朱元璋设立粮长有四个目的：第一，免除胥吏的侵吞；第二，取缔揽纳户；第三，征收手续简化，利便官民；第四，争取富民对政权的支持，主要是指粮长有机会被皇帝直接派指为官。见梁方仲：《明代粮长制度》，上海人民出版社1957年版，第12—28页。

钉板，否则不受理诉状。诸娥遂"辗转其上"（大概也是被舅舅逼着），付出了生命的代价，才让案件得到重审的机会。①

粮长们可能得到的回报有两种：一，粮长办差前领取勘合得去京城，收税后送粮也得去京城，均有机会获得朱元璋的接见（朱元璋经常同时对成百上千名粮长实施训话），如果应对得当，有可能直接被提拔为官。像浙江乌程的粮长严震直，被朱元璋相中后一路升至尚书。此外，朱元璋如果心情好，也会给粮长们集体"赐钞"，也就是发奖金。二，粮长拥有法外特权，"杂犯之罪"可以用钱来赎。所谓"杂犯之罪"，指的是与粮长本职工作无关的罪行。此外，粮长还可以介入地方诉讼，向皇帝报告粮区内的荒情与灾情，举报粮区内的贪官污吏与抗拒税粮的顽民等。朱元璋赐予粮长这些权力，目的是让粮长系统与地方官僚系统可以互相监督。

这些回报里，唯一略具实际价值的，是"杂犯之罪"可用钱来赎。洪武时代以严刑酷法治国，这项特权多多少少给粮长们增添了一点安全感。当然，朱元璋也不是平白无故赐予粮长这项特权。他知道，朝廷制定的税赋额度很沉重，粮长去替朝廷征收税赋，但凡认真做事，一定会得罪人。得罪人，大概率就会被人罗织举报。朱元璋既没有天真到相信粮长全部奉公守法，也不愿耗费行政成本去核查每一条针对粮长的举报是否属实。允许粮长拿钱来"赎罪"，就成了对朱元璋最有利的处理办法——既可以维系以严刑峻法治国的方针，对粮长也有约束，却又不至于太过挫伤粮长的积极性，同时还能削弱乃至消灭大户，让明帝国的底层趋于贫困化和原子化。只许赎"杂犯之罪"的意味深长之处，也恰在这里：朱元璋可以容忍粮长们欺压底层百姓，允许他们出了问题拿钱来赎罪，朝廷得了钱，粮长也能保住命；但他绝不容忍粮长们在收取税粮时营私舞弊，因为那会破坏明帝国汲取系统的正常运转，而这套汲取系统，与明帝国的生死存亡直接相关。

---

①　《明史》卷三〇一《列女一》，第7692页。即便没有"郭桓案"，洪武时代的粮长们也始终生活在随时可能家破人亡的胆战心惊当中，具体情形留待后文谈"粮长瞿仲亮案"时，再做介绍与分析。

"郭桓案"造成"民中人之家大抵皆破"的空前恶果，与粮长制有很直接的关系——按朱元璋"凡缺额即贪污"的逻辑，自中央到地方到基层，一级级往下追赃，最后追到的终极责任人，一定会是基层人员，其中就包括负责征收税粮的粮长。这些粮长，正是明帝国"中人之家"的核心代表。简言之便是：粮长制是一道桥梁，让"郭桓案"的风暴，以一种非常低的行政成本，从官场直接刮入了民间。

基层官员确实存在贪污腐败。然而，正如前文所言，造成明帝国税粮出现巨大缺额的主要原因，是朱元璋制定的官田税额太高，即便基层官员全部化身为酷吏，也难以完成——像苏州知府陈宁那样用烧红的烙铁来逼迫百姓交粮，普及起来行政成本过高，也会损害朱元璋的施政形象。"郭桓案"中，大量的中央官员被捕杀——按朱元璋的统计，至少包括"户部侍郎郭桓、胡益、王道亨阖部等，刑部尚书王惠迪、侍郎葛修阖部等，兵部侍郎王志阖部等，工部侍郎麦志德阖部等，礼部尚书赵瑁阖部等"，也就是户部、刑部、兵部、工部、礼部的几乎全体官员。这些人在供词里异口同声说，之所以会有巨大的税粮缺额，是因为税粮很难收上来。但朱元璋拒绝承认这一点，他在谕旨里如此定性这批中央官员的供词：

> 罪已分明，及其问赃下落，尚恶不已，为此掩其杀身之计，不将实寄所在供招，太半妄指平民为实。[①]

大意是：这批罪大恶极之人，被追问赃物下落时，仍在继续作恶。为了逃避杀身的惩罚，不但不肯将赃物的真实窝藏地招供，反而集体推脱，说问题出在民众没有把税粮缴上来。

然而，朱元璋承认也好，不承认也罢，问题确确实实出在了他制定的税粮额度过高，已让民众负担不起。他在追赃问题上一味压迫各级官员，各级

---

① 《禁戒诸司纳贿诏》，洪武十八年六月二十七日，《洪武御制全书》，第265页。

官员会去压迫谁，是可想而知的事情。《大诰》里就记载了这样一个意味深长的案子：大名府开州的州判刘汝霖，是一名"耆儒"，也就是年高德劭的儒者。朝廷将北平布政司贪污的赃款一级级往下追查，落到开州时，"本州官吏罗从礼等，分寄一万七千贯"，也就是开州的官吏罗从礼等人被认为要负责上交一万七千贯的赃款。刘汝霖在执行追赃工作时，没有直接去找罗从礼等人，而是"帖下乡村，遍处科民，代陪前项钞贯。……甚至禁锢其民，逼令纳钞。其帖之词曰：'民不以朝廷追赃为重。'"①——刘汝霖的做法，是下发文件到乡村，让民众缴纳钱钞，来补足朝廷的追赃数额；文件里有责备民众"不以朝廷追赃为重"这样的话，还对民众实施逮捕关押，逼迫他们缴纳钱钞。

刘汝霖被朱元璋下旨，公开处斩于开州的市集之上。在叙述这桩案子时，朱元璋一直着力于渲染刘汝霖的罪恶，但从这种渲染里，仍透露出了一些反常的信息。比如罗从礼这些开州的官员既然已被朝廷定性为贪污犯，政治前途已经完了，大概率要充军发配乃至掉脑袋，刘汝霖为什么不选择从他们身上把赃款榨出来？再如，地方政府要敛财，可以捏造许多"合理"的名目，刘汝霖下发到乡村的文件，却公然写明这次收钱是为了补足朝廷的"追赃"，他是白痴吗？《大诰》里不经意存留下的这些反常信息，只有与"朝廷所谓的追赃额度，很大一部分其实属于百姓的未缴税粮"这一事实结合在一起，才能变得合理起来。

"刘汝霖案"中的这类反常情节，在《御制大诰》里随处可见。比如，朱元璋讲，陕西的追赃情况是：入狱的赃官赃吏已经"招出民人官吏，指定姓名，各寄钞银、毡衫、毡条、毡褥、毡袜、头匹等项"，也就是依照朝廷的办案思路与刑讯期望，招出了自己的赃款赃物寄存在哪里。朝廷让陕西方面"各照姓名坐追"，按供出的名单挨家挨户去追缴。结果却是"其布政司、府、州、县闻此一至，且不与原指寄借姓名处追还，却乃一概遍府、州、县民科

---

①　《御制大诰·开州追赃第二十五》，《洪武御制全书》，第759—760页。

要"①——陕西的省、府、州、县官员，并不按招供名单追赃，反向本省百姓要钱。朱元璋痛斥陕西全省官员"害民无厌，恬不为畏"。但问题是：如果照朝廷提供的赃款赃物寄借名单，可以顺利完成追赃任务，陕西的这些大小官员，为什么要舍近求远？在牢里的、在名单上的那些"民人官吏"，他们的人生很明显已经走到了尽头，陕西的大小官员有什么必要拿自己的前途去冒险，继续维护他们吗？陕西的"布政司、府、州、县"全都脑子不好吗？

再如，在朝中担任通政司经历的张梦弼，被认定与在老家的父亲同谋"私递赃私"。朝廷审讯得到具体的寄借赃款赃物的名单后，就让山西沁水县去追赃，结果却是该县的县官朱坦等人"不于本家追取，一概以为营计，科敛吾民，扰动一县，代奸陪赃"②，不但没有按名单去追赃，反向本县百姓摊派。通政司是朱元璋设立的一个呈转四方奏章的中间机构。无论是哪里来的奏章，都送到通政司，再由通政司传递到朱元璋处。这个机构的核心作用，是为了削弱中书省的相权，让朱元璋可以畅通无阻地掌控所有奏章。但是，在整个洪武时代，通政司只有传递奏章的义务，没有拆封任何奏章的权力。所以，通政司并不是什么炙手可热的权力部门，"通政司经历"更只是该部门下的一个很小的办事官。可想而知，沁水县的官员，实在犯不着拿自己的前途冒险，来维护人生已走到尽头的张梦弼父子。那他们为什么不按名单追赃？除非这些官员脑子不好，否则唯一的解释便只能是：按名单追赃，远不能凑足朝廷指定的赃款赃物额度。

朱元璋的权力无远弗届。他能杀掉一个刘汝霖，也能杀掉一千个一万个"刘汝霖"，但他没有办法杀光所有的"刘汝霖"，因为正是他自己在源源不断地制造"刘汝霖"。于是，结果便成了朱元璋所言的"朝廷著追某人寄借赃钞，皆不于某人处正追，却于遍郡百姓处，一概科征代陪"③——朝廷命令地方政府向某个具体的贪官追赃，然后地方政府几乎全部选择将"追赃"的款项摊

---

① 《御制大诰·陕西有司科敛第九》，《洪武御制全书》，第753页。
② 《御制大诰·张梦弼私递赃私第十五》，《洪武御制全书》，第755页。
③ 《御制大诰·积年民害逃回第五十五》，《洪武御制全书》，第773页。

派给本郡百姓。自然，这被剥削摊派的本郡百姓，又以具体负责税粮征收的粮长和富户为主。天下中产之家，遂因此全部破产。

四、"顽民"不知报答君恩

"郭桓案"引发的民怨，是朱元璋始料未及的。

这桩打着惩治贪官污吏旗号的政治运动，因为对民生造成了极大的破坏，严重损害了朱元璋在明帝国百姓心目中的政治形象。所以，在《御制大诰》的第二十六条里，朱元璋对明帝国的百姓们，有这样一段自我辩解：

> 洪武十八年，户部试侍郎郭桓事觉发露，天下诸司尽皆赃罪，系狱者数万，尽皆拟罪。或曰：朝廷罪人，玉石不分。吁！朕听斯言，所言者理哉。此君子之心，恻隐之道，无不至仁。此行推之于君子则可，小人则不然。……当诸司酷害于民，有能恻隐民艰，不与同类；科敛之际，或公文不押，或阻当不行，或实封入奏，以恤吾民。此际不分轻重，岂不妄及无辜！每每科无阻当，征无恻隐，混贪一概，又何分之有哉！[①]

大意是：洪武十八年"郭桓案"暴露之后，明帝国的各个衙门都被卷了进来，挨个追查下去，数万人被投入大牢并全部治罪。于是就有人发出怨言，责备朝廷在打击坏人时玉石不分，让许多好人也受了迫害。朕听了这些话，觉得也有道理。这是君子的恻隐仁心该有的感受。但是呢，这种恻隐之心，对君子是适当的，对小人却不必有。如果腐败分子残酷压榨迫害百姓的时候，衙门里有人能站出来与他们划清界限，以拒绝签押公文之类的方式阻止他们作恶，或

---

① 《御制大诰·朝臣优劣第二十六》，《洪武御制全书》，第760页。

者将他们的恶行上报给我，那么确实可以说朕不分轻重处理"郭桓案"，是在胡搞乱搞伤害无辜。但衙门里这些人从不阻止坏人作恶，自然也没有必要将他们与贪官区分开来。

　　这种辩解，就史实层面而言自然是无力的，朱元璋和他的官田制度，才是所谓"郭桓案"的罪魁祸首。朱元璋在《大诰》里说这些话，目的自然也不是向明帝国的百姓传递真相，而只是出于宣传的需要。朱元璋的个人形象在此案中受损严重——《明史》委婉称"时咸归谤御史余敏、丁廷举"①，众人怨恨掀起"郭桓案"的余敏和丁廷举，其实就是在怨恨朱元璋。这种怨恨，迫使朱元璋不得不利用明帝国每户至少一本的《大诰》，来重塑自己的爱民形象（这也是为什么《御制大诰》的内容，有近半数与"郭桓案"有关）。而要重塑形象，首要之务就是将"郭桓案"造成巨大民生灾难的责任，全部推给别人。

　　这个"别人"，既包括官吏集团，也包括普通百姓。前者容易理解，前文也提到了许多相关内容，不再赘述。后者同样频繁见于《大诰》。比如，朱元璋下令"今后天下内外城市乡村，凡我良民，无得交结官吏"，不允许明帝国的良民百姓与官吏发展私交，理由是"今者诸司犯法，赃在坊厢，其坊厢村店人等，不奉朕命，固替奸贪隐匿，直至身亡家破而后已"②——在这次的"郭桓案"里，许多官员将自己的赃款赃物藏在坊厢村店的民众家里，这些民众根本不听朕的号召，始终坚持替那些贪官隐藏赃款赃物，最后终于闹得家破人亡。

　　再如，受"郭桓案"的刺激，朱元璋还在《御制大诰》里痛斥老百姓不知报答君恩：

　　　民有不知其报，而恬然享福，绝无感激之心。……社稷立命之恩大，比犹父母，虽报无极。良民有此念者，家道不兴鲜矣。方今九州之民，有

----

①　《明史》卷九十四《刑法二》，第2318页。
②　《御制大诰·京民同乐第二十八》，《洪武御制全书》，第761页。

田连数万亩者，有千亩之下至于百十亩者，甘于利其利，而不知其报者多矣。然而未尝不为破其家资以保其富。呜呼！至此之际，怒贯神人，天灾人祸由是。所以破家资，不过贿赂有司，君差不当，小民靠损，所以不知其报在此也。若欲展诚以报社稷，为君之民，君一有令，其趋事赴功，一应差税，无不应当。若此之诚，食地之利，立命之恩，斯报矣。……今之顽民，罔知立命之由，妄破家资，买嘱官吏，故犯宪章，身亡家破，由人神之监见也。百祥百殃，信矣哉。①

按朱元璋的逻辑，君王对百姓的恩情比他们的父母还要大，对君王的报恩应该是无极限的。然而明帝国有太多的"顽民"，他们拥有万亩、千亩、百亩的土地，享受着土地的出产，却对君王毫无感激报答之心。为了不给君王当差，反耗费家资去贿赂官员，最后全部闹了一个身亡家破的结局。君王一有命令，就立刻行动起来；君王的差税，丝毫不落地全部缴足，这才能算是有报答君恩之心。

与此同时，朱元璋还以凌迟示众的酷刑，诛杀了负责办理"郭桓案"的右审刑吴庸等人。罪名是吴庸等人在追赃时"妄指平民"，追究税粮的缺额最后追到了普通百姓的头上；吴庸等人的做法，又导致地方各级政府"人各效仿"。②

总之，明帝国"中人之家大抵皆破"，绝不是他朱元璋的责任，而是官僚系统烂透了，以及明帝国有太多的百姓思想觉悟太低，不懂得向君王报恩，反要勾结官吏与君王对抗。在《大诰》里，朱元璋向百姓们提供了唯一的出路：

　　方今富豪之家，中等之家，下等之家，富者富安，中者中安，下者下

---

① 《御制大诰·民不知报第三十一》，《洪武御制全书》，第762页。
② 《禁戒诸司纳贿诏》，洪武十八年六月二十七日，《洪武御制全书》，第266页。

安。去古既远，教法不明，人不知其报，反造罪以陷身。……若使知报之道，知感激之理，则于闲中起居饮食，不时举手加额，乃曰：税粮供矣，夫差役矣，今得安闲……绝无祸殃。[①]

　　唯有老老实实足量给朝廷缴足税粮，老老实实足量服完朝廷的差役，才是懂得报恩的明帝国好百姓，才能过上没有祸殃的日子。

---

① 《御制大诰·民知报获福第四十七》，《洪武御制全书》，第770页。

第四章　朱升一案：胥吏的绝望与反抗

> 苏州府昆山县皂隶朱升一等，不听本县官李均约束，殴打钦差旗军，罪至极刑。
>
> ——《御制大诰·皂隶殴旗军第十七》

一、胥吏殴打了钦差旗军

《御制大诰》的第十七条，朱元璋讲了一桩钦差旗军被地方胥吏朱升一等殴打的案子。

旗军，指的是正式在编的卫所军人，也叫"正军"。按明朝的卫所制度，兵役由特定军户担任，每家军户要出"正军"一名，每名"正军"还需从户下携带一名"余丁"前往卫所，这名"余丁"的职责，是帮助"正军"维持日常生活，实际上就是将蓄养兵丁的主要成本转嫁给了民众。所谓"钦差旗军"，指的便是负责执行朱元璋旨意的正规在编军人。

按《大诰》的表述，昆山县这群以朱升一为首的皂隶，全是些狗胆包天的家伙。他们无视本县县官李均的约束与拦阻，竟敢殴打朝廷派来的"钦差旗军"，实在是罪大恶极，只能处以极刑，一律砍掉脑袋（这是法外之刑，按当时的律法，朱升一等人应被杖责一百并徒刑三年）。朱元璋还说，"若旗军纵有赃私，所司亦当奏闻区处，安可轻视"①——即便这些钦差旗军到了地方上，存在贪污腐败、贪赃枉法方面的问题，地方政府的正确做法，也应是上奏朝廷请求调查处理。朕的钦差旗军，岂能任由胥吏们随意殴打？②

朱升一案被写入《大诰》的时代背景，是朱元璋正在发起规模浩大的胥吏整顿运动③。大批基层军官与他们的家属被冠以"钦差旗军"和"钦差舍人"④的名头，派往地方清理逮捕"害民胥吏"。之所以要搞这样一场运动，是因为在朱元璋看来，胥吏害民是元帝国灭亡的重要原因（胥吏对民众的盘剥会恶化底层民众的生存境况，也会损害朝廷可汲取的财富总量），而明帝国此时正走在"官员被胥吏架空"的歧路之上。《御制大诰》的第十六条，朱元璋便讲述了两则胥吏胆敢在衙门里公开殴打官员的案例：

----

① 《御制大诰·皂隶殴旗军第十七》，《洪武御制全书》，第756页。

② 《大诰武臣》中，朱元璋曾解释说，之所以将"抄扎胡党及提取害民官吏人等"之事全交给"军官军人"去做，是因为"每日差一个行人出去，有司打送，动辄数百贯钞，这等人，自身在草窠里出来，又无功劳，他却便得了许多东西，因此上都差军官军人，便他得了些东西，也是出过气力的人，却不强似与那白身无功劳的人"——军官军人跟着他一起打过天下，让他们去地方上收受贿赂，总好过让那些没参与打天下之人去地方上收受贿赂。见《大诰武臣·卖放胡党第十七》，《洪武御制全书》，第943页。

③ "胥"是供官府驱使的劳役，主要承担征税、治安、守卡、站堂、看门、传唤、看管仓库、押解犯人、传递文件、运输物品等工作。"吏"是为官府办理具体公务之人，同属劳役，但地位略高于"胥"，主要负责文字方面的工作，如收发公文、保管档案、誊录文书、造报账册等。见韦庆远、柏桦：《中国官制史》，东方出版中心2001年版，第358—359页。

④ 按洪武军制，每一百二十人为百户所，百户所下设有两名总旗、十名小旗。"钦差旗军"当是从这些总旗和小旗里筛选。另，明代实行军户制度，军户是一种世袭身份，军官亦出自军户，军官之户家中符合当兵年龄的男丁称作"舍人"。"钦差舍人"当是从这些男丁中筛选。另据沈德符说："舍人以中书省为贵，在唐宋秩四品，与翰林学士对掌内外；而宋世武臣，又有阁门臣宣赞舍人，为环卫近职，凡大帅子弟荫授者任之……本朝废中书省，仅留舍人以掌诰敕，尚存唐宋之旧，而官止七品，初本清要近臣，其后间以任子及杂流居之。"见（明）沈德符撰、杨万里校点：《万历野获编（中）》，上海古籍出版社2012年版，第452页。此七品舍人与军户舍人是两个群体，洪武时代被差往地方抓捕胥吏的舍人，当是军户舍人，而非"掌诰敕"的七品舍人。

> 苏州常熟吏人沈尚等，衢州开化吏人徐文亮等，眇视二县官长邓源、
> 汤寿轻等，于厅殴打。罪虽吏当，官何人也？[①]

　　苏州府常熟县的胥吏沈尚，在县衙官厅当众殴打了本县县官邓源；衢州府开化县的胥吏徐文亮，在县衙官厅当众殴打了本县县官汤寿轻。至于胥吏为何要殴打县官，他们之间发生了怎样的利益冲突，朱元璋一字未提。关于沈尚、徐文亮、邓源与汤寿轻四人，除了朱元璋留下的这四十余个字，今人也无法找到更多的资料。

　　沈尚与徐文亮大概率被朱元璋砍了脑袋。朱在《大诰》里写入这两桩案件，是想要借此警告明帝国的官员，切不可被手下的胥吏控制。他说"罪虽吏当，官何人也？"——这两个猖狂的胥吏自然会被治罪，但官员们沦落到被胥吏如此欺凌，也实在是不成体统。他多次警告各衙门官员，若是"凭吏立意，施行其事，未有不堕于杀身者"[②]——依赖胥吏，听从胥吏的意见施政，最后的结果必定是死。

二、朱元璋的刻意误诊

　　为什么洪武时代会出现胥吏坐大？为什么官员们离开了胥吏的帮助，政务便无从措手？为什么甚至会发生胥吏公开殴打县官这样的极端事件？

　　在《大诰》中，朱元璋给出了他的诊断结论，认为是前朝"遗毒"尚未肃清所致：

> 胡元入主中国，非我族类，风俗且异，语意不通，遍任九域之中，尽皆掌判。人事不通，文墨不解，凡诸事务，以吏为源。文书到案，以刊

---

① 《御制大诰·吏殴官长第十六》，《洪武御制全书》，第755页。
② 《御制大诰三编·农吏第二十七》，《洪武御制全书》，第911页。

印代押，于诸事务，忽略而已，此胡元初治焉。三十年后，风俗虽异，语言文墨且通，为官任事者，略不究心，施行事务，仍由吏谋，比前历代贤臣，视吏卒如奴仆，待首领官若参谋，远矣哉。朕今所任之人，不才者众，往往蹈袭胡元之弊，临政之时，袖手高坐，谋由吏出，并不周知，纵是文章之士，不异胡人。如户部侍郎张易，进以儒业，授掌钱谷，凡诸行移，谋出吏，己于公廨袖手若尸。入奏钱粮概知矣，朕询明白，茫然无知，惟四顾而已。吁！昔我中国先圣先贤，国虽运去，教尤存焉，所以天命有德，惟因故老。所以不旋踵而雍熙之治，以其教不迷也。胡元之治，天下风移俗变，九十三年矣。无志之徒，窃效而为之，虽朕竭语言，尽心力，终岁不能化矣，呜呼艰哉！①

大意是：蒙古族入主中原之后，因言语不通风俗各异，官府将许多政务交给本土胥吏去办，官员们只负责签字盖印。如此这般统治了三十年，语言文字上的鸿沟有所弥合，但官员处理政务仍继续依赖胥吏。这种治理方式，与元朝之前历代贤臣"视吏卒如奴仆，待首领官若参谋"相比，实在相差太远。遗憾的是，朕现在任用的官员中，也有大量这样的人，他们继承了元代的坏风气，面对政务袖手高坐，全由胥吏们拿主意。这些人号称有文化之人，其实和胡人没区别。比如那个户部侍郎张易，由"儒业"出身做了官，掌管钱粮谷米，便将所有具体政务交给胥吏拿主意，自己在衙门里袖手高坐，犹如一具没想法的尸体。向朕奏报钱粮概况时，朕询问他一些具体情况，他便茫然四顾答不出来。蒙古族统治中原九十三年（朱元璋可能是从1271年忽必烈改国号为元算起，至1364年朱元璋称吴王为止），败坏了天下风俗，许多人效仿至今。朕苦口婆心把话说尽，他们也改不过来！真是太难了。

朱元璋命令明帝国的官员，必须以对待奴隶的方式，来对待下面的胥吏。

洪武十八年（1385）秋九月，扬州府派遣了一名叫作宋重八的皂隶，前往

---

① 《御制大诰·胡元制治第三》，《洪武御制全书》，第750页。

高邮州"传递事务"。高邮州的同知刘牧，在接待宋重八时，不但让他"入正门，驰当道，坐公座"，还"跪与执结"（结交上级衙门的胥吏，是官场中很寻常的操作）。事情被朱元璋知道后，他大发雷霆，"将同知刘牧，皂隶宋重八，杖断流入云南烟瘴"。他将此事写入《大诰》，要明帝国的所有官员引以为戒，勒令他们必须以钦定的"正确方式"去对待胥吏：

> 皂隶系是诸司衙门执鞭、绁镫、驱使勾摄公事之人。……奴仆皂隶人等入正门，驰当道，坐公座，有乖治体。此等之徒，父母不教，妻子不谏，致使奴仆之体，亵慢官制。今后敢有如此者，全家迁入云南。当该主使者，临遣之时，不行省会毋得犯分，杖一百。其容令入正门，驰当道，坐公座，此等衙门官吏，不行举觉，杖一百，流云南。①

在朱元璋眼里，皂隶是为官府服务的低贱奴仆，没有资格"入正门，驰当道，坐公座"。若有皂隶胆敢如此，全家流放云南。派遣该皂隶外出公干者，若未对皂隶做事先警告，也要杖责一百。接待该皂隶并允许他"入正门，驰当道，坐公座"者，除了杖责一百外，还要流放云南。

这是一种刻意的误诊，也是一帖错误的药方。

蒙古族入主中原后，汉官不通蒙语，蒙古色目官员不通汉文。这种语言隔阂，确实提高了胥吏在元朝统治系统中的地位。而且，与唐宋两代不同，元朝还大量自胥吏中选官——元朝官员的主要来源，第一是"根脚"，即社会出身，如忽必烈时代怯薛出身的官员占到了官员总数的十分之一；第二是"吏进"，也就是由刀笔吏升迁为基层和中层官员；第三才是"儒士"，也就是科举考试出身。按元朝人的说法，如果"吏进"出身的官员占比是百分之九十五的话，"儒士"出身的官员占比便只有百分之五。②与之前和之后的朝代相比，

---

① 《御制大诰·差使人越礼犯分第五十六》，《洪武御制全书》，第774页。
② 黄时鉴：《元朝史话》，北京出版社1985年版，第85—88页。

元朝确实是胥吏们待遇和出路最好的时代。[①]但这并不意味着朱元璋的诊断是对的。

理由很简单：胥吏操控政务，并不是元代才有的特殊现象，而是一种早已存在且相当严重的社会问题。早在北宋时，王安石便曾对宋神宗说过，"文吏高者，不过能为诗赋，及其已任，则所学非所用，政事不免决于胥吏"[②]——朝廷的文官们只会写诗作赋，做了官遇上具体政务，便需要仰仗胥吏的建议和决断。活跃于南宋初年的官员王十朋，也曾在给朝廷的奏章中说过，当时的官场风气，已是"昧者以胥吏为耳目，怠者以胥吏为精神，贪者以胥吏为鹰犬。案牍满前，漫不加省。狱情出入，动由此曹"[③]——糊涂、懒惰、贪腐的官员，基本上不看卷宗文件，具体的政务运作全依赖胥吏。至于元代，只是继承了两宋时代便有的这种风气。

简言之，将问题归咎于"前朝遗毒"，只是朱元璋在刻意推卸责任。他很擅长，也很喜欢使用这种手法。

三、其实是制度有病

胥吏坐大与胥吏害民，其实都是制度问题。

先说胥吏坐大。

一方面，如王安石所言，科举时代的教育，并不负责培养合格的政务官与

---

① 因为胥吏在元代不属于贱民，有着畅通的上升渠道，所以元末明初有许多读书人是在元朝做过胥吏的。这也直接导致进入洪武时代后，朱元璋一面试图将胥吏打入贱民行列，一面又不得不启用大批曾在元末做过胥吏的读书人进入官僚系统。这方面的统计，可参见王雪华：《明朝洪武时期胥吏任官状况论述》，《北京联合大学学报（人文社会科学版）》2010年第2期。

② 《续资治通鉴长编》卷二百二十一，熙宁四年三月癸卯条。

③ （宋）王十朋著，梅溪集重刊委员会编：《王十朋全集》"轮对札子三首"，上海古籍出版社1998年版，第595页。

公务员。文人们精通诗词歌赋，对于政务运作却往往一窍不通。他们未曾接受过日常行政工作方面的训练，不会填写报表，不会统计账目，也不懂如何做才能有效地将税赋从民间征收上来。即便有关心时务者，本质上也大多属于政论家与时评家，而非经验丰富的行政官员。

另一方面，为了让地方政务可以顺利运作，朝廷又会有意识地维持一个施政经验丰富的胥吏群体。宋太祖赵匡胤下诏允许各衙门的年老胥吏"以子弟代"①，让胥吏们父死子代、兄终弟及，便是考虑到胥吏需通晓国家律令，掌握各种行政技术（征收赋税、征发劳役都是技术活），由家族内部之人顶职有助于这些知识的传承。此外，宋代的胥吏还有"保引"和"自荐"两种来源，保引就是让官吏出具担保，引见有施政经验的亲友来担任胥吏；自荐则是允许百姓向衙门投简历，试用通过后便可担任胥吏。如此，当科举出身的官场新人空降到地方衙门，他所能依赖的，便只能是那些经验丰富的胥吏。

再加上官员需自外地空降，且如流水般轮换，胥吏们却多是本地人，在衙门里一做便是数十年，胥吏坐大实可谓一种无可避免的制度性结果。略通世事的官员，尚可把控地方政务的方向；出仕前主要活在书本与概念里的人，便只能被胥吏们牵着鼻子走。

再说胥吏害民。

与后世的公务员制度不同，中国帝制时代的胥吏，从未被正式纳入政府的正规编制之中。朝廷将给衙门跑腿视为一种百姓应该承担的劳役，从不向胥吏们发放俸禄（王安石变法期间尝试过改革这一点，但覆盖的范围和力度不大，后来也未能持续）。不但没有俸禄，胥吏们工作期间，往往还得从自己的口袋里掏钱——比如运送物资的路费须由胥吏承担，路上的物资损耗也须由胥吏负责赔偿。如此一来，无操守的胥吏自然会向底层百姓伸手，有操守的胥吏为了生计也只能向底层民众伸手，这便是所谓的"胥吏害民"。北宋人沈括说"天下吏人，素无常禄，唯以受赇为生，往往有致富者"②，便是指此。

---

① 《续资治通鉴长编》卷五，乾德二年四月己巳条。
② （宋）沈括：《梦溪笔谈》，上海古籍出版社2015年版，第84页。

做胥吏没有俸禄，但做了胥吏便可以拥有衙门里的许多权力，拥有了权力之后便可以寻租。这是两宋民众乐于成为胥吏的主因。正如司马光所言：

> 府史胥吏之徒属，居无廪禄，进无荣望，皆以啖民为生者也。上自公府省寺、诸路监司、州县、乡村、仓场、库务之吏，词讼追呼、租税徭役、出纳会计，凡有毫厘之事关其手者，非略遗则不行。是以百姓坏家破产者，非县官赋役独能使之然也，大半尽于吏家矣。此民之所以重困者也。①

上至中央政府，下至地方乡村，只要有"词讼追呼、租税徭役、出纳会计"，胥吏们便有勒索民众的机会。司马光说北宋百姓的破户败家，胥吏们要负大半的责任，这或许是夸张的说辞，但这夸张的背后，实潜藏着对"制度病"的无可奈何。

对于这种制度病，宫崎市定也有一段简明扼要的概述：

> （朝廷认为）胥吏的工作原本应该是民众承担的事务，因此没有薪俸，也不给予任何特权，只不过是所谓的庶民之官。胥吏是从普通的应聘者中招募的，若问民众为什么会踊跃应聘没有报酬的岗位，那么答案只有一个，那就是他们能够在工作中捞到油水。在物资的出纳以及办理诉讼事务之时，胥吏自然要收一些好处，其实在几乎所有的事务中，他们都有望接受贿赂。②

换言之，只要朝廷坚持认定胥吏的工作属于民众应该承担的劳役，而非政

---

① （宋）司马光：《司马温公集编年笺注（三）·论财利疏》，巴蜀书社2009年版，第189页。

② ［日］宫崎市定著，张学锋译：《东洋的近世》，上海古籍出版社2018年版，第61页。

府应该承担的行政成本，坚持将这种行政成本转嫁在民众头上，胥吏便很难转型为拥有固定月俸的编制中人。没有固定月俸，便意味着胥吏无论品德好坏，均会在日常工作中勒索民众。没有正规编制，便意味着上级衙门无从知道下级衙门究竟有多少胥吏，甚至连本衙门也不知道自己有多少胥吏——今人研究胥吏问题，一个极大的难题便是无法知晓衙门中胥吏的具体数量。有人依据方志资料，试图统计明代凤阳县的胥吏数量，得出的数据是至少有三百八十九名，官吏比大约是七比四百，同时仍不得不承认"这个数字只是粗略统计，估计实际数字比此数要多"①。没有人事档案，连具体人数都搞不清楚，自然也就谈不上针对胥吏的业绩考核和责任追究，亦即无法建立正规的胥吏监督机制。没有正规的监督机制，胥吏的贪污腐败便无法得到缓解。

在这场制度病里，朝廷规避掉了养活至少数十万胥吏的薪俸成本，代价是百姓们不得不承受无处不在的胥吏之害。两宋如此，朱元璋的洪武时代也是如此。

四、却要让人性吃药

因为洞悉胥吏之害的上述制度性成因，明末之人黄宗羲曾给出过一套以制度改革为核心的补救办法：

> 欲除奔走服役吏胥之害，则复差役；欲除簿书期会吏胥之害，则用士人。②

大意是：胥吏分两种，一种负责奔走，如下乡征税、维持治安、传唤乡

① 夏玉润：《朱元璋与凤阳》，黄山书社2003年版，第574页。
② （明）黄宗羲撰，孙卫华校释：《明夷待访录校释》，岳麓书社2011年版，第103页。

民、看管仓库、押解犯人等；一种负责文案，如撰写公文、统计账目等。想要消灭前一种胥吏之害，便只有恢复差役制度；想要消灭后一种胥吏之害，便只有选拔读书人。

黄宗羲进一步解释说：

一，所谓"复差役"，主要是指恢复北宋的制度。北宋时代，民众要承担各种衙门差役，有衙前（负责运送官物、看管府库粮草）、散从（衙门的外班差役）、承符（衙门的驱使差役）、弓手（负责捕盗）、手力（承担杂役）等诸多名目。这些本该由百姓轮流来干的工作，现在全部是由固定的胥吏在做。胥吏们仗恃着官府的力量，常常刁难百姓；但如果恢复差役制度，轮值的百姓就会想，我今天刁难了他，难保日后他轮值时不会刁难我作为报复。而且，百姓们轮值负担差役，结党不易，害民的伎俩也会比胥吏生疏许多。二，所谓"用士人"，主要是指中央各部门负责文书工作的胥吏，可首先选用进士出身者，其次选用"任子"出身者（高级官员保任其后代为官），再次可选用太学、国子监里有资格为官的学生。这些人干得好，就可以外调到州县做地方官，或者是去中央部院做属官，不合格者就淘汰。地方上负责文书工作的胥吏，也要选用那些吃着国家俸禄的读书人，干得好就允许他们升入太学和国子监，或者去中央各部门做吏，干得不好就淘汰，终身不许为官。

"复差役"让负责奔走的胥吏不再是一种固定职业；"用士人"将负责文书的胥吏纳入朝廷的教育系统和官僚系统之中，他们有了编制，也要接受考核和追责。黄宗羲给出的这两项新措施，确实可以极大地削弱胥吏之害，也可以减缓官员对胥吏的依赖。当然，也会带来新问题：一，把负责奔走的固定胥吏赶走，将他们的工作摊派给百姓，不受约束的官权力便会很自然地倾向于将衙门里的各种行政成本转嫁到百姓头上，结果必然是百姓们不断破户败家。司马光与苏轼等人观察到的北宋"衙前之祸"，便是血淋淋的前车之鉴。司马光说，他见到的北宋乡村，普遍弥漫着一种不敢求富的心态，原因是谁努力劳作成了富户，谁便会被朝廷摊派去承担衙前劳役，而承担衙前劳役的结果，必然是破户败家①。二，让负责文书的胥吏转型为朝廷正规编制下的工作人员，意味着会增加朝廷的财政负担和行政成本。这种事，朝廷通常也不愿意做②。

朱元璋其实也很清楚胥吏之害是一种制度病。③

早在洪武七年（1374），也就是《御制大诰》颁布的十一年之前，他便曾下诏提到"天下诸司典吏俱无俸给"。他很清楚各衙门的"典吏"不在编制之内且没有俸禄这个事实。奉朱元璋之命，中书省当时为这些"典吏"制定了"月米"标准，具体如下：

> 应天府典吏月米八斗，中立府典吏月米六斗，其二府所属州县及各府州县典吏，土著者已免二顷田杂役。今拟府州县典吏，土著者免本户夫

---

① 司马光在给宋英宗的札子里，结合自身见闻如此写道："置乡户衙前以来，民益困乏，不敢营生。富者反不如贫，贫者不敢求富。臣尝行于村落，见农民生具之微，而问其故。皆言不敢为也。今欲多种一桑，多置一牛，蓄二年之粮，藏十匹之帛，邻里已目为富室，指抉以为衙前矣。况敢益田畴、葺庐舍乎？"见《论衙前札子》，收录于《司马温公集编年笺注（六）》，第293—294页。

② 明代如此，清代也同样如此。所以袁枚才会为没有俸禄的胥吏们打抱不平："吾不解今之为政者，一则曰严胥吏，再则曰严胥吏。夫胥吏即百姓也，非鬼蜮禽兽也。使果皆鬼蜮禽兽，宜早诛之，绝之，而又何必用之而严之！周官所谓陈其殷，置其辅，辅即胥吏也，虽圣人不能不用也。然三代以上有庶人在官之禄，今既无之，则上之人宜为若作设身想，而何严之？"见《答门生王礼圻问作令书》，收录于（清）袁枚著，周本淳标校：《小仓山房诗文集》，上海古籍出版社1988年版，第1524页。

③ 朱元璋在大诰里写有一段非常耐人寻味的文字："府官、州官、县官，府吏、州吏、县吏，一切诸司衙门吏员等人，初本一概民人，居于乡里，能有几人不良。及至为官、为吏，酷害良民，奸狡百端，虽刑不治。"这段话显示，朱元璋其实很清楚官员贪腐与胥吏害民的根源是制度。但朱拒绝说出这个答案，他笔锋一转，开始批判起了官吏的家属，将部分责任归咎于官吏们的家属品性太过恶劣："朕思是官、是吏，其父母妻子闻此酷害良民，如何并不推己以戒之、以谏之，致令身家祸焉？详观其属，非同恶相济，岂如是耶。"见《御制大诰·戒吏卒亲属第十三》，《洪武御制全书》，第772页。

役，不给米，其田役不免；远方之人月给米五斗，冬衣给棉布二匹，夏衣给麻布一匹、苎布一匹。[①]

明代一升大米的重量合一点五三到一点五五市斤。[②]十升为一斗。也就是说，按该标准，应天府（南京）的典吏每个月可以领到约一百二十斤大米，中立府（凤阳）的典吏每个月可以领到约九十斤大米。其他府州县的典吏，如果是本地人，就不给他发米，且只免去本人的夫役，不免田役。若是外地人，就每个月发给大米约七十五斤，冬天给两匹棉布，夏天给一匹麻布一匹苎布。

明代民夫工匠的饮食标准是"每名日给粟米一升"；长工的饮食标准是一年"吃米五石五斗"，每天大约吃米一点五三升。[③]也就是说，应天府的典吏月薪八斗，即便考虑到老人孩子少吃一些，也只勉强够一个五口之家不挨饿，而不会有盈余。府州县典吏中的外地人月薪五斗，则是连五口之家也养不活（朱元璋的考量，大概是认为这些外地人不会将全家老小都带到工作地）。至于本地人做典吏只减免劳役不发放大米，大概是因为在朱元璋看来，胥吏仍是一种本地百姓该承担的劳役，政府可以让他做胥吏来抵消其他劳役，却不会向他们支付任何报酬。总之，这是一份非常寒酸的"月米"标准。

"月米"不等于月俸（本地典吏没有月米，典吏之外的其他胥吏也没有，便可说明这一点），且标准如此寒酸，显示朱元璋与之前的历代皇帝一样，也不想承担豢养胥吏的行政成本。他之所以愿意给典吏们提供这寒酸的俸禄，不是为了将他们纳入正规编制，而是为了方便朝廷对他们实施监管。毕竟，再寒酸的月俸也是月俸，谁要想领，谁便要在衙门里建档；建了档，朝廷便可以按图索骥，对这些胥吏实施管控——典吏负责衙门里的文书，被朱元璋视为胥吏

---

① 《明太祖实录》卷九一，洪武七年七月丙戌条。

② 吴慧：《中国历代粮食亩产研究》，农业出版社1985年版，第81页。

③ 《中国历代粮食亩产研究》，第80页。

中最需要监管的群体。①

在洪武时代针对胥吏的各种整顿运动中，上述以小权术来对付典吏的做法，虽然微不足道，却很典型。明了胥吏之害制度成因的朱元璋，始终无意以增加行政成本为代价进行制度改革，他更愿意直接将棒子打在胥吏们身上。

按朱元璋的公开说法，胥吏乃是一群天然存在人性缺陷之人。洪武四年（1371）制定科举政策时，中书省建议允许"府州县学生员、民间俊秀子弟及学官、吏胥习举业者"全都来参加考试，朱元璋却特别指示说："惟吏胥心术已坏，不许应试。"②直接以做过胥吏者便必是坏人为由，关闭了胥吏们的科举晋升通道。朱元璋还在《御制大诰续编》中向胥吏的父母妻儿兄弟们喊话，要他们好好规劝监督家中胥吏，因为胥吏这个职业天然造就坏人，正所谓"天下诸司所用走卒不可无者，持簿书亦无可无者。然良家子弟一受是役，鲜有不为民害者"③——天底下各处衙门都少不了要用胥吏，但良家子弟只要做了胥吏，其道德与品性便已无法挽救，便极少有不祸害百姓者。

洪武时代整顿胥吏的各种政策，都是围绕着上述宣传口径来制定的。比如：

一，规定胥吏不能由市民充当，只能从农家子弟中选用，且不许任用在元代做过胥吏之人。理由是农家子弟的品性更淳朴，而在元代做过胥吏者，无论

---

① 明代胥吏大体分为四类：主管胥吏、案牍胥吏、司财胥吏和司狱胥吏。"典吏"便是最主要的案牍胥吏，主要负责抄写、收发、保管文案，是所有衙门的标配。见鹿谞慧、曲万法、孔令纪主编：《中国历代官制》，齐鲁书社2013年版，第564—566页。案牍是衙门最核心的东西，朱元璋重视对"典吏"的控制，显然与这类胥吏的工作性质有关。

② 《明太祖实录》卷六七，洪武四年七月丁卯条。

③ 《御制大诰·戒吏卒亲属第十三》，《洪武御制全书》，第803页。

他是不是农家子弟出身，其品性都已经坏掉了。[1]

二，将胥吏打入另册划为贱民。生员学习成绩不过关，会被罚为胥吏，翰林院考试不合格，会被罚为胥吏；监生回家省亲不按时回校，会被罚为胥吏；在任官员犯了错误，也会被罚为胥吏……而一旦成为胥吏，便需如倡优妓女一般穿上象征低贱的皂衣（倡优妓女多了一条"绿色巾"，后世俗语"绿帽子"便是由此而来），不能再回归原来的身份。[2]

三，胥吏只有跑腿干活的义务，不许染指权力。为此，朱元璋在《大诰》中一再警告官员需将权力牢牢握在自己手中，不可下放给胥吏，否则便"未有不堕于杀身者"；他还多次不问缘由便公开表彰虐杀胥吏的地方官员。比如洪武十九年（1386），苏州知府王观将衙门里的胥吏钱英"棰死之"，也就是用鞭子活活打死。朱元璋知晓后，特意派了使者带着美酒前去慰问褒奖王观，说自从自己启动整顿胥吏的长期运动以来，"惟观尔及同知曹恒、经历王旴能秉公心、行正道，将奸吏棰死"[3]，希望王观不要松懈、再接再厉。

这类政策发展到最后，便是鼓动民众直接冲进衙门抓捕那些害民胥吏，将其捆送京城。此节留待下一章《陈寿六案》再做详述，这里暂且略过。

以上所有政策，有一个共同的出发点，那就是以果为因，即所谓的"制度有病，人性吃药"——做胥吏之前，都是本本分分种地的农民；做了胥吏，却

---

① 洪武时代的胥吏选择标准如下："凡金充吏役，例于农民，身家无过，年三十以下能书者选用。但曾经各衙门主写文案、攒造文册及充隶兵与市民，并不许滥充。洪武二十八年奏准：正军户五丁者充吏，四丁不许。水马驿站贴军杂役养马等项人户四丁以上者充吏，三丁不许。民户两丁识字亦许勾充。"见《大明会典》卷八"吏役参拨"。

② 洪武时代的服饰制度，参见张佳：《新天下之化：明初礼俗改革研究》，复旦大学出版社2014年版，第92—94页。

③ 《明太祖实录》卷一百七十八，洪武十九年秋七月乙卯朔条。这位苏州知府王观，不但严格执行了朱元璋打击胥吏的指示，也充分领会了朱元璋消灭富户的精神，曾在征收赋税时采取"延诸富室，集郡衙，饮食之，使各量出赀，以代贫困者之逋"的手段，也就是将苏州当地的富户全都弄到知府衙门里关起来，给饭吃但不许离开，直到他们"自愿"将那些不属于他们的赋税认领完毕，才算完事。见李濂：《苏州府知府王公观传》，转引自《苏州通史：明代卷》，第27页。

个个变成害民之贼，这背后显然是制度在扭曲人的行为。朱元璋理解这一点，但他也很清楚变更制度有成本，更有风险（何况也没有现成的好制度可供他选择），远不如直接否定胥吏的道德品性，进而以各种高压恐怖手段对其实施整肃，来得省钱省力省事。

洞悉了这种以果为因，便能明白朱元璋打击胥吏的各项政策之间为何会充满了"矛盾"。选拔农家子弟担任胥吏，追求的是胥吏的品性淳朴；将犯错误的生员和官员"罚为胥吏"，却是将一批批品性不淳朴者直接推入胥吏阵营；将胥吏打入另册甚至鼓励官员对其实施虐杀，则是在人为消灭胥吏身上的淳朴——人一旦意识到自己的人生没有前途且低人一等、遭受歧视，便大概率会发生更剧烈的道德滑坡，乃至于走向自暴自弃的肆意妄为。政策如此矛盾而朱元璋毫不在乎，是因为他很清楚，问题并非出在胥吏的品性上。"吏胥心术已坏"云云，不过是用来掩盖制度病的一种说辞。

五、胥吏遭惩的比例与力度

洪武朝的胥吏整顿运动中，究竟有多少胥吏被送上了断头台，被强迫去服劳役，被流放至烟瘴之地，缺乏确切的数据统计。但从《大诰》的一些零星片段中，仍可管窥到大致情形。《御制大诰续编》第七十四条里，朱元璋披露：

> 松江一府坊厢中，不务生理交结官府者一千三百五十名，苏州坊厢一千五百二十一名。……此等之徒，帮闲在官，自名曰小牢子、野牢子、直司、主文、小官、帮虎，其名凡六。……今二府不良之徒，除见拿外，若必欲搜索其尽，每府不下二千人，皆是不务四业之徒。[①]

按朱元璋的说法，松江府被查出"不务生理交结官府者"一千三百五十

---

① 《御制大诰·罪除滥设第七十四》，《洪武御制全书》，第846页。

名，苏州府查出一千五百二十一名。这些只是在整顿运动中"见拿"的数据。朱元璋估计，如果一查到底，那松江府与苏州府均可至少抓出两千人以上——"除见拿外，若必欲搜索其尽，每府不下二千人，皆是不务四业之徒"一句，大体可以理解为每府（包括其下属各县）大约有两千名胥吏。这个数字大体符合唐宋以来地方政府胥吏数量的一般情况。在朱元璋看来，这两千名胥吏全是坏蛋，只是因为政府机构需要继续运作，才没有将他们全部抓干净。也就是说，松江府胥吏的遭惩比例约为三分之二，苏州府的遭惩比例约为四分之三①。

这种遭惩比例，带来的舆论反馈，却并非对朱元璋的赞誉——松江与苏州皆是近畿地区，朱元璋能知晓当地百姓对其政策的反馈相当正常。这让朱元璋颇感受伤，在《大诰》中，他如此感慨道：

> 呜呼！此等之徒，上假官府之威，下虐吾在野之民。野民无知，将谓朕法之苛。……刑此等之徒，人以为君暴。宽此等之徒，法坏而纲弛，人以为君昏。具在方册，掌中可见，其为君者，不亦艰哉！②

朱元璋预感底层百姓会议论他的政策太"苛"，甚至说他朱元璋这个皇帝实在是太"暴"，自然是因为他知道当时的民间已有此类舆论。但朱元璋不认为自己的政策有问题。他觉得问题在于百姓们觉悟不够，都是些无知"野民"。他还讲：现在这些野民说他"暴"，可是如果自己宽纵了这些胥吏，那

---

① 《御制大诰续编》第二条中提道："今洪武十九年，松江府吏卒有犯，都察院询问害民之由。其所供也，止松江一府，其不务生理者，专于衙门阿附役吏皂隶，夤缘害民。吏，其名曰正吏，曰主文，曰写发。皂隶，其名曰正皂隶，曰小弓兵，曰直司。牢子，其名曰正牢子，曰小牢子，曰野牢子。此三等牢子，除正牢子合应正役外，余有小牢子、野牢子九百余名，皆不务生理，纷然于城市乡村扰害吾民。"见《洪武御制全书》，第794页。此处称松江府被惩处的胥吏人数为九百余名。这意味着，松江府的胥吏在洪武十九年遭遇了不止一次大规模的整肃。唯如此，遭惩人数才会上升至《御制大诰续编》第七十四条里的一千三百五十人。

② 《御制大诰续编·罪除滥设第七十四》，《洪武御制全书》，第846页。

同样是这些野民，他们又会转而说自己"昏"，可见做好一个皇帝是多么困难。其实，民众之所以对这场"打击害民胥吏"的运动不领情，是因为胥吏本身便来自民间，在成为胥吏去给政府服劳役之前，他们也是无知"野民"的一分子。邻居与亲友一批批接连不断坠入严酷法网带来的冲击，早已超过了"打击害民胥吏"的口号带给他们的刺激。

洪武时代遭惩的官员与胥吏，小部分被诛杀，大部分被罚去充军与服工役。用朱元璋自己的话说便是：

> 当是时，天下初定，民顽吏弊，虽朝有十人而弃市，暮有百人而仍为之。……朕乃罢极刑而囚役之。①

所谓"囚役"，便是让囚犯以服劳役的方式来赎罪。按洪武八年（1375）的制度，被判死罪者，须服劳役终身，也就是做一辈子的工奴；判决徒刑者则按年限服劳役，二十年徒刑便去做二十年工奴。具体的工作包括去凤阳屯田或筑城，去滁州种植苜蓿，以及去盐场或铁矿"煎盐炒铁"。②在朱元璋看来，将"害民胥吏"直接诛杀是一种资源浪费，不如将他们罚为工奴，以肉身来为洪武时代的伟业添砖加瓦。

工役的这种性质，决定了其劳动强度会非常高，许多人直接被折磨而死。浙江四明人李孝谦去南京替父亲服劳役抵罪（李父因是富户，被官府指定负责修造战舰，完工后因验收人员指其"舰材不良"而下狱），李孝谦"日涉冰

---

① 朱元璋：《道德经序》，《洪武御制全书》，第292页。此外，朱元璋还在《大诰》里说："积年民害官吏，有于任所拿到，有于本贯拿到。此等官吏，有发云南安置充军者，有发福建、两广、江东、直隶充军者，有修砌城垣二三年未完者。"见《御制大诰·积年民害逃回第五十五》，《洪武御制全书》，第773页。

② 沈家本：《历代刑法考（刑事卷）》，商务印书馆2017年版，第280页。

雪，负土石，手足酸瘵流血"①，好在干了一年后遭逢大赦得以归家，没有死在工地。另一位代替父亲去服劳役抵罪的危贞昉，却没有这样好的运气，他"力作不胜劳，越七月病卒"，只用了短短七个月，高强度的体力劳作便夺去了这位年轻人的性命。

刘辰是明朝初年之人，亲历过朱元璋和朱棣时代。他的《国初事迹》一书中，也有关于工役劳动强度方面的记载：

> 太祖尝曰：浙西寺院田粮多，寺僧惟务酒肉女色，不思焚修。尽起集京城，工役死者甚众。皇后谏曰：度僧本为佛教，为僧犯戒自有果报，今使工役死亡，有所不忍。太祖从后言尽释之。②

这段文字提到服工役的僧人"死者甚众"。罪僧如此，罪官、罪吏、罪民自然也不会两样，这是洪武时代所有服工役者的共同命运。该书中的另一则史料称，南京城有一年"自夏至秋不雨"，朱元璋号召众人给朝政提意见，御史中丞刘基站出来谈了三点意见，第二点便是"工役人死暴露尸骸不收"③。刘基希望朱元璋能变更政策，放这些悲苦的工奴们回家。

另有许多材料可与《国初事迹》里的这些记载互为佐证。洪武九年（1376）叶伯巨上万言书劝谏朱元璋，希望他减省酷刑，宽待读书人，其中便提到读书人做了官后，动不动就陷入法网，要么直接被杀，要么就被抓去服"屯田工役之科"，成为朝廷的农奴与工奴。叶伯臣批评这种做法是"取之尽

①　（清）戴枚等修纂，宁波市鄞州区地方志办公室整理：《同治鄞县志》第11册卷三十二，浙江古籍出版社2015年版，第45—46页。李孝谦躲过了此劫，但李父很快又再次"以富室主料量米耗罪当死"，这一次站出来代替父亲去服罪的，是李孝谦之弟李忠谦。这位年仅十九岁的年轻人"黥而戍竟没辽东"，很快便死在了遥远的辽东。

②　（明）刘辰：《国初事迹》，明秦氏绣石书堂抄本，第15页。

③　《国初事迹》，第39页。

锱铢，用之如泥沙，率是为常，少不顾惜"①，意即不拿人才当人才，也不拿人当人。万言书引发朱元璋震怒，一度想要亲自射杀他。最后叶伯巨在刑部监狱受尽虐待后被活活饿死。洪武二十一年，朱元璋让解缙放开胆子提意见，解缙又在密奏中呼吁朱元璋"永革京城之工役"②，可见工奴制度在整个洪武时代始终未曾放松，该制度过于残酷，是洪武时代之人的普遍看法。

总而言之，在洪武时代，"犯工役"是一件极普遍也极容易的事情，官员、胥吏、富户、僧人……几乎所有人都有可能突然就成了朝廷的工奴；而一旦成为工奴，便很可能遭遇"暴露尸骸"的命运。所以，洪武时代经常发生遭惩胥吏自工地逃亡的事件③——与其受尽折磨最后暴死工地，不如冒险赌一把看是否有机会成功逃走。朱元璋在《御制大诰续编》的第四十八条，便讲了这样一桩案子：

> 呜呼！人不能自生，终于取死者，无如苏、松、嘉、湖四府之吏。终于取死不得自生者顾显等，罪之魁者无出于显。且显，初本原显，因犯工役在逃，还家改名顾源，仍复为吏。拘拿赴京，着令工役，亦复在逃，改名顾显，依然县吏，至杀身而后已。其次，更名一次者有之，二次者有之，更其字而捏怪多端者甚广。朕今将各人名题于首，犯注于足。所在臣民，观之戒哉。④

此处，朱元璋先是毫不掩饰地表达了自己对苏州府、松江府、嘉兴府、

① （明）张铨撰，田同旭、赵建斌、马艳点校：《国史纪闻》上册，上海古籍出版社2018年版，第112页。

② （明）解缙：《文毅集》卷一《大庖西封事》，钦定四库全书本，第05页。

③ 比如《御制大诰续编》第六十六条便提道："洪武十九年四月初十日，苏州府管下七县地方，捉拿黥面文身髠发在逃囚徒一十三名，无黥刺一十九名，逃吏二十五名，逃军六名。"见《御制大诰续编·纵囚越关第六十六》，《洪武御制全书》，第841页。

④ 《御制大诰续编·逃吏更名第四十八》，《洪武御制全书》，第825页。

湖州府四地胥吏的厌恶，说他们是世上自寻死路最厉害的那群人。然后说：苏州府的胥吏"顾显"，原名乃是"顾原显"，此人在胥吏整肃运动中被抓，罚去做工役。但他逃走了，改名"顾源"继续在苏州府做胥吏。后被发现拘捕进京，再次被罚去做工役，却又再次逃走，改名"顾显"仍继续在官府做胥吏。

朱元璋评价"顾显"的这种行为，说他简直是丧心病狂、无可救药，不折腾到脑袋被砍掉绝不肯罢休。他还说，类似的案例很多，有些胥吏变更了一次姓名，有些变更了两次，还有些变得让人眼花缭乱。接下来，他便将这些人的名字和罪行一一罗列示众。据朱元璋的描述，这些人全部是犯了事被抓去服劳役，然后逃回来改了名字。其中继续在苏州府做胥吏者五人，继续在常熟县做胥吏者三人，继续在江阴县做胥吏者一人。

遗憾的是，对于工役的惨状，朱元璋的《大诰》只字未提。他回避了自己所打造的工奴制度的残酷性，便只能将"顾显"这些人毅然决然的逃跑且一逃再逃，归结为胥吏群体的品性已经集体从根子上烂掉了。

六、拍脑袋的胥吏配备标准

在《大诰》里，朱元璋还告诉明帝国的百姓，这些一再自服工役处逃走的胥吏，之所以能够变更姓名回到原籍，并继续在衙门里做胥吏，是因为他们得到了当地官府的支持。《御制大诰续编》第四十九条如此写道：

> 洪武十八年，常熟知县成茂奇到任未久，从奸则听苏州府知府张亨分付，参逃囚逃吏黄通等各各更名为吏。自己所用，尽收市乡无藉之徒为吏，掌行文案，明知不可，略无畏惧，恣肆妄为。未及周岁，动止满前，

皆是小人。①

　　大意是：常熟知县成茕奇到任后，服从其上司苏州知府张亨的指示，让在逃的囚犯和胥吏黄通等人变更姓名后，继续在县衙里充当胥吏。整个常熟县的胥吏，都是来自市井的无赖之徒。成茕奇到任不足一年，身边围绕着的便已全是小人。

　　《御制大诰续编》第七十三条，朱元璋再次提到此案：

　　　　苏州府知府张亨等，将屡犯在逃黥刺之吏分付常熟县，参充县吏黄通等五名。其吏在逃数次，一得承行文书，结党下乡虐民，得钱多少，拆字戏云。其云：且如得钱一万，乃呼一方；得钞一千，更称一撇。呜呼！剥吾良民脂膏，不知足而不知惧，拆字终日以为戏尔。是官是吏，其罪可得而免乎？②

　　据此可知，由苏州知府张亨推荐至常熟县做胥吏的黄通等五人，在变更姓名之前，已多次犯罪被抓，他们的身上还留有表明罪犯身份的黥纹。朱元璋说，这些人下乡，弄到一万钱便戏称得到"一方"，弄到一千钞便戏称得到"一撇"。朱元璋对这种戏称深恶痛绝——需要指出的是，以"一方"来代称一万，以"一撇"来代称一千，并不是明代胥吏为了方便搜刮而发明出来的黑话。早在宋代，商人中便已流行这种用法，北宋真宗时代的刘贡父，在其《诗话》中说："今言万为方，千为撇，非讹也，若隐语耳。"③苏州地区在宋元时代商业发达，这种隐语很自然地得到普及，成了商人和胥吏日常使用的一种俗语（"一方"在今天仍常被用来指代人民币一万元）。朱元璋厌恶这种俗语，是一种恨屋（胥吏）及乌（俗语）。

---

①　《御制大诰续编·常熟县官乱政第四十九》，《洪武御制全书》，第826页。
②　《御制大诰续编·容留滥设第七十三》，《洪武御制全书》，第845页。
③　沈家本著，沈厚铎重校：《日南随笔》，商务印书馆2017年版，第65页。

打击胥吏是洪武时代严格执行的基本国策。收留有前科且逃跑的工奴并任用他们做衙门胥吏，显然是一件有很大政治风险的事情。常熟知县与苏州知府并不傻，必然了解这一点。他们仍选择这么做，背后的驱动力是什么？朱元璋对此没有给出任何解释，问题再次被归结为官员们的个人品性已经坏掉。

官员的个人品性可以解释一例两例此类案件，却无法解释在公务上直接依赖囚徒，或者给囚徒改换姓名再任用为胥吏，为何成为洪武时代官场的一种普遍现象。有《御制大诰续编》第七十三条所罗列的诸多案件为证：一，长州县丞吕直等"容积年害民野牢子叶清甫等四十三名营充弓兵""逃囚朱璇等六名，纵容在县"——所谓"积年害民野牢子"，便是指在之前的运动中已被定性为"积年害民"遭受惩处的、不在官方统计资料里的胥吏。二，嘉定县知县张敬礼等人"纵容闲吏陆昌宗匿过复入衙门"——"匿过"二字显示这些胥吏在之前的整肃运动中也是挂了号的。三，南昌府新建县丞郑宗道"容留罢闲官吏杨杰等在县说事过钱"——"罢闲"二字也指明了这些胥吏之前被整肃过，履历上有犯罪记录，按洪武时代的规矩，绝不允许再度招为胥吏。[①]

另据《御制大诰续编》第四十二条披露，此类现象也出现在了中央部门——刑部子部、总部司门等机构的官员胡宁、童伯俊等"纵囚代办公务，书写文案"，让狱中的囚徒来负责胥吏的工作。洪武十九年（1386）春三月十四日，朱元璋接到举报后，亲自前往太平门监督行刑，"将各官吏捶楚无数，刖其足，发于本部昭示无罪者"[②]，棍棒交加打了个半死之后，又将他们的脚给剁了，然后将之送回各自所属衙门，以警告其他人——行刑时，朱元璋便已命五军断事官、大理、刑部、都察院、十二道等衙门的官员现场围观，行刑期间，"人各刖足鞭背，不知数目。不过半昼，已死数人，活者半存"[③]，也就是至少鞭打了半个白天，有一半人直接被活活打死了。朱元璋一度自信地认为，"以

---

①　《御制大诰续编·容留滥设第七十三》，《洪武御制全书》，第845—846页。
②　《御制大诰续编·相验囚尸不实第四十二》，《洪武御制全书》，第821页。
③　《御制大诰续编·追问下落第四十四》，《洪武御制全书》，第822—823页。

此法此刑，朕自观之，毫发为之悚然，想必无再犯者"①，刑罚已残忍到让制定酷刑的朱元璋自己都感觉到毛骨悚然的程度，想必不会有人胆敢再犯。孰料结果却是血未干尸未移，又有刑部官员王进、阮贞等人"将工役囚徒纳册于役所"，继续胆大包天启用那些已被定罪打成工奴的囚徒。他们还帮这些囚徒改换名字：

> 　　一名丁洪僧，临刺也，却作工洪生；一名马伴舅，却作马道四；一名朱宅保，却作朱哲保；一名余关住，却作于关住；一名王阿转，却作王阿专；一名杨添孙，却作王太僧；一名祖复奴，却作祖佛奴；一名黄甫名，却作黄福名；一名蒋均路，却作蒋均禄；一名郑守真，却作郑寿真；一名朱友常，却作朱友恒。②

　　刑部衙门的操作手法，与常熟知县、苏州知府的操作手法一模一样。按朱元璋的描述，刑部的官员们，是在观看了连朱元璋自己都觉得心惊肉跳的酷刑直播后，继续明知故犯顶风作案，其勇敢程度堪比那些不惧杀身成仁的志士。这是极端令人费解的现象——极少数的仁人志士可以为了理想而牺牲自我，官员们却只会在贪污腐败与政治安全之间寻找最佳的平衡点。究竟是什么，在驱动着苏州府和刑部的官员们冒险使用有前科的胥吏？

　　答案藏在《御制大诰三编》的第二十八条。该条中，朱元璋讲了这样一桩案子：

> 　　吏部郎中刘焕等，朕命揭黄册，照丁数点选吏人。其应天府所属六县，若每县点选三二十名，足够使用；多者六七十名，十分备不缺矣。其郎中刘焕等，将溧水一县选下有丁之户五千余家，被给事中张衡奏发。以溧水一县较之于九州之郡，若此金点，不下数十余万以为吏用，何处安

①　《御制大诰续编·相验囚尸不实第四十二》，《洪武御制全书》，第821页。
②　《御制大诰续编·故更囚名第四十三》，《洪武御制全书》，第822页。

插？为此，拿下法司询问，为何一县点选若干！奸不能逃，实供在官。其
词曰："焕闻揭册佥吏，故将有丁力之家广选，书记姓名，声出在外，故
使民知。民畏为吏，必有贿赂。"若此，吏曹选吏之权，今得揭册为之，
其所贿赂，甚非小小。呜呼！前官尸未朽腐，受诛者血尚未干，焕等一入
吏曹，即蹈前非，是其难化也。[①]

　　大意是：朱元璋下令让吏部郎中刘焕等人，按照黄册（朱元璋于洪武十四
年命各州县按"里"编造的户口簿册，内中以户为单位，记载了丁口、田产及
应承担的赋役等情况）去点选给衙门服劳役的胥吏。按朱元璋的认知，应天府
下属六县，每县点选出二三十名胥吏，便够用了；最多也只需要六七十名，绝
对不可能再缺人。然而，刘焕等人仅在溧水一县，便将家中有成年男丁的五千
多户人家列入候选名单，结果被人告发。朱元璋说，要都像溧水县这样干，那
全国岂不是要搞出不下数十万的胥吏？这么多胥吏，哪里有地方安插？哪来那
么多工作给他们做？刘焕被逮捕起来讯问为何要在一县之内点选这么多户人
家。刘焕的供词是：我把家中有男丁的合乎条件的民户都筛选出来，张贴在
外，让百姓知晓，"民畏为吏，必有贿赂"——百姓害怕做胥吏，肯定会有人
来贿赂我。末了，朱元璋再次感慨：吏部前任官员们的尸骨还没有腐朽，血迹
还没有干透，刘焕这些人刚刚进入吏部，就重蹈覆辙再次贪污腐败了起来，实
在是无可救药。

　　《御制大诰三编》里的这段文字，于无意中透露了两个非常重要的信息：
一，朱元璋为洪武时代制定的县级衙门胥吏人数标准是二三十人，至多不超过
六七十人。二，洪武时代"民畏为吏"，老百姓都特别害怕被官府选中去承担
"吏役"，没人愿意去做胥吏为朝廷服务。

　　"民畏为吏"这个信息，只要想一想松江府的胥吏三分之二被整肃、

---

　　①　《御制大诰三编·把揭籍点吏第二十八》，《洪武御制全书》，第912页。

苏州府的胥吏四分之三被整肃，便很容易理解①。这里主要展开说说第一个信息。

　　犹如今天的政府机构需要有官员，也需要有公务员，帝制时代的衙门需要有官员，也需要有胥吏。没有胥吏，便无法维持衙门的正常运转。问题在于，一个衙门究竟要有多少胥吏，才算合适？所谓合适，一般是指在民众负担与机构运转效率之间达成平衡。因胥吏属于劳役而非有固定薪俸的朝廷职员，所以帝制时代的"民众负担"主要是指胥吏对百姓的盘剥；因胥吏的主要职责是帮助朝廷汲取人力与物力，所以帝制时代的"机构运转效率"主要是指能否按时按量完成朝廷的赋税征收和劳役征发。

　　精确的计算是不可能的，但有一些数据可供参考。据杜佑《通典》的记载，唐代的情况是：

　　　　右内外文武官员凡万八千八百五（文官万四千七百七十四，武官四千三十一，内官二千六百二十，外官州县、折冲府、镇、戍、关、庙、岳、渎等万六千一百八十五）。内职掌：斋郎、府史、亭长、掌固、主膳、幕士、习驭、驾士、门仆、陵户、乐工、供膳、兽医学生、执御、门事学生、后士、鱼师、监门校尉、直屯、备身、主仗、典食、监门直长、亲事、帐内等。外职掌：州县仓督、录事、佐史、府史。典狱：门事、执刀、白直、市令、市丞、助教、津吏、里正及岳庙斋郎并折冲府旅帅、

---

　　①　朱元璋在《大诰》里也讲了一桩"民畏为吏"的案子："十二布政司起到能吏，发付在京掌管亲军文册，其事至易。各吏众言一辞，来诉甚多，皆言不解管军吏事。"布政司衙门精挑细选了一批经验丰富的书吏，将其送入京城负责掌管朱元璋亲卫军队的簿书文册。这些人抵京后，纷纷寻机会向朝廷诉苦，众口一词说自己不懂军队里的事，做不了这个工作。朱元璋为此大怒，认为这些人是因为在皇帝眼皮子底下做"军吏"没有油水可捞，所以才百般推脱。其实，胥吏们真正恐惧的，是距离朱元璋的视线越近，遭遇整肃的概率就越大。结果也正如"军吏"们所担忧的那般，他们很快便因"结交近侍，关支月粮"等缘故，纷纷丢掉了性命（朱元璋提供了一份多达五十六人的诛杀名单）。见《御制大诰续编·重支赏赐第二十七》，《洪武御制全书》，第811—812页。

队正、队副等。总三十四万九千八百六十三（内三万五千一百七十七，外三十一万四千六百八十六）。都计文武官及诸色胥吏等，总三十六万八千六百六十八人。[①]

　　简单来说便是：唐代的文武官员（流内九品）总计一万八千八百零五人，其中中央官员两千六百二十人，地方官员一万六千一百八十五人；诸色胥吏总计三十四万九千八百六十三人，其中在中央各衙门做事的胥吏三万五千一百七十七人，在地方各府州县做事的胥吏三十一万四千六百八十六人。开元年间，唐代设有州、府三百余处，县一千五百余处。不考虑州府县的区别，简单粗暴地平摊下来，每个县的胥吏人数大概在一百七十到一百八十名。这是标准数字，实际数字自然会更多。

　　北宋的情况与唐代大致相似。宋真宗咸平四年（1001）"减省天下冗吏"，各路共计裁掉十九万五千八百零二人，约为总数的三分之一。也就是说，裁减之前，北宋全国的胥吏大约有五六十万人。宋仁宗嘉祐年间，吏数又恢复至五十三万六千余人。[②]

　　清代的胥吏数量，可参考生活于乾嘉时代的洪亮吉的说法："今州县之大者胥吏至千人，次至七八百人，至少一二百人。此千人至一二百人者，男不耕，女不织，其仰食于民也。"[③]洪的这段话，是在批评胥吏数量泛滥超过了实际所需。那么，一个清代县级衙门究竟需要多少胥吏才能正常运转？光绪年间做过陆丰知县的徐赓陛给出过答案：

　　夫官司之弊，固莫大于州县矣。衙门之弊，固莫重于州县之书差矣。

---

　　①　（唐）杜佑：《通典》"职官二十二"。

　　②　刘泽华、汪茂和、王兰仲：《专制权力与中国社会》，吉林文史出版社1988年版，第273—274页。

　　③　（清）洪亮吉：《吏胥篇》，《洪亮吉集》第一册，中华书局2001年版，第26页。

然在上者不知牧令之难为而强使除弊，作牧令者不知书差之苦状而强使无弊……至若书差，本皆无禄之人，亦有家室之累，其供奔走而甘鞭扑者，皆以利来。以家口待哺之身，处本无利禄之地，受不齿辱贱之刑，而其甘如荠者，固明明以弊为活矣。然书胥自供纸笔，受役于官，每年例申无关紧要之册结，无虑百十起，每起通牒大僚必六七份，而寻常稿案禀详不与焉。故事繁之区贴写清书，实非百人以上不敷缮写；事简之处亦必数十人以供钞胥。犹有零星催写计字贴钱乃副程限者。其盘查秋审等册尤必加送上司衙门房书规费，方免驳换，否则一字迹之讹一年月之误，则全案驳令另写矣。甚至照抄之案而必称不符，已到之文而忽称未上……此书差之苦状也。①

　　徐赓陛根据自己的切身经历，指出晚清时期的县级衙门有大量的文书工作要与上级衙门对接，事情少者至少需要书吏"数十人以供钞胥"，事务多者则需要"百人以上"才能让工作顺利运转。书吏如此，衙役的情况自然也差不多。也就是说，鉴于事多事少往往取决于上级衙门的行政风格，在不考虑贪腐问题的情况下，一位官员空降到县后，为了让县里的各项事务顺利运转起来，他最合适的做法便是组织起一支至少两百人的胥吏队伍。宫崎市定说清代"作为地方末端机构的县衙通常有（胥吏）二三百人，多则上千人"②，便是此意。

　　总之，无论怎样参照，朱元璋给洪武时代定下的胥吏人数标准——"若每县点选三二十名，足够使用；多者六七十名，十分备不缺矣"——都只是他自己拍脑袋想当然得出的数据，远远不能满足现实政治的需要。更何况，洪武时代还有一种特殊性，那就是政治运动迭起，中央与地方衙门有大量常规工作以

---

① （清）徐赓陛：《覆本府条陈积弊禀》，收录于《经世文续编》卷二十一，"吏政六"。

② ［日］宫崎市定著，张学锋、马云超等译：《宫崎市定亚洲史论考》下册，上海古籍出版社2017年版，第1201页。

外的事情需要响应，且必须积极响应，否则便会给自己招来不测之祸。而朱元璋的胥吏配备标准，又是针对"应天府所属六县"而言的——应天府是京畿所在，是朱元璋目光最关注的地方，是额外政治事务最繁重的地方，也是人口最密集的地方。这种区域尚且只允许"每县点选三二十名"胥吏，其他区域的情况可想而知。

正规途径募来的胥吏远不够用，衙门又必须完成朝廷派下来的汲取与控制任务，想办法增加"隐形人手"便是顺理成章的做法。最初的"隐形人手"，是自民间招募的"小牢子、野牢子、直司、主文、小官、帮虎"，这些人不是正规胥吏，却做着正规胥吏应该做的工作。朱元璋针对"小牢子、野牢子"发起整肃运动后，这些"隐形人手"被定性为"害民"者，或被杀或被发配去做苦役①，各级衙门的变通之法便不多了。中央的刑部衙门可以"内部挖潜"，利用刑部大牢中关押有大量获罪胥吏这一得天独厚的条件，搞一搞"纵囚代办公务，书写文案"，地方州县衙门也可以收罗一些胥吏中的"逃囚"，但规模已无法与招募"小牢子、野牢子"相比。

朱元璋从不承认（也可能是从未意识到）他拍脑袋制定出来的胥吏配备标准存在严重问题。他活着时，可以用那无远弗届的皇权，大刀阔斧地去砍削衙门里名义上的胥吏数量。但当他去世，事情仍要从变态回归到常态中来。于是，号称以"洪武祖制"治国的明代，胥吏数量便长期呈现为一种割裂状态。一方面，朝廷正规统计下名义上的胥吏数量，远远少于之前的唐宋和之后的清代，正德年间的数据是"吏五万五千余名"，文职官员却有"二万四百

---

① 为了抓出这些隐形胥吏，朱元璋命令十二布政司、府、州、县诸司衙门，须将"当金应役皂隶，或亲身、或代替、或佣他人，在任之官将额设名数"，也就是法定胥吏的数量，明确写在榜文里"告之于民"。榜文里须有胥吏的姓名与详细职务。凡姓名不在榜之中却充当胥吏者，鼓励"诸人擒拿赴京"。见《御制大诰续编·吏卒额榜第十四》，《洪武御制全书》，第803—804页。

余员"①，相当于每名文官下面只有两名胥吏供其差遣。另一方面，为了维持政府的日常运作，明代实际存在的胥吏总量却又极大。一如明末之人侯方域所言：

> 既已有吏胥矣，而吏胥又各有贰有副，或一人而两役，或一役而数名……呜呼，天下之官冗，而吏胥日以夥，每县殆不止千人矣。……今天下大县以千数，县吏胥三百，是千县则三十万也。②

这实在是一件极为讽刺的事情。朱元璋口口声声说胥吏坐大是元朝的"遗毒"未清，一再发起针对胥吏的整肃运动。结果，明帝国的胥吏之害，却远比元朝更加糟糕。顾炎武后来在《日知录》中总结说，"今夺百官之权而一切归之吏胥，是所谓百官者虚名，而柄国者吏胥而已"③，意思是胥吏成了明帝国的真正掌控者，"官员治国"变成了"胥吏治国"。

七、匪夷所思的公文灾难

整肃"小牢子、野牢子"的运动开启后，衙门便很难再从民间招募到隐形

---

① 《论食货》，《古今图书集成》食货典卷二百五十四《国用部》。转引自《中国财政史》，中国财政经济出版社1987年版，第380页。另，赵世瑜查找"全国各地三十余处地方志统计，平均每府吏三十三人，每州吏二十一人，每县吏二十人，则全国府州县一千五百六十四个，共应有吏近四万人"。见赵世瑜：《吏与中国传统社会》，浙江人民出版社1994年版，第131页。该数据可证，朱元璋拍脑袋制定的胥吏配备标准，至少在文件层面得到了长期贯彻。

② 侯方域：《额吏胥》，收入（清）魏源：《魏源全集·皇朝经世文编》卷二十四，"吏政十·吏胥"，岳麓书社2004年版，第456—457页。

③ （清）顾炎武著，黄汝成集释，栾保群、吕宗力校点：《日知录集释全校本》上册，上海古籍出版社2013年版，第485—486页。

人手了。朱元璋在《大诰》中列举的各种针对胥吏的整肃政策和惩治案例，又进一步加剧了民间百姓的畏惧。如前文所言，吏部郎中刘焕被捕后曾说"民畏为吏"，百姓们连衙门正规的胥吏招募都不肯响应，自然更不会愿意去给衙门做"隐形胥吏"。

针对"隐形胥吏"，朱元璋在《御制大诰续编》里制定有这样一项打击政策：

> 今后敢有一切闲民，信从有司，非是朝廷设立应当官役名色，而于私下擅称名色，与不才官吏同恶相济，虐害吾民者，族诛。若被害告发，就将犯人家财给与首告人，有司凌迟处死。[①]

所谓"私下擅称名色"，便是指非经由朝廷正规渠道招募的那些"隐形胥吏"。按该政策，"隐形胥吏"一旦被发现，便要遭受"族诛"的严惩。朱元璋还鼓励民众举报，只要举报属实，便将"隐形胥吏"的家财直接奖赏给举报者。被发现后族诛，这是做"隐形胥吏"的风险；没有俸禄，难以利用职务之便榨取底层民众（很容易被举报），这是做"隐形胥吏"的收益。风险之大与收益之低完全不成比例，衙门自然无法再从民间招募到"隐形胥吏"。同理，招募"隐形胥吏"的官员会被凌迟处死的规定，也会让许多官员知惧而退。

结果便是政务的处理陷入困境。经验丰富的老胥吏在整肃运动中普遍被抓，奉朱元璋的指示由正规渠道新招募的胥吏主要来自农村，粗通文墨却毫无政务处理经验，既不知晓如何抓丁征税最有效率，也不知晓如何因应上下级衙门，甚至连基本的公文格式也无法做到准确。于是，便出现了《御制大诰续编》第五十一条中所记载的这种情况：

---

① 《御制大诰续编·闲民同恶第六十二》，《洪武御制全书》，第839页。

洪武十九年，十二布政司率诸有司及鱼湖诸色司局等衙门官吏，进呈十八年金、银、钞、锭、钱帛之类。总计府、州、县、司、局等衙门二千四百三十七处。至之日，所进之文，奏本一，启本一，诸物件文册一。量此三件，甚不繁冗，当措办此件，已有数月。其来有七千里至京者，有八千里至京者。进奏之时，令人细阅奏目、启札，有倒使印信者，有漏使印信者，有全不用印信者，有不书名姓者，并身不称臣者；文书有有总无撒色者，有有撒无总者；有县局不分、课程混淆者。如此者，布政司、府、州、县皆如之。①

大意是：洪武十九年（1386），十二布政司率下属相关衙门的官吏，向朝廷进呈上一年的商税。共计有两千四百三十七处衙门。他们的公文送到京城后，朱元璋命人仔细翻看，结果发现问题极多。有些公文印信用倒了，有些漏用了，有些干脆就没有印信。有些公文不写进呈者的姓名，行文也不称臣。有些公文写了总额，没有详细数据；有些公文写了很多详细数据，却没写总额。总之，公文检查的结果非常糟糕，几乎百分之百不合格：

其得罪，布政司一十二处，盐运司一处，府一百六处，州一百二十九处，县九百八十一处，税课司局八百二十八处，河泊所三百七十九处，库二处。②

失望、愤怒的朱元璋，痛骂跪在脚下的群臣，说他们公文格式错乱至此，可谓毫无"人臣之礼"。还说公文内的信息颠倒错乱，若据此定他们一个"有意奸

---

① 《御制大诰续编·诸司进商税第五十一》，《洪武御制全书》，第831页。

② 《御制大诰续编·诸司进商税第五十一》，《洪武御制全书》，第832页。此处有个小问题：按朱元璋前文的叙述，"总计府、州、县、司、局等衙门二千四百三十七处"，也就是此次进呈商税的衙门共计有两千四百三十七处。但统计公文犯错的衙门，则共有两千四百三十八处，超过了进呈商税的衙门总数。当是某处数据有误。

贪"的罪名，那这数千人谁也跑不掉，没人属于"轻罪"，没人能活下来：

> 尔等数千里、数百里，为此办集，凡经半年。今至也，皆无人臣之礼。当未起之时，孰罪加临？尔等皇皇其心，诸事颠倒，尔必欲奸贪，故作此态乎？今执尔来文，不消加刑问罪，即此真犯，别何辞焉？……呜呼！前尸未移，后尸继至。此番群职若论如律，数千中得生者、轻罪者，浑无。为其初任，故且释之，令载罪往悛。①

"为其初任，故且释之"这几个字，透露了这场公文灾难的根源。洪武十八年（1385）、十九年，明帝国的官员们犹如走马灯般不断变换（也就是朱元璋所谓的"前尸未移，后尸继至"），经验丰富的胥吏们也普遍被整肃。留在台面上处理政务的官员是新手，帮助官员处理政务的胥吏更是来自农村的新手。②这种背景下，发生公文灾难极为正常，不发生公文灾难才是咄咄怪事。

数千人自这场公文灾难中捡回一条性命，实属"法不责众"造就的偶然。单个衙门的公文若被朱元璋挑出毛病，便很难如此幸运。比如，会稽等县河泊所官张让等人，便是因为在公文里将该收取的鱼课钞"六千六十七贯二百文"写成"六百六万七千二百文"（"贯"是大明宝钞的单位，"文"是铜钱的单位。一贯宝钞准兑铜钱一千文，二者换算其实相等），即遭朱元璋疑心，指斥他们是在"故生刁诈，广衍数目，意在昏乱掌钞者"，继而将张让等人"治以

---

① 《御制大诰续编·诸司进商税第五十一》，《洪武御制全书》，第831页。

② 朱元璋在《大诰》中有严厉规定，市民一概不许做胥吏，违者处死，邻里知情者若不举报也要被治罪："《诰》布民间，有司仍前用此，治以死罪。市井之徒见充此役者，见《诰》即早退去。若仍前擅应此役及暗构为是，皆死。闾巷邻里知而不拿，长成奸恶，自取扰害，治以罪责。知此无藉仍应此役，众者民及少壮者拿赴京来，以凭区处，的不虚示。"见《御制大诰续编·市民不许为吏卒第七十五》，《洪武御制全书》，第847页。

重罪"①。

也就是说，对官员而言，他们若想在洪武时代保住性命，便得先保证公文在格式与内容方面不出纰漏（更需要保证按时按量完成朱元璋派下来的政务）。要做到这一点，便需要经验极为丰富的胥吏提供帮助。但经验丰富的胥吏早已在整肃运动中出局成了罪人，官员们只能或"纵囚代办公务，书写文案"（刑部的做法），或帮助"逃囚逃吏"变更姓名，留他们在衙门里做事（苏州府等地方衙门的做法）。

对罪吏而言，他们不愿死在服苦役的工地，但即便逃了出来，也很难寻找到蔽身之所。洪武时代实行了严格的"路引"制度，百姓出门没有官府签发的"路引"将寸步难行。与之配套的举报制度与巡检司制度，又起到了互相监督和查漏补缺的作用——针对胥吏不断自充军地和服苦役之处逃亡，朱元璋在《大诰》中制定了严厉的举报政策："此等之徒……设若潜地逃回，两邻亲戚即当速首，拿赴上司，毋得容隐在乡，以为民害。敢有容隐不首者，亦许四邻首。其容隐者同其罪而迁发之，以本家产业给赏其首者。"②藏匿逃吏者与逃吏同罪，举报者可以获得藏匿者的全部家产作为奖赏。在这种政策下，自然不会有普通百姓愿意为逃吏提供庇护。所以，与官府合作做"影子胥吏"，或改换姓名成为正式胥吏，便成了逃吏们"最不坏"的选择。

尤为讽刺的是，朱元璋下令天下所有的衙门只能从识字的乡下农民当中招募胥吏，理由是这些人"淳朴"——《御制大诰三编》里便提到"此时奸贪猾吏已行不用，惟以农人役之"③。这些"淳朴"之人进入衙门后，却同样只能在政务上求助那些已经做了囚犯的"积年害民胥吏"，寻求他们的帮助。甚至连

---

① 《御制大诰续编·钱钞贯文第五十八》，《洪武御制全书》，第837页。

② 《御制大诰·积年民害逃回第五十五》，《洪武御制全书》，第774页。

③ 《御制大诰三编·农吏第二十七》，《洪武御制全书》，第911页。

最高军事机构五军都督府①里的那些新上任的胥吏头领们，也必须与囚犯们"合作"，否则便草拟不出合格的公文：

> 五军都督府首领官掾吏陈仔等，自到任以来，并不亲笔起稿。凡有书写，多令典吏、囚人起稿立意，然后押字施行。及至事理参差，朕乃驳问，其各守领官惟皇皇瞠目四视，凡奏目内事，惟知大意，本末幽微，莫能解分。②

朱元璋就工作内容展开问话，陈仔这些人集体回答不上来，个个瞠目结舌。来自农村的新胥吏能力明显不足，但朱元璋一如既往不承认是自己的胥吏招募政策出了问题，且再一次将原因归结为个人品性，说陈仔这些人搞贪污腐败有一套，做正经公事便毫无动力，"不务公而务私"，品德已经严重败坏。

这种"合作"既然引起了朱元璋的注意③，随之而来的便是更猛烈的整肃风暴。包括陈仔这些人在内，许多官员、胥吏与囚犯在风暴中失去了他们的自由与脑袋。

---

①　该衙门控制着"在京各卫所及在外各都司、卫所"，拥有统兵之权而无出兵之令；另一军事机构兵部则拥有出兵之令而无统兵之权。见严耕望：《中国政治制度史纲》，上海古籍出版社2017年版，第202页。

②　《御制大诰续编·用囚书办文案第二十八》，《洪武御制全书》，第813页。

③　朱元璋注意到这种"合作"的一个重要途径，是官员们之间的互相举报。如徽州府祁门县的知县何敏中、县丞李善与主簿李文鼎，便曾向朱元璋举报徽州府的府衙内"容留积年老吏一十五名，作老先生名色，在房主写文案害民"，得到朱元璋的公开表彰。下级衙门与上级衙门一旦发生利害冲突，便很可能会催生这种举报。见《御制大诰续编·有司超群第九》，《洪武御制全书》，第801页。

八、高压恐惧下的行为失常

回到本文开篇提到的朱升一案。

虽然无法知晓朱升一究竟是一个怎样的人，无法知晓他在胥吏这个职位上究竟做过些什么，也无法知晓他与钦差旗军之间究竟发生了怎样的冲突，但只要了解洪武时代针对胥吏的整肃运动相当残酷，了解到绝大多数胥吏都未能在运动中幸免，且一旦成为被调查对象，等待他们的要么是诛杀，要么是被发配去服沉重的劳役，最后落一个"暴露尸骸不收"的结局，便不难理解为何会发生朱升一们"殴打钦差旗军"这种极端事件。即便朱升一案没有发生，也会发生李升一案、王升一案。

耐人寻味的是，朱升一等人殴打钦差旗军时，其上司昆山县官李均的态度是"约束"，也就是试图阻止他们这样做。这或许是因为李均初到昆山，与朱升一等尚无多少交集，所以并不担忧这些胥吏的被整肃会波及自己。那些与被整肃胥吏有较多政务交集的地方官员，往往会是另一种表现，事情甚至会升级为"地方官与胥吏合作，共同殴打钦差旗军"。

朱元璋在《大诰》里讲述了不少这样的案件。试举三例。

第一例发生在松江府。大致案情是：朝廷派了以傅龙保为首的十五名钦差旗军，前往松江府"抄扎犯人计三家财，提取赃吏夏时中等三名"，也就是去松江府抄家，并将被整肃的胥吏押往京城。松江知府李子安闻讯后，不知会钦差旗军，"私自将计三家抄扎，克落家财作弊，又将夏时中等三名受财卖放"。钦差旗军为了交差，欲将一名叫作张子信的胥吏带走"赴京回话"。该胥吏拿出十贯银钞贿赂旗军，旗军不敢受贿，将银钞送至知府衙门。李子安担忧胥吏被带至京城后"发其奸贪"，会将自己也连累进来，于是带着知府衙门的"吏典、皂隶人等"，从钦差旗军的手里，将胥吏张子信给抢了回去，还把傅龙保等十二人抓起来关入了监狱。有三名钦差旗军逃走，为防他们回京告状，李子安又与守门镇抚合作，"闭门邀截回还，锁禁五十余日"，通过紧闭松江城门，将逃脱的三名钦差旗军全抓了回去，关押了五十多天。因为干了这种事情，李子安等人最后被朝廷凌迟示众。①

　　松江知府李子安的种种作为，动机皆是为了自保。赶在钦差旗军之前抄计三的家，是为了防止从计三家里抄出不利于自己的材料；将被整肃的胥吏放跑，是担忧他们被带到京城遭受刑讯时会扯上自己；最后亲率胥吏与钦差旗军武斗抢人，则显示他已被逼到了绝境——知府衙门的日常政务不可能脱离胥吏自行运转，衙门里揪出"害民胥吏"，李子安无法置身事外。钦差旗军非要带胥吏回京审讯，李子安走投无路，只好与之彻底决裂。②

　　第二例发生在江西建昌县。大致案情是：建昌县的夏粮赋税超过了期限迟迟没能缴纳。上级衙门南康府以公文的形式催了二十八次，仍无结果。该县究竟为何缴纳不上夏粮赋税，朱元璋没有提供解释。总之就是怎么都缴不上，拖到最后没办法，知县徐颐只好命人前往负责收粮的仓库行贿，希望仓库出具夏

---

　　① 《御制大诰三编·臣民倚法为奸第一》。《洪武御制全书》，第863—864页。

　　② 李子安率胥吏抓捕关押了十五名钦差旗军后的行为，颇使人迷惑难解。按朱元璋的说法，"（李子安）自知非理，朦胧妄申都察院定夺。都察院着令解院施行，其李子安又行设计，却将旗军解赴府军前卫，以至事发"。（见《御制大诰三编·臣民倚法为奸第一》，《洪武御制全书》，第864页。）都察院的职责是"纠弹百司，辩明冤枉"，李子安向都察院喊冤合情合理，这意味着他有一套自己如何被钦差旗军构陷的说辞（朱元璋将之定性为"朦胧妄申"）。但当都察院下令将涉案钦差旗军送往都察院接受讯问调查时，李子安却做出了难以理解的行为，他竟将钦差旗军押往府军前卫。府军前卫是负责京城安全工作的皇家亲军之一，许多钦差旗军便出自该部队。部队从自身利益出发，必然袒护麾下军士。李子安将钦差旗军送回部队，便等同于放弃了求生的挣扎。朱元璋的"以至事发"四个字，便是此意。朱元璋在《御制大诰续编》中讲述的一个案例，或许有助于理解李子安的行为："为旗军往广东提取积年民害吏，将各吏疏放在路，经由本县，索舡扰民，（建阳县）知县郭伯泰等将旗军固禁，复枷罪吏，以状来闻。特遣行人持敕，劳以尊酒，升知县郭伯泰为泉州府同知，县丞陆镒为福州府通判。"大意是：朱元璋派了钦差旗军，前往广东抓捕害民胥吏。结果有钦差旗军路过福建建阳县时不好好押送害民胥吏，且索要舟船扰民，当地知县郭伯泰将钦差旗军抓捕关了起来，又给害民胥吏套上了枷锁，然后将情形汇报给了朱元璋。朱元璋接到汇报后表彰了郭伯泰等人，给他们升了官。见《御制大诰续编·有司超群第九》，《洪武御制全书》，第801页。

粮已收的证明，帮助建昌县先渡过这一关，日后再将粮食补上。此事被人告发后，刑部派了旗军张观等人前往建昌县抓人。知县徐颐先是"将刑房吏喻俊轻隐藏"，让负责与旗军对接的刑房胥吏玩失踪，只让吏房胥吏徐文政出面应付旗军。再之后，知县与胥吏们便集体消失了，连续二十余日不走县衙正门，全偷偷从后门出入。旗军们在县衙前等消息等得不耐烦，忽然有一天再次见到吏房胥吏徐文政，便将其抓住，欲送往京城交差。知县徐颐觉得自己已被逼上绝路，遂率领众胥吏一起动手，"将各军罗织，抢入县厅跪问，诬以直行正道，于县门下监锁"——把旗军们抓了起来，弄到县衙大厅上审讯，诬陷他们在县衙内行走正门的直道（朱元璋严禁钦差旗军等"径由中道，直入公廨，据公座"，违者"拿至京师，官民皆枭于市"①）。可惜的是，有三名旗军逃走后回到京城告状。徐颐见事情败露，只好改变策略，将抓捕的旗军释放，组织了一批本县老人前往京城奏保自己。②

和李子安一样，徐颐的结局也是被朱元璋下令凌迟示众。

第三例发生在金华府，案情与前两例略有一些差异：

①　《御制大诰续编·妄立干办等名第十二》，《洪武御制全书》，第803页。在洪武时代，状告钦差旗军"直行正道"获得成功的案例也是有的，如洪武十八年（1385），池州府知府王希颜、推官林惟贤状告钦差舍人刘蛮儿押解犯人路过池州府时"驰正道，直入公厅"，王希颜将其擒拿后"加之以刑"，并报告给朱元璋，结果得到了赐酒的嘉赏。见《御制大诰续编·有司超群第九》，《洪武御制全书》，第801页。这种御状是否能告成功，其实全凭运气。王希颜对钦差舍人用刑，本质上与殴打钦差旗军并无不同，若按"朱升一案"里朱元璋制定的规矩——"若旗军纵有赃私，所司亦当奏闻区处，安可轻视"——王希颜等官员也很有可能倒大霉。

②　《御制大诰三编·臣民倚法为奸第一》，《洪武御制全书》，第863页。地方官通过发动地方百姓向朱元璋请愿来保全性命，也有成功的案例，如洪武十八年（1385），诸城县知县朱允恭与金坛县丞李思进被整肃后，两县的"父老"各自联名递材料给朝廷，说朱允恭与李思进"为政有方"，希望不要将他们抓走。朱元璋没有去做更多的调查，便答应了这些"父老"的请求。见《御制大诰续编·有司超群第九》，《洪武御制全书》，第801页。

　　金华府县官张惟一等，出备银、钞、衣服等项，赍送钦差舍人。舍人不受，就欲擒拿，特令府官封收其物。府官自知其难，舍人临行，其府官发忿，故纵皂隶王讨孙等殴打舍人。事觉，皂隶断手，府官之罪，又何免哉。[①]

　　前两例中的地方官与钦差旗军交恶的导火索是旗军要抓胥吏入京。本例中张惟一与钦差舍人交恶的导火索，则是张惟一行贿未遂。钦差舍人前往金华县，具体是何目的，朱元璋没有提及，但大方向一定是整顿吏治。所以，张惟一见到钦差舍人来到自己的治所，内心必定非常忐忑。

　　张惟一的忐忑，与其说源于对自身清廉的不自信，不如说源于对洪武时代"无几时无变之法，无一日无过之人"的恐惧。《御制大诰三编》的第二条里，朱元璋披露过一个非常恐怖的事实：频繁的杀戮之下，明帝国的官吏已严重不够用，迫不得已只好让已被定罪者继续在衙门里任职，以维系明帝国的统治，避免其进入无政府状态。如刑部主事当中，王本道与徐诚被判了"徒罪"和"绞罪"，庞守文被判了"斩罪"和"绞罪"，因为所在衙门没人了，他们便继续以罪人的身份在刑部任职。监察御史当中，罗师贡被判了"徒罪"和"绞罪"，陈宗礼被判了两次"斩罪"，张翚被判了"砌城安置罪"和"绞罪"，李哲被判了"流罪"和"斩罪"，也因为所在衙门没人了，这些人便继续以罪人的身份在御史衙门任职。其他如光禄司署丞刘辐、户部主事黄健、工部主事李巽等，也是同样的情况。仅该小节被朱元璋列举出名字来的"戴罪还职"或"戴罪发充书吏"者，便有三百余人之多[②]。

　　对官吏们而言，"戴罪还职"或"戴罪发充书吏"并不是什么值得庆幸的事情。一者，不杀头，不意味着不受刑。管理龙江卫仓库的"官攒人等"（官攒人是官与攒的合称：官指的是主管仓库的官员；攒指的是在仓库工作的基层役吏攒典，也就是胥吏），因"郭桓案"受到牵连遭遇整肃，朱元璋命令他们

---

　　① 《御制大诰初编·皂隶殴舍人第十八》，《洪武御制全书》，第756页。
　　② 《御制大诰三编·进士监生不悛第二》，《洪武御制全书》，第868—892页。

继续戴罪管理仓库，同时还对他们集体施以"墨面文身，挑筋去膝盖"①的酷刑。二者，现在没被杀头，不意味着将来不杀头。只要洪武时代的整肃运动不停止，再次遭诛的威胁便时刻高悬。龙江卫仓库那些已被挑断脚筋挖掉膝盖的"官攒人等"，不到半年，便又集体死在了下一轮整肃运动中。

"无几时无变之法，无一日无过之人"一语，出自亲历过洪武时代的解缙之口。洪武二十一年（1388），朱元璋以"义则君臣恩犹父子，当知无不言"的话术，鼓励刚刚完成科考步入官场的解缙给朝政提意见。解缙于是进呈了一篇密奏，内中便将朱元璋的统治概括为"国初至今将二十载，无几时无变之法，无一日无过之人"，只闻"震怒锄根剪蔓诛其奸逆"，而"未闻诏书褒一大善"，仿佛这世上全无一个好人。②解缙不会当着朱元璋的面污蔑洪武时代，他的感受是洪武时代全体官员们的感受，自然也是张惟一的感受。所以，不管张惟一有没有贪赃枉法（除了殴打钦差舍人，《大诰》中未提及张惟一是否被查出其他罪行），钦差舍人来到了金华府，便意味着一场巨大的危机降临。为了消除危机，张惟一决定拿上银两、银钞与衣服，去贿赂钦差舍人。

问题是，张惟一觉得"无一日无过之人"的现实很可怕，钦差舍人也同样如此觉得（何况他们的日常工作离朱元璋更近）。钦差舍人不愿为了些微银两和几件衣服，便将自己推入绝境，所以不肯受贿，还试图以行贿为由，将张惟一抓起来法办。被逼到绝境的张惟一，遂不顾后果泄愤，发动手底下的胥吏，直接将钦差舍人给揍了。胥吏们愿意服从张惟一的指示去做这种事，显示他们之间是一个比较稳固的利益共同体。

此案的结局是：参与殴打行动的胥吏们被断手，张惟一也遭到了严惩——朱元璋说"府官之罪，又何免哉"，没说具体惩罚是什么。笔者推测应是被杀，因钦差舍人乃是贯彻朱元璋意志之人，张惟一是殴打钦差舍人案的主导者，朱元璋不可能让他活着（朱升一案便是按这种逻辑处理的）。

以上案例，包括朱升一案在内，皆可视为弱小个体被无远弗届的巨大恐惧

---

① 《御制大诰·刑余攒典盗粮第六十九》，《洪武御制全书》，第782页。

② 《文毅集》卷一《大庖西封事》，钦定四库全书本，第01—03页。

笼罩、无法把握自身命运时的行为失常。这些官吏清楚殴打囚禁钦差旗军、钦差舍人的后果。清楚后果仍要这么做，是因为他们自觉已再无其他求生之法，只求一泄胸中积愤。当然，也有一些被整肃的胥吏走得更远，比如举旗造反，落草为寇。洪武二十二年（1389）前后，广西平乐府富川县一名叫作首赐的"逃吏"，便选择了做山大王，"纠合贼人盘大孝等为乱，杀知县徐原善等，常往来富川、永明、江华三县劫掠"①。

除了积愤爆发殴打钦差，洪武时代被整肃的官员与胥吏，也有极端"理性"的另一面。

比如，吏部主事萧惟一因为"误将奏本出外，被守卫军搜出"，被送往都察院审讯。审讯期间，萧惟一"索本部官银三百两。如无，便乱指"②，向吏部主官索要三百两银子，声称若不给，便要在受审时故意攀咬吏部主官。显而易见，这是一种"绝望的理性"——萧惟一清楚自己的人生已经完了，即便不死，被罚去做胥吏或服劳役也不会有什么好结局，不如趁着被刑讯的机会攀咬威胁上司。刑讯结束之后，便不会再有这样的"好机会"。

再如，绰号"小疾灵"的绍兴府余姚县胥吏叶彦彬，因事被整肃入狱后，也在狱中使出了与萧惟一完全相同的手段。他威胁那些与自己案子有关之人说，若不提供好处，便要在供词里将他们牵连进来。被威胁者只好求他"毋我对词"，允诺"以银相送"③。这也是一种"绝望的理性"——胥吏入狱，不管是死是活，人生都已基本完蛋。既然完蛋，便不如在完蛋之前再讹诈上一笔钱，即便自己享受不到，也可以留给家人。

朱元璋将萧惟一与"小疾灵"的案子写入《大诰》，是为了以之为例，批判洪武时代官员与胥吏的道德品质极其恶劣，简直已无可救药。他丝毫没有意识到，时代的道德滑坡，往往是从政治滑坡开始的。

---

① 《明太祖实录》，洪武二十二年十二月戊午条。
② 《御制大诰续编·朝臣蹈恶第五十》，《洪武御制全书》，第827页。
③ 《御制大诰初编·奸吏建言第三十三》，《洪武御制全书》，第764页。

第五章　陈寿六案：百姓人人自危

> 许城市乡村贤良方正、豪杰之士，有能为民除患者，会议城市乡村，将老奸巨滑及在役之吏、在闲之吏，绑缚赴京，罪除民患，以安良民。敢有邀截阻当者，枭令。拿赴京之时，关津渡口毋得阻当。
>
> ——《御制大诰·乡民除患第五十九》

一、天字第一号百姓

常熟人陈寿六，突然成了洪武时代最耀眼的政治明星。

按朱元璋《御制大诰续编》里的说法，这位江苏的普通农民平日里常受到当地"害民甚众"的县吏顾英的侵害。忍无可忍后，陈寿六与自己的弟弟、外甥联手，将顾英绑起来，手持朱元璋亲自编写的《大诰》，来到京城告御状。朱元璋很欣赏陈寿六的行为，赏给陈二十锭银钞，赐给三人各两件衣服，免除陈寿六三年的"杂泛差役"，并下旨将此事通报全国，予以表彰。朱元璋说，如果有人敢罗织罪名报复陈寿六，我会将其"族诛"！如果陈寿六仗着我的名头横行乡里，我也不会庇护他。但是，"陈寿六倘有过失，不许擅勾，以状来闻，然后京师差人宣至，朕亲问其由"——地方官员无权决断惩处陈寿六的过失，需将他召到京城，由朱元璋亲自审理。末了，朱元璋赞扬道："其陈寿六其不伟欤！"①

如此这般，陈寿六便成了归朱元璋直接领导的明帝国天字第一号百姓。

陈寿六的故事，只是洪武年间千万个类似故事中的突出一例。洪武十八年（1385）、十九年，在通往南京城的各条驿道上，常能见到这样的场景：百姓们带着干粮，三五成群或百十为伍，押着几个手脚捆绑结实的富民或者胥吏，匆匆赶路。遇有官吏盘查，便从怀里掏出几本小册子。见到这些小册子，官吏们立刻收起威风，恭请他们过关。

这种场景的起因，是朱元璋在洪武十八年（1385）颁布的《大诰》里，出台了一项新政策：号召百姓举报贪官并抓捕害民胥吏。采取这种破天荒的做法，或许是缘于胥吏殴打钦差之类的事件频发，让朱元璋深感依赖军队（钦差旗军）与近侍（钦差舍人）去整肃官吏是不够的，运动的规模与深度必须进一步扩大。

朱元璋首次明确鼓动底层民众站起来与害民官吏作斗争，是在《御制大诰》的第三十六条：

> 自布政司至于府、州、县官吏，若非朝廷号令，私下巧立名色，害民取财，许境内诸耆宿人等，遍处乡村市井连名赴京状奏，备陈有司不才，明指实迹，以凭议罪，更贤育民。及所在布政司、府、州、县官吏，有能清廉直干，抚吾民有方，使各得遂其生者，许境内耆宿老人，遍处乡村市井士君子人等，连名赴京状奏，使朕知贤。凡奏是奏非，不许三五人、十余人奏。且如府官善政，概府所属耆老，各县皆列姓名具状。其律内不许上言大臣美政，系干禁止在京官吏人等毋得徇私党比，紊乱朝政。在外诸司，不拘此律。②

大意是：从布政司而下到各府州县，若有官吏在朝廷的名目之外另设项目

---

① 《御制大诰续编·如诰擒恶受赏第十》，《洪武御制全书》，第802页。

② 《御制大诰·民陈有司贤否第三十六》，《洪武御制全书》，第765—766页。

压迫百姓谋取钱财，允许境内的"耆宿"联名进京告状。地方官吏若是清廉能干爱护百姓，也允许境内的"耆宿"和"士君子"联名进京表彰。无论是告状还是表彰，均不许纠集三五人、十余人便轻率赴京。比如要向朝廷汇报府官的善政，便需有该府下属各县所有的"耆老"联合署名才行，而且不许以朝中大臣为联名表彰对象。

不许百姓们三五人、十余人便进京告状（表彰），是为了降低受理诉状（表扬信）的行政成本。但要取得本地所有"耆老"的签名也很不现实。所以，在《御制大诰》第四十五条中，朱元璋又给出了一项补充规定：

> 自今以后，若欲尽除民间祸患，无若乡里年高有德等，或百人，或五六十人，或三五百人，或千余人，岁终议赴京师面奏，本境为民患者几人，造民福者几人。朕必凭其奏，善者旌之，恶者移之，甚者罪之。①

意即，每年年末之时，允许民众以五六十人、百余人、三五百人乃至千余人的规模，赴南京告状揭发祸害民众的官吏。

为免告状者遭到刁难，朱元璋还在《御制大诰》第四十六条里宣布：

> 凡布政司、府、州、县耆民人等，赴京面奏事务者，虽无文引，同行人众，或三五十名，或百十名，至于三五百名，所在关津把隘去处，问知面奏，即时放行，毋得阻当。阻者，论如邀截实封罪。②

意思是：但凡集体进京告状者，即便没有文件路引，各处关隘也要放行，否则按"邀截实封"论罪。"邀截实封"即阻截给朝廷的密奏，依律当斩。

需要注意的是，上述允许民众集体进京告御状的政策虽然"官、吏"

---

① 《御制大诰·耆民奏有司善恶第四十五》，《洪武御制全书》，第769页。
② 《御制大诰·文引第四十六》，《洪武御制全书》，第770页。

并提，但这主要是针对官员的。对于胥吏，《御制大诰》制定了更激进的政策，百姓无须进京告状，便可直接将"害民胥吏"抓捕起来，捆绑送入京城：

> 今后布政司、府、州、县在役之吏、在闲之吏、城市乡村老奸巨滑顽民，专一起灭词讼，教唆陷人，通同官吏害及州里之间者，许城市乡村贤良方正、豪杰之士，有能为民除患者，会议城市乡村，将老奸巨滑及在役之吏、在闲之吏，绑缚赴京，罪除民患，以安良民。敢有邀截阻当者，枭令。拿赴京之时，关津渡口毋得阻当。^①

总之：一，对于害民官员，百姓只有进京举报的权利，即所谓的"有司不如命者，民赴京诉"^②；对于害民胥吏，百姓则可直接将其抓捕进京。二，举报害民官员，有联名者身份和人数方面的限制；抓捕害民胥吏，"城市乡村贤良方正、豪杰之士"皆可为之，且无人数限制。

之所以针对害民官员的政策更保守，针对害民胥吏的政策更激进，是因为朱元璋明白，官僚系统是明帝国维持运作所必需的统治基础。放任民众直接冲入衙门抓捕官员，即意味着明帝国的官僚系统会彻底瘫痪。在发动群众这件事情上，朱元璋是大胆的，也是谨慎的。

这种官与吏区别对待，自《御制大诰》一直贯穿到《御制大诰三编》，从来没有变更过。《御制大诰三编》第三十四条写得很明白：

> 今后所在有司官吏，若将刑名以是为非，以非为是，被冤枉者告及四邻，旁入公门，将刑房该吏拿赴京来；若私下和买诸物，不还价钱，将礼房该吏拿来；若赋役不均，差贫卖富，将户房该吏拿来；若举保人材，扰害于民，将吏房该吏拿来；若勾捕逃军力士，卖放正身，拿解同姓名者，

---

① 《御制大诰·乡民除患第五十九》，《洪武御制全书》，第776页。
② 《御制大诰续编·遣牌唤民第十五》，《洪武御制全书》，第804页。

邻里众证明白，助被害之家将兵房该吏拿来；若造作科敛，若起解轮班人匠卖放，将工房该吏拿来。……其正官、首领官及一切人等，敢有阻当者，其家族诛。①

明代衙门有"三班六房"。"三班"指的是负责缉捕罪犯、看守牢狱、站堂行刑等职务的快、皂、壮三班；"六房"指的是与六部对应的吏、户、礼、兵、刑、工六房。三班设衙役，六房设胥吏。朱元璋说，若有官吏害民，百姓可以"旁入公门"，将与自己的冤屈相对应的六房胥吏抓起来绑送京城。但百姓们无权抓捕官员，只能进京举报。考虑到官员与胥吏往往一体，必会试图阻碍百姓抓胥吏，所以《大诰》里又威胁说，若有官员胆敢阻挠，必将诛其族。

朱元璋相信自己发现了整顿吏治的绝妙法门。他自信满满地对明帝国的百姓们说："若民从朕命，着实为之，不一年之间，贪官污吏尽化为贤矣。"②只要百姓们积极响应，用不了一年，天下所有贪官污吏都会被迫改邪归正，成为贤能之士。陈寿六能够成为由朱元璋直接领导的天字第一号百姓，便是因为他第一个站出来响应朱元璋的号召，正所谓"前者《大诰》一出，民有从吾命者，惟常熟县陈寿六"。

破天荒的新政策需要一个鲜活的榜样，陈寿六正好踩在点上。

二、倒霉的何添观与马德旺

将陈寿六树立为正面榜样的同时，朱元璋也在寻找负面榜样。

撞到枪口上的是两个底层胥吏。一位名叫何添观，是淳化镇的巡检，从

---

① ②   《御制大诰三编·民拿害民该吏第三十四》，《洪武御制全书》，第917页。

九品，相当于地方捕盗官①。一位名叫马德旺，是淳化镇的弓兵，也就是负责捕盗、维持治安的衙役。洪武十九年（1386）三月，嘉定县百姓郭玄二等两人"手执《大诰》赴京，首告本县首领弓兵杨凤春等害民"，也就是进京状告本县的衙役头目。他们经过淳化镇，被何添观与马德旺拦住，何、马二人提出：郭的告状材料可由他们递送至京城（淳化镇离南京城不远），但需郭玄二等人提供路费。

朱元璋知晓此事后，下令将何添观"刖足枷令"，砍掉脚之后铐上枷锁示众，将马德旺直接诛杀，"枭令示众"并以之为案例，警告明帝国的官吏们："今后敢有如此者，罪亦如之。"②

其实，若严格对照《御制大诰》的规定，何添观与马德旺二人并无过错，甚至应该获得表彰。

如前文所引，朱元璋在《御制大诰》第三十六条里说得很明白："凡奏是奏非，不许三五人、十余人奏。"郭玄二进京告状只有两人同行，明显与《御制大诰》的规定人数不符。《御制大诰》第四十六条里，明确规定不许阻挡"赴京面奏事务者"，但同时也提到了告状者的人数，须是"或三五十名，或百十名，至于三五百名"。此外，郭玄二状告的是本县衙役头目，按《御制大诰》第五十九条的规定，其实无须入京告状，可以由"贤良方正"与"豪杰之士"联合本乡百姓，将其"绑缚赴京"。郭玄二没有将"本县首领弓兵杨凤春等"绑上京城，似可说明他未能取得本地"贤良方正"与"豪杰之士"的支持。

淳化镇距南京不远，是进出京城的交通要道。设立巡检司于此，除捕盗外，还有一项重要任务是管控人员流动，防止不明人员流入京城。何添观与马德旺在巡检司任职，自然清楚这项职责的重要性，也必然对《御制大诰》的内

---

① 按《明史·志第五十一·职官四》"巡检司"条的记载，"巡检、副巡检，俱从九品，主缉捕盗贼，盘诘奸伪。凡在外各府州县关津要害处俱设，俾率徭役弓兵警备不虞"。

② 《御制大诰续编·阻当者民赴京第六十七》，《洪武御制全书》，第840页。

容烂熟于心。所以，拦截到郭玄二等两人后，他们便陷入了一种两难：《御制大诰》里严禁阻挡"赴京面奏事务者"，但同时也对入京告状者的人数做了明确限制。郭玄二等两人勉强符合前一条，却明确不符合后一条。究竟该怎么办，才能调和这种冲突，免遭"违反《大诰》"带来的杀身之祸？

据朱元璋的描述——"其巡检何添观刁蹬留难，致使弓兵马德旺索要钞贯，声言差人送赴京来"——来推测，何、马二人想出来的变通之法应该是：郭玄二等两人需留在淳化镇，不得进京（即朱元璋所谓的"刁蹬留难"）；其告状材料可由淳化镇巡检司派人送入京去，此行存在路费和人力成本，需由郭玄二等两人支付（即朱元璋所谓的"索要钞贯"）。如此，既没有阻挡"赴京面奏事务者"，也不违背《大诰》关于入京告状者的人数限制，可谓两全其美。

遗憾的是，这番深思熟虑，却反将何添观与马德旺推入了万劫不复之地。朱元璋正孜孜不倦地寻找负面典型来开刀，试图以残酷的杀戮来震慑众人，根本无心体察何添观与马德旺在《大诰》不同条目之间用心良苦的辗转腾挪。而且，鉴于《御制大诰》的正式颁布时间是洪武十八年（1385）十一月，被拿出来做负面典型的"何添观与马德旺案"，却发生在洪武十九年三月，似可推断反面典型其实不太好找。支撑该推断的一个证据，是自嘉定县到淳化镇，沿途有苏州、常州等府，当地官府皆未拦阻郭玄二等两人。

陈寿六这个正面榜样，与何添观、马德旺这两个负面榜样，同时由《御制大诰续编》树立起来，意味着洪武时代的"民众抓胥吏运动"，已经彻底取消了人数方面的限制（陈寿六抓"害民胥吏"上京时，也只有自己与弟弟、外甥三人）。接下来，朱元璋还将继续松绑，将这场"抓害民者"的群众运动，从抓胥吏扩大至抓官员，再扩大至抓普通百姓。

三、可怜的先进典型王复春

前一章《朱升一案》曾提到，朱元璋为洪武时代制定的胥吏配备标准过低，由正规渠道招募的胥吏人数严重不足，导致地方官员必须私自雇佣临时胥吏，才能完成朝廷摊派的汲取与控制任务。这些临时胥吏，很快便引来了朱元璋狂风暴雨般的打击。

"抓害民者运动"开启后，朱元璋在《大诰》里以物资赏赐来鼓动百姓，号召他们将这些临时胥吏抓捕入京：

> 今所在有司，故违法律，滥设无藉之徒。其徒四业不务，惟务交结官府，捏巧害民，擅称的当、干办、管干名色，出入市村，虐民甚如虎狼。今再《诰》一出，敢有仍前为非者，的当人、管干人、干办人，并有司官吏，族诛。《诰》不虚示。设若《诰》不能止其弊，所在乡村吾良民豪杰者、高年者，共议擒此之徒，赴京受赏。若擒的当人一名、干办人一名、管干人一名，见一名赏钞二十锭，的不虚示。①

"的当人"的意思，大概相当于值班者、轮值者，"管干人"与"干办人"可以简单理解为"管办某司公事者""干办某司公事者"②。在洪武时代，这类名目往往指衙门招收的临时工。朱元璋不许衙门招收临时工，遂鼓励乡村良民里的"豪杰者、高年者"，若发现有这类临时工，便可将他们抓捕起来送入京城。抓住一人，赏银钞二十锭。值得注意的是，虽然朱元璋宣布临时工要被诛族，招募临时工的"有司官吏"也要被诛族，但他鼓励民众抓捕的对象仅限于临时工，奖赏政策也只针对抓捕临时工。

《御制大诰三编》里记载了一桩颇有助于理解上述政策的案子。据朱元

---

① 《御制大诰续编·滥设吏卒第十六》，《洪武御制全书》，第804页。

② 龚延明：《简明中国历代职官别名辞典》，上海辞书出版社2016年版，第32页。的当人、管干人与干办人，皆是明代以前便有的名目。

璋讲，案件发生在北平布政司永平府滦州乐亭县，该县主簿汪铎等人"妄起夫丁，民有避难者，受财出脱之，每一丁要绢五匹"。向民间征召壮丁，有人不想去便需缴纳五匹绢。结果派下去征召壮丁的"的当人、说事人、管事人"，也就是那些临时工，皆被"高年有德耆民赵罕辰等三十四名"给抓了，绑起来准备送往京城。走到半路，何浚等十名临时工幡然悔悟，与抓他们的三十四名乡民结成合作关系，转而前往县衙"将害民工房吏张进等八名绑缚起行"。于是，乡民加临时工共计四十四人，押着八名被捆绑得结结实实的衙门工房胥吏，浩浩荡荡启程往南京走。走出县城四十里，县衙主簿汪铎等人追了上来，对众人说："我十四岁读书，灯窗之劳至此，你可免我此番，休坏我前程。"结果自然是恳求无效。胥吏们最终被绑送到了南京，案子也被送到了朱元璋的面前。[1]

这桩案子有两处值得注意的地方。第一处是衙门招收的临时胥吏被民众抓捕后，转而投靠了民众，而民众也愿意接受这种投靠。这大概是因为临时胥吏来自民间，与这些民众本就存在千丝万缕的社会关系乃至宗族关系——为了保证税赋和壮丁的汲取，衙门选派去征税征丁的临时胥吏，往往便来自征税征丁地区。第二处是众人冲入县衙后，只抓捕了负责摊派劳役的工房胥吏，没有去碰县衙主簿汪铎这些基层官员。显然，以"耆民赵罕辰"为首的这批百姓，深入领会到了朱元璋《大诰》里的政策细节，知道胥吏可以直接抓，但官员还不能碰。

那么，是不是洪武时代的百姓，便绝对无权抓捕官员呢？也不是。朱元璋很谨慎地开了一道小口子，允许百姓在特定情况下抓捕官员：

> 十二布政司及府、州、县，朕尝禁止官吏、皂隶，不许下乡扰民，其禁已有年矣。有等贪婪之徒，往往不畏死罪，违旨下乡，动扰于民。今后敢有如此，许民间高年有德耆民率精壮拿赴京来。[2]

---

[1] 《御制大诰三编·县官求免于民第十七》，《洪武御制全书》，第904页。

[2] 《御制大诰续编·民拿下乡官吏第十八》，《洪武御制全书》，第805页。

洪武年间，朱元璋长期实施"不许官吏下乡"的政策（与之配套的是粮长、里长与遣牌唤民等制度）。该政策的目的是防止官吏扰民索贿，避免激化民众与官府之间的矛盾。朱元璋希望以粮长、里长等制度，作为沟通衙门与乡民的缓冲。衙门有事便压给由富民担任的粮长与里长，再由粮长与里长将负担压给民众。若是官府发现赋税没有征足、劳役数量不够，也会将惩罚施加在粮长与里长身上，而非直接去压迫百姓。如此，百姓有怨便会聚焦于同属乡民的粮长与里长，而非官府衙门。大体而言，洪武时代的粮长与里长的性质，约等于地方政府的"包税人"和"承保人"。除了粮长与里长，乡村中不被允许存在任何其他权威；而粮长与里长由乡村富户担任，"皆岁更"，也就是每年一换，又排除了他们在基层培植力量的可能性。[①]结果便是粮长与里长只有替官府征税征丁、替官府背害民黑锅的义务，而无其他福利，许多人因此家破人亡。

理解了"不许官吏下乡"政策的背后存在这样一番"深谋远虑"，便不难明白，朱元璋为何不满足于仅仅用严刑峻法去惩办那些坚持下乡的官吏（就治理地方而言，基层官员其实是有必要下乡的；就收取贿赂而言，基层官吏也有下乡的欲望），还要特意开口子允许"高年有德耆民"（有好名声的老人）率精壮将下乡官吏抓起来绑送京城。允许百姓在村里抓捕官员，不同于允许百姓冲入衙门抓捕官员，朱元璋不担忧明帝国的统治基础（也就是官僚集团）因此崩坏。

新政策确实产生了一些效果。《御制大诰三编》里总结说："朕见府、州、县官吏苦民极甚，特不许有司差人下乡，有司官吏亦不许亲自下乡。法已行，官吏守者且有一半，民甚安矣。"朱元璋认为有半数官吏为了保命，遵守了不准下乡的规定。随之而来的，却是税赋与壮丁的汲取发生了困难："有等恃倚《诰》文，非理抗拒有司，里甲粮长不肯趋事赴工，以致家破人亡者多矣。"[②]有些百姓仗恃着《大诰》，抗拒官府的征税征丁，里长与粮长也不肯

① 高寿仙：《明代农业经济与农村社会》，黄山书社2006年版，第169页。
② 《御制大诰三编·臣民倚法为奸第一》，《洪武御制全书》，第863页。

努力替官府去做汲取工作，因此受到惩处而家破人亡者不计其数。典型者，如"顽民余永延等故行抗拒，不服牌唤，三牌不至者二百五十一户"，"顽民人刘以能，不止三牌不行，倒将承差人绑缚赴京"①。

里长与粮长们"不肯趋事赴工"的做法很容易理解。以粮长为例，他们是乡民的一分子，本无动力去替官府压榨乡民（洪武时代官田的赋税很高，征税形同压榨）。官府逼得紧，不压榨乡民，粮长便需自己出血来补足差额，于是只好压榨；但若压榨过程中造成冲突，粮长又会被扣上"为富不仁""虐吾良民"之类的帽子，被拿来开刀以安抚民心。做了粮长，便等于被架到了火上烤，无论怎么翻动怎么腾挪，都只有被烤熟一种结局。官吏不再被允许下乡，意味着官府施加的压力变小，本就厌恶承担压榨工作的里长与粮长们，自然就要消极怠工。

里长与粮长们消极怠工，官府的赋税与劳役汲取任务完不成，担忧受到惩罚的官吏们就会忧心如焚。于是，就出现了《御制大诰三编》所载的这种悲剧：

> 同知王复春，先任宜兴县主簿，言常州府官差人下县及乡，扰害官民，诉甚有理，朕即命礼部差人赍朕制谕及酒醴以劳，即升常州府同知。不半年余，本官奸究并出，亲自下乡，临民科扰。②

这位王复春，曾被朱元璋树为正面典型，是《御制大诰续编》里点名表扬过的优秀官员。③他做宜兴县主簿时，因状告上级常州知府衙门存在种种害民行为（其中便包括官吏下乡害民），得到了朱元璋的赞赏，朱元璋让进士拿着美酒前往慰问，将其提拔为常州府同知。孰料，这位先进典型去常州府任职不到半年，竟也犯下了"亲自下乡"的罪行。事情捅到朱元璋跟前，他暴跳如雷，

---

① 《御制大诰三编·民违信牌第三十六》，《洪武御制全书》，第918页。
② 《御制大诰三编·沽名肆贪第四》，《洪武御制全书》，第892—893页。
③ 《御制大诰续编·有司超群第九》，《洪武御制全书》，第801页。

下令将其枷项示众，"遍历九州之邑"[①]——给王复春脖子戴上枷锁，来一场全国衙门大巡游。

王复春的幸运是偶然，不幸却是必然——遵守《大诰》的规矩不亲自下乡，里长与粮长们便"不肯趋事赴工"，税赋与壮丁就征不上来。征不上来，王复春自己就要遭受惩罚。亲自下乡的代价，是要承受被人告发的风险。两害相权取其轻，税赋与壮丁汲取不力无法掩饰，亲自下乡却未必百分百会被告发，王复春只能选择后者。这位曾经的先进典型，实际上是一个被朱元璋的新政牢牢困住的可怜人。

四、进退失据的"富民"

被朱元璋的新政牢牢困住的，不只是官员与胥吏，也包括普通百姓，尤其是所谓的"富民"。

《御制大诰续编》第五十五条里，朱元璋站在"富民"一边，痛斥各级地方政府将运送物资前往京城这项工作（解纳），故意摊派给地方富户，而不是按惯例由本衙门的官吏负责运送：

> 如安庆府、苏州府、江西布政司等处，临解物之际，多不差经该人员，每每着令富户起解，故意虐吾良民。此《诰》一出，凡在官之物起解之际，须差监临主守者。若是布政司、府、州、县不差监临主守，故差市乡良民起解诸物，因而卖富差贫，许市乡年高耆宿、非耆宿老人及英壮豪杰之士，将首领官并该吏绑缚赴京。若或深知在闲某人，或习狡好闲民人教此官吏，一发绑赴京来。有司官吏精目是《诰》，勿堕此宪，敢有故

---

① 《御制大诰三编·沽名肆贪第四》，《洪武御制全书》，第893页。

违，族诛之。①

官吏们为什么要这样做？朱元璋也隐隐约约透露了其中原因。他说，地方衙门从前都是派官吏运送物资，这些官吏到了京城之后，就弄出"阴谋结党，虚出实收"的事端，结果"诛戮者甚多"，导致明帝国的官吏都不够用了，只好让"余人复任是职"，让剩下没被诛杀者继续戴罪任职。结果这些人"不数月仍蹈前非"②。意即：官吏们被一次又一次的杀戮给吓怕了，将运送物资入京视为高度危险的差事，于是各地方衙门不约而同，集体选择了将这项差事转移给本地"富民"。

朱元璋没有解释，为何运送物资进京的官吏，会普遍犯下"虚出实收"的罪行。

原因其实很简单。首先，解纳进京的物资有运输成本——成化年间，四川仪陇县输送生漆两斤、五倍子十斤去京城，这点东西的价值不超过四钱银子，结果"间关道路凡四阅月，其费将十倍"③，路上耗费了四个月，花掉的运费相当于物资价值的十倍。其次，这些物资大多数是农产品或手工业品，农产品有保质期，且活物容易在途中死亡④；手工业品也存在路途消耗等问题，如丝绸绢布等，很容易在运输途中因潮湿、雨水等缘故损坏。如此，便容易出现两种情况：

一，有些衙门的官吏比较"老实"，会选择在本地征收物资起运，但路途

---

①② 《御制大诰续编·民拿经该不解物第五十五》，《洪武御制全书》，第834页。

③ 《明宪宗实录》卷七十，成化五年八月戊午条。

④ 《御制大诰续编·岁进野味第六十八》便提道："应天府河泊所、常州府武进县、江西布政司、湖广布政司，皆为岁进野味。……其解物者，物有活者，则途中宰食之，存皮以进。又以死易活进，以肥易瘦，以微抵巨。……常州府工房吏杨仲和、猎夫孙华一等以香狸进，数本五枚，甲首先食其一，该吏又食其一，所存者三。及其进也，死者又一，止有二焉。呜呼！其敬之心安在？此果臣民乎？"可知输送活物进京是非常麻烦的事情。见《洪武御制全书》，第842页。

上难免出现损耗，到了京城后物资的数目对不上，便会选择给库官一些银钱来抵账。银钱的数目通常大于损耗物资的市场价。库官会拿着这些钱，等待市场上的相应商品价格合宜时买进，以补足仓库的缺额，多余的银钱则相当于库官的劳务费。这便是朱元璋所谓的"虚买实收"或"虚出实收"。二，有些衙门的官吏比较有想法，会选择派人带着钱，直接在京城或沿途地域购买解纳物资（有些官吏甚至会一路做买卖做到京城），这样既省去了许多运输成本，也避免了损耗。但风险在于，即便经验再丰富，商品的有无与价格的高低也总存在变数，无法按期买足解纳物资的情况难免发生，于是便仍得与库官做"虚买实收"的交易。①

朱元璋在《御制大诰续编》里提到的"虚买实收"案例，大体皆属于这两种情况。

比如，黄州府原感湖河泊所的渔户刘复三，负责运送两千五百斤鱼油进京，因为少了五百斤，便拿了八十贯银钞给对应仓库的管理人员。衡州府桂阳县的翟用等人，负责运送桐油入京，因为少了五百八十四斤，便拿了一百五十贯银钞给对应仓库的管理人员。九江府赤湖河泊所的钱福六，也是缺了鱼油和香油共计五百五十七斤，于是拿了三百一十贯银钞给对应仓库的管理人员。安庆府龙南莲若湖河泊所的郑德荣，情况要特殊一些，他负责进纳的是"鲜鱼油"，共计两千一百五十八斤，此外还有鱼鳔二十四斤。郑德荣抵京后遭遇调查，被发现既没有鲜鱼油也没有鱼鳔。他的辩解是尚未运到，朱元璋不信，认定郑德荣是想要"虚买实收"，用钱来解决问题。朱元璋的这个判断大概率是准确的。自安庆至南京，载运两千多斤鲜鱼油，大概

---

① 《御制大诰续编·解物封记第五十二》有一段相关记载："其所在诸司通同起解者，并不公同缄封，惟是散盛解行，却乃广用印信封皮，令解物人于身藏带。于所解之物，无所关防，沿途或以微抵巨，或以贱易贵，或虚买实收，止纳一半，观朝廷之隙为之，全不纳者有之，有抵库而不如数者有之。鞫问其由，其印信封皮悬带在身，至京方用。谓曰：'何若是？'对曰：'已与官吏交通，自起至京，便于抵换，亏折自由。'"见《洪武御制全书》，第832页。

得耗费个四五天，这对鱼油的保鲜是个很大的考验。带钱去南京置办物品，显然是更合适的做法。①

也就是说，"虚出（买）实收"既有贪腐的一面，也有以潜规则来弥补制度漏洞的另一面。②朱元璋的惩贪运动致力于消灭这一潜规则，输送物资前往京城便成了一件风险极大而收益极小的事情。这便是地方衙门官吏不约而同将该项差役摊派给民间富户的真实缘故。

痛斥完地方官府的成本与风险转嫁行为后，朱元璋宣布，若再发现有人胆敢这么干，便要对其实施"族诛"的酷刑。他还鼓励民众去将那些玩转嫁游戏的"首领官并该吏"及相关"闲人"抓起来绑缚入京。

若只单看《御制大诰续编》第五十五条，明帝国"富户"皆该为朱元璋鼓掌。然而，在《御制大诰续编》第五十九条里，朱元璋又横跳到了另一个立场，开始训斥起了明帝国的"富户"，说他们觉悟低下，不愿老老实实履行官府派下去的差役，反以行贿官吏的方式逃避，将所有差役都推到了"细民"（小户百姓）头上。他威胁说，若再有"富户"胆敢为逃避差役而向官吏行贿，全家都将被流放至遥远的边地：

> 官府一应差发，皆是细民应当。正是富家，却好不曾正当官差。算起买嘱官吏，不当正差。私下使用钱物，计算起来，与当差不争来去，不知

---

①　《御制大诰续编·民拿经该不解物第五十五》，《洪武御制全书》，第834—835页。

②　还有一种"虚买实收"的情况，普遍发生于税粮"揽纳户"之中。《御制大诰》第十九条写道："各处纳粮纳草人户，往往不量揽纳之人有何底业，一概将粮草付与解来。岂知无藉之徒，将钱赴京，止买实收，粮草并不到仓。及至会计缺少，问出前情，其无藉之徒，惟死而已。粮草正户，罚纳十倍，奸顽还可逭乎。"揽纳户替普通民众缴税粮，只带银钱入京，然后去向仓库管理人员花钱买一个"实收"的凭据，也是因为粮食的运输风险太高，潮湿、霉坏、倾覆等情形，皆会导致巨额损失，反不如带钱入京，虽然提供给仓库管理人员的银钱会大大高于粮食的市价，但较之运输粮食要承担的风险，仍极为合算。见《御制大诰·揽纳户虚买实收第十九》，《洪武御制全书》，第756页。朱元璋对此类现象实施严厉整治后，民间百姓的负担也随之加重了。

如何愚到至极之处。你这等豪民，却买免不当，贪官污吏故差豪民，使你等买免。卖尽豪户，然后定差贫民。贫民无物可买，着实应当。呜呼！似此小民，尚且应当，此害此苦，年年有之，不曾见细民家破人亡，大户习顽，直至家破人亡后已。此《诰》一出，豪富之家闻有差发，随即应当，不许出钱买免。尔若出钱买免，官吏贪污，心无厌足，其差故叠叠至门。不买官吏，着实应当，其官吏无可奈何。今后一体朕意，倘有官吏习蹬百端，尔勿贿赂；少加窘逼，缚吏赴京来奏。所在良民，必依朕言，官吏自清，民无横害。不依朕言，诱引官吏贪污，事发，全家迁于化外，不许与良民同于中国，的不虚示。①

对洪武时代的"富民"们而言，朱元璋的这段训斥，恐怕不会有多少说服力。他说官府所有的差役都由"细民"（小户百姓）承担，虽可赢得"细民"的欢心，却非实话，洪武时代的粮长一职，便普遍指定由富户担任。他责备富民们花钱贿赂官吏以免除差役，说这种行为造成的损失，与老老实实去服差役没什么区别（与当差不争来去），也非是在陈述事实，而更像是在做自我辩护（民间舆论多谓朱元璋的统治暴虐，他在《大诰》里多次提到过这种舆论）。正确计算得失是富人的基本素质，洪武时代差役繁重，因之倾家荡产乃至全家被诛的富民极多，粮长的普遍命运便是如此——《御制大诰三编》里曾提到，因未能"依期纳足"朝廷的税粮，"粮长张时杰等一百六十名，身亡家破"②。血淋淋的现实教训在前，富民们断不会信"好好替朝廷服差役便不会家破人亡"这种话。

所以，虽然《御制大诰续编》第五十五条赋予了本地耆老及英壮豪杰之士抓捕祸害富民之胥吏的权力，《御制大诰续编》第五十九条也重申了这种权力，但富民并不会因此获得安全感——在《御制大诰续编》第五十九条里，他们同样是朱元璋的批判对象，而在《御制大诰续编》的第四十五条里，他们更

———————————————

① 《御制大诰续编·民间差发第五十九》，《洪武御制全书》，第837页。

② 《御制大诰三编·拖欠秋粮第四十一》，《洪武御制全书》，第925页。

与胥吏一样，被朱元璋列为群众的可抓捕对象：

　　民间洒派、包荒诡寄、移丘换段，这等俱是奸顽豪富之家，将次没福受用财赋田产，以自己科差，洒派细民。境内本无积年荒田，此等豪猾买嘱贪官污吏及造册书算人等，其贪官污吏受豪猾之财，当科粮之际，作包荒名色征纳小户，书算手受财，将田洒派，移丘换段，作诡寄名色，以此靠损小民。此《诰》续出，所在富家当体朕意，将田归于己名，照例当差。倘不体朕意，所在被害人户及乡间耿直豪杰，会议将倚恃豪杰之家，捉拿赴京，连家迁发化外，将前项田土给赏被扰群民，的不虚示。①

　　所谓"民间洒派、包荒诡寄、移丘换段"，皆是富民隐匿财产的常规手段。洪武时代富民积极隐匿财产的主要动力，并不是逃税，而是为了逃避承担朝廷摊派的各种差事——这类差事往往会将富户折腾至倾家荡产。

　　前文已有介绍的粮长，便是一种常见差事。洪武时代专挑富民为粮长，许多富户因此家破人亡。巡阑也是一种常见差事，是一种朝廷摊派给百姓的无偿劳役，顾名思义，主要负责巡视稽查，拦路收税。比如宣课司（京城的商税征收机构）的巡阑，便相当于京城的商税稽查人员，他们必须完成朝廷定下的征税查税任务，但不会从朝廷那里得到任何报酬。洪武时代的政策是，宣课司巡阑"止取市民殷实户应当，不许金点农民"②，富户们不但得自己花钱花时间去给朝廷征税，完不成税收稽查任务时，还得拿自己的家产抵账。此外，他们还得忍受上级官吏的种种压榨。朱元璋在《御制大诰续编》里便讲了这样一桩案子：

　　应天府宣课司官点与巡阑，其大使张从义等定计害民，自将以为良

———————————

① 《御制大诰续编·洒派包荒第四十五》，《洪武御制全书》，第823页。
② 《大明会典》卷二十"赋役"。

计，岂知由此计而杀身。且如巡阑时子清一户，家有三丁。一丁充军，常川在役。一丁身役巡阑。本官计役一丁，作做饭名色，常欲差占。每朝要肉三斤，副使于进二斤，司吏攒典陈礼等人各一斤，皆系巡阑出办，故难本户，待买之后方已。事觉身亡。①

时子清家中有三个成年男丁，被朝廷定性为富户后，一个男丁被征发去充军，另一个男丁被征发担任京城应天府宣课司的巡阑。主要劳动力三去其二，时家的经济状况必然要走向恶化。更要命的是，时子清作为巡阑户，对外要替宣课司去征别人的税，在宣课司内部又要遭到大使、副使、司吏、攒典等诸多上司的压榨，必须每天向这些人分别提供少则一斤，多至三斤的肉食。时子清的遭遇偶然得到了朱元璋的关注，更多的时子清，如果遵纪守法，便只能无奈接受压榨，接受家境一天不如一天的命运；否则便只能利用巡阑的身份去压榨百姓，将上级官吏对自己的剥削，转移到比自己更弱势的底层百姓头上。

除了粮长、巡阑这类固定工作，洪武时代的富户们还需逃避官府临时摊派下来的各种差事。这类差事往往耗资甚巨。如第四章提到的李孝谦之父，便因富户身份多次被摊派去做修造战舰、管理粮食等方面的工作，多次被论罪。长子和三子先后替父服刑，不幸结束了年轻的生命。

为了逼迫富民"将田归于己名，照例当差"，逼迫他们将那些隐藏起来的田产公开出来，逼迫他们承认自己的富民身份，然后按洪武时代的规矩去承担衙门分派下来的差役，朱元璋在《御制大诰续编》的第四十五条里，启用了"发动小户斗大户"的策略，号召那些被摊派了差役的"被害人户及乡间耿直豪杰"站起来，去将那藏匿财产逃避差役的"豪杰之家"抓起来绑送京城。作为激励，他承诺被抓者将会全家流放边疆（没有任何报复小户的机会），其土地田产将被赏赐给参与斗大户的"被扰群民"（很直接的物质诱惑）。

---

① 《御制大诰续编·科取巡阑第二十九》，《洪武御制全书》，第813页。

五、没有人是安全的

由陈寿六案开始，朱元璋通过户户皆须恭读收藏的《御制大诰》与《御制大诰续编》，将"发动群众抓捕害民者"这一运动，一步步从抓胥吏扩大为抓官员、抓富民，最后终于走到了明帝国人人皆危的程度。

这种人人皆危，见于朱元璋在《御制大诰三编》中讲述的几个案例。

案例一。归安县有一个叫作杨旺二的百姓，趁里长攒造文册之际，将协助其工作的良民文阿华和甲首盛秀二给抓了起来，"绑缚拿至安吉县地面，私自监禁一月，百般欺诈银钞等物"，意思是若不给钱便要将二人当成害民者送往京城。敲诈得手后，杨旺二担心东窗事发，未遵守承诺，反仍将二人绑缚进京。朱元璋的判决是："如此排陷小民，肆奸玩法，枭令示众。"①

案例二。安吉县有个佃户名叫金方，租种了本县地主潘俊二的一亩六分地，连续两年没有交田租。潘俊二到金方家里去索讨，结果被金方"响应"朱元璋的号召，当作害民豪户给绑了起来，"骗要本人黄牛一只，猪一口，宰请众人饮吃。又行虚勒要潘俊二已收田租并不曾骗要牛只文书三纸，然后将潘俊二绑缚前来"，先是向潘俊二勒索黄牛、肥猪各一头，然后又逼着潘写下已收取田租、不曾被勒索黄牛等三张文书，最后，金方大摇大摆地将潘俊二绑到了京城。②

案例三。乌程县有百姓余仁三等十九人，是本县富户游茂玉家的佃户。水灾期间，游茂玉同情余仁三等人生活困顿，借给他许多米粮。事后，余仁三等人非但不想着还粮，反嗔怪游茂玉不该前来讨取，并纠结"顽民一百余人"去到游茂玉家，将其房屋门户全部打碎。游茂玉见势不妙逃走，余仁三等人便从他家中搜出"原借米文约"，把这些欠条全还给当事人。众人还从游茂玉家的箱笼里抢走了四十五两银子和七十五贯银钞，又以赛神的名义宰杀了游茂玉家两只山羊。最后，众人搜出游茂玉，将其当作"豪民"绑缚进京，控告他向官

---

① ②　《御制大诰三编·臣民倚法为奸第一》，《洪武御制全书》，第867页。

府"买免"差役。朱元璋的判决是："如此凶顽，除将余仁三、闵益、严三保等枭令示众，其余各人发化外充军，家下人口，迁发化外。"[1]

案例四。归安县有百姓慎右三等人，明知本地的许福三、张胜四两人是"民害"，应该将其直接绑缚进京。结果，绑是绑了，慎右三等人的目的，却不是押送许福三与张胜四进京，而是借机向他们勒索财物。后来，许福三等找到机会逃走，慎右三等人便将许福三家的房屋门户毁坏，将其家中的鸡鹅羊酒全部"私宰群饮"。最后还将许福三等搜寻出来，再次绑缚进京。走到上元县土桥这个地方，勒索再次启动，众人逼着许福三写一张"借米四十七石"的欠条，好处是将他的罪名降一级，从"民害"变成"帮虎"（即帮闲在官的市井之徒），只是从犯的话，便不会被枭首抄家。走到南京城的通济门外，众人又想出一计，既然手上有许福三与张胜四两人，不如分成两起案子上告，这样便可依据《大诰》的规定拿到两份朝廷的赏赐。朱元璋对此案的判决是："免死发广西拿象，人口迁于化外。"[2]

案例五。归安县有百姓名叫戴兴四，因为他没有缴纳秋粮，当地的里长陈胜佑雇请了一位名叫丘华一的农民，前往戴兴四家里催取，结果反被戴兴四给抓了起来，当成"帮虎"绑送入京。对于此案，朱元璋的判决是："免死发广西拿象，全家抄扎，人口迁于化外"。[3]

案例六。处州松阳县有百姓名叫杨均育，与同县之人叶惟宗有仇。为了陷害仇人，他假冒叶惟宗的姓名写了一封状子，到京城举报叶惟宗的兄长叶允名是"积年老吏"，举报其弟叶允槐是"逃军"。法司接了状子后，杨均育便藏了起来，官府只好派人去松阳县将叶惟宗抓入京城。事情真相搞明白后，杨均育被搜了出来，凌迟处死。[4]

朱元璋没有具体讲他怎样识破杨旺二、金方、余仁三、慎右三与戴兴四等人的诡计与诬告（戴兴四案仅提及"被通政司审出前情"），但能让"群众

---

① 《御制大诰三编·臣民倚法为奸第一》，《洪武御制全书》，第867—868页。
②③ 《御制大诰三编·臣民倚法为奸第一》，《洪武御制全书》，第868页。
④ 《御制大诰三编·诡名告状第三十二》，《洪武御制全书》，第915页。

抓捕害民者"运动的发起者意识到运动已经走向了失控，并将诸多失控案例当成反面教训写入《御制大诰三编》，便已意味着这类以勒索、报复为目的的诬告，在当时已是一种非常普遍的社会现象。仅归安县便有三桩此类案子引起了朱元璋的注意，也可以说明这一点。可想而知，在朱元璋的"英明"不及之处，还有更多的杨旺二、金方和余仁三们在活动。

此类案例中，最耐人寻味的，是发生在嘉定县的"沈显二案"。

据朱元璋的叙述，此案的大致情形是这样的：嘉定县有百姓名叫沈显二，他与邻居周官二合作，将祸害本地百姓的里长顾匡捆绑起来，准备送往京城。走到苏州阊门，当地"耆宿"（德高望重的老人）曹贵五出来给他们讲和，沈显二收"钞一十五贯，绸一匹，银钗银镯等物"后，当场就把顾匡给放了。顾匡回家后，思前想后胆战心惊，觉得既然可以被沈显二绑缚送京一次，便可以被张显二、刘显二绑缚送京第二次、第三次。最后，"畏惧再后事发，亲自赴京出首"，他决定化被动为主动，自行前去京城自首，希望以此来保住性命逃脱一死。曹贵五得到消息后，也是吓得不轻，觉得"我系劝和人，必相连累"，自己做了中间人劝顾匡拿钱给沈显二消灾，顾匡去自首必然要牵出自己。于是，曹贵五也决定与顾匡一同前去京城自首。周官二得到消息后，也加入了他们的自首队伍。四人当中，沈显二最后得知消息。听说三人已经出发，沈星夜赶路，终于在淳化镇追上。沈显二向三人提出也要加入自首的行列，结果却被顾、周、曹三人给绑了起来。原来，这三人一路同行，已结成了小团体。他们决定把沈显二当作"骗人财物"的害民者押往京城。

事情还没完。四个人进了京城，将押解"害民豪强"报告递了上去，沈显二却在这个节骨眼上跑掉了。通政司让他们把害民者押到衙门里去受审，周官二、曹贵五二人私下计议，又将里长顾匡给绑了起来。通政司接到的报告里说顾匡是良民，现在却被绑起来成了害民者，于是审问周、曹二人究竟怎么回事。周官二只好说出实情："顾匡本是我每原拿的人，沈显二受财脱放，我等各人畏惧事发，一同赴京出首。不期沈显二续后赶来，我等一见沈显二到，却将沈显二作骗人财物绑缚前来，故意隐下前情。今沈显二枉脱在逃，我等又将原拿顾匡绑缚首告。"最后，朱元璋的判决是：这四个人实在是"奸顽"到了极点，他们的种种计谋"寻常语言说出来，人也早晚不能晓解其计"，狡诈到了捉摸不透的程度，"四人皆枭令示众，籍没其家"①。

朱元璋关心的是"奸顽"。但对沈显二等人来说，驱动他们在整个案子中做出种种"奸顽"举动的，正是朱元璋一手打造的"群众抓捕害民者运动"所带来的巨大恐惧。在朱元璋的鼓励下，所有的官员、胥吏、富民、细民，都可以是被抓捕的对象——官员下乡可以抓，胥吏必定是害民者，富民可以被打成"豪民"，细民也可以是"帮虎"。只要有矛盾、有冲突、有积怨、有欲望，"豪民""帮虎"这类帽子便可以满天飞。毕竟，"明察秋毫"的朱元璋只有一个——事实上他并不在乎某个具体案件的真相，他在意的是运动的趋势在往哪个方向走；负责审讯被绑缚者的通政司的力量也很有限——事实上通政司处理案件的尺度，主要是依据朱元璋的政治需要，而非案件本身的真相。

这场"群众抓捕害民者"运动，没有将明帝国变成一个朗朗乾坤。相反，它以制度的形式，不断催生着人性中最恶劣的那些部分。结果便是每个人都在这场运动中危机四伏，每个人都必须战战兢兢提防他人。除了朱元璋，没有人是安全的。

---

① 《御制大诰三编·臣民倚法为奸第一》，《洪武御制全书》，第866页。

第六章　杨馒头案：残酷的金融榨取

邻里互知而密行，死而后已。呜呼，若此顽愚，将何治耶！

——《御制大诰·伪钞第四十八》

一、九十里路枭首相望

《御制大诰》第四十八条里，朱元璋对江苏句容县的百姓们进行了猛烈抨击：

宝钞通行天下，便民交易。其两浙、江东西，民有伪造者甚，惟句容县。杨馒头本人起意，县民合谋者数多，银匠密修锡板，文理分明；印纸马之户，同谋刷印。捕获到官，自京至于句容，其途九十里，所枭之尸相望，其刑甚矣哉。朕想决无复犯者，岂期不逾年，本县村民亦伪造宝钞甚焉。邻里互知而密行，死而后已。呜呼，若此顽愚，将何治耶！[①]

朱元璋说，自己钦定发行大明宝钞，为的是方便百姓互相交易。谁知句容县的百姓们，竟在一个名叫杨馒头之人的带领下，群起伪造，"县民合谋者

---

① 《御制大诰·伪钞第四十八》，《洪武御制全书》，第771页。

数多，银匠密修锡板，文理分明；印纸马之户，同谋刷印"。事发后朝廷大开杀戒，"自京至于句容，其途九十里，所枭之尸相望"，自京城至句容的九十里内，示众的头颅如路灯般一个挨着一个。结果呢，"岂期不逾年，本县村民亦伪造宝钞甚焉。邻里互知而密行，死而后已"，杨馒头案造成的凶狠杀戮过去了还不到一年，该县村民又开始伪造大明宝钞，邻里之间不但互相知晓不告发，甚至还一起悄悄干，真是不将自己折腾到死决不罢休。

最后，朱元璋哀叹道："呜呼，若此顽愚，将何治耶！"这些百姓如此顽愚，朕实在是找不到能够治理好他们的办法。

关于杨馒头，除了朱元璋的这段叙述，今人无法知晓更多。好在，关于洪武时代的大明宝钞，还存留有一些其他材料。这些材料有助于今人摆脱朱元璋的一面之词，去还原"杨馒头案"的真实发生逻辑，而非不假思索地相信朱元璋"句容县百姓顽愚难治"的指控。

二、疯狂印发大明宝钞

洪武时代早期的货币政策，是推行铜钱铸币。未称帝前，朱元璋下令铸造过"大中通宝"，称帝的同一年又下令铸造"洪武通宝"——元末滥发纸钞引起民众恐慌，群雄发行铸币实为一种政治对抗。但铜钱的铸造只持续了数年。洪武八年（1375），天下渐趋稳定，朱元璋便改弦更张，诏令天下改用纸币"大明宝钞"，理由是铜钱多有盗铸者，且铜钱太重不便于商贾贸易。这种大明宝钞，共分为六种面值：最大者一贯（相当于一千文铜钱或一两银子），纸币上印有十串铜钱；次者五百文，纸币上印有五串铜钱；后面的四百文、三百文、二百文、一百文面值者，皆依次类推。

与纸币的发行相配套的政策是：一，"与铜钱通行使用，伪造者斩，告捕者赏银二百五十两，仍给犯人财产。"——与铜钱一起流通，若有伪造者处以死刑，鼓励百姓告发，告发者不但能获得二百五十两赏银，还能得到被告发者的家产。需要注意的是，这部分文字直接印在了大明宝钞上。二，"禁民间不得以金银物货交易，违者治其罪，有告发者就以其物给之，若有以金银易钞者听。凡商税课程钱钞兼收，钱什三钞什七，一百文以下则止用铜钱。"——自此禁止民间使用金银进行交易，鼓励告发，告发者可获得被告发者的财物。但允许百姓拿金银来向朝廷兑换纸钞。纳税时钱与钞兼收，钱收十分之三，钞收十分之七。不足一百文则只能使用铜钱。①

　　虽然朱元璋宣称"大明宝钞"的发行是一项善政，但洪武时代的纸币制度有个相当严重的问题，便是没有以贵金属或其他物资作为钞本（也就是今天所谓的准备金），纸币的发行毫无制约。按常理，新印刷的纸币需主要以兑换旧纸币的方式进入市场，而不能由政府直接支取（比如直接印刷新纸币来给官员、士兵发放俸禄，直接拿新纸币向民间购买物资）。若非如此，便形同政府滥发纸币向民间隐性征税，必然导致通货膨胀，纸币的价值也会随之下跌。遗憾的是，洪武时代恰恰正是这样干的。有统计称：

　　　　洪武时期宝钞的投放分为常规性支出和临时性支出两类：常规性支出额逐步达九百万贯；临时性支出在前期并不高，维持在三百万到五百万贯水平，洪武十九年（1386）达一千五百万贯以上，洪武二十一年及其后三年更达六千万贯以上，然每年的回收额前期似只有商税约十五万贯，洪武二十三年前后才达两千万贯，其投放回收比例不仅极不对称，且其支出完全是出于财政目的，与社会经济生产和流通关系不大。②

　　上述统计可能仍太过保守——比如洪武九年（1376），朱元璋便一次性"赐北平守御及听征官军，钞五千万八千七百余锭，布帛八万二千余匹"③。

　①　《明太祖实录》卷九十八，洪武八年三月辛酉条。
　②　邱永志：《祖宗成例："洪武货币秩序"的形成》，《史林》2020年第2期。
　③　《明太祖实录》卷一百零二，洪武九年七月丙寅条。

明代的一锭等于五贯。这巨额的"五千万八千七百余锭"纸币，即是由朱元璋命造币机构印刷出来后直接投入市场，既无准备金为依托，也无任何的物资作后盾，纯属"开动印钞机疯狂收税"①。如此这般每年往社会上投入数千万贯纸钞的结果，便是大明宝钞迅速出现了贬值问题——洪武二十三年，官定可兑换一千文铜钱的每贯纸钞，在民间已只能兑换二百五十文铜钱（"两浙市民有以钞一贯折钱二百五十文者"②）。再过四年，洪武二十七年，每贯纸钞已贬值到只能兑换一百六十文铜钱（"时两浙之民重钱轻钞，多行折使，至有以钱百六十文折钞一贯者，福建两广江西诸处大率皆然"③）。为了打击民间不愿用钞更愿用铜钱的普遍倾向，朱元璋在洪武末年又出台政策，不但重申了禁止金银流通的规定，还彻底禁掉了铜钱。

三、畸形的纸币价值生态

前文已经提到，大明宝钞发行后，明帝国即禁止民间再以金银等贵金属作为交易货币，且以物质奖赏诱惑民众进行举报。这意味着在日常交易中放弃纸币回归金银要冒很大的风险。既难以放弃纸币，又不可能逃避朝廷滥发纸币带来的财富贬值，洪武时代的货币市场上，遂出现了一种"新纸币比旧纸币更值钱"的畸形价值生态，意即：面值同为一贯的银钞，洪武九年（1376）、十年发行的（每一张宝钞上都会有年月日信息），要比洪武八年、七年的更受欢迎，在市场上能买到更多的东西。这种畸形生态造成的结果，便是每次朝廷开

---

① 当时的制度是："其宝钞提举司，每岁于三月内兴工印造，十月内住工。其所造钞锭，本司具印信长单及关领勘合，将实进钞锭照数填写，送赴内府库收贮，以备赏赐支用"。可见年年皆印新钞，且印出来的宝钞主要供朝廷直接用于财政支出。见《明会典》卷三十四"户部十九·库藏三·钞法"，钦定四库全书本，第724页。

② 《明太祖实录》卷二百五，洪武二十三年冬十月戊辰条。

③ 《明太祖实录》卷二百三十四，洪武二十七年八月丙戌条。

放新旧钞兑换（即"倒钞法"，目的是回收市场上破损不堪使用的旧钞），便会引发百姓拿着仍堪使用的旧钞前来疯狂挤兑。

洪武九年（1376）设立"倒钞法"时，明朝政府其实已经注意到民间存在着"爱新钞胜过旧钞"的现象，故出台了相应的惩罚政策：

> 令所在置行用库，每昏烂钞一贯收工墨直三十文，五百以下递减之，仍于钞面贯百文下用墨印"昏钞"二字，封收入库，按季送部。若以贯伯分明而倒易者，同沮坏钞法论，混以伪钞者究其罪。①

大意是：每一贯破烂了的旧钞，换成新钞需收三十文的工本费。其他面值依次按比例递减。回收的旧钞要在上面盖上墨印"昏钞"两字。若有人拿着"贯伯分明"（即面值等字样仍很清晰）的旧钞前来挤兑，与"沮坏钞法"（破坏货币制度）同罪——明代伪造宝钞与伪造皇帝制书同罪，一律处死，但"沮坏钞法"含义模糊，没有明确的判刑标准。有研究称"'信牌档'的资料说明，有些沮坏钞法者被发配充军了"②。

洪武政府解决"百姓以可堪使用的旧钞来兑换新钞"的终极大招，是直接关闭新旧钞的兑换通道。洪武九年（1376）的兑换风潮发生后，"行用库"便被长期关闭，直到洪武十三年才重新开启。开启之前，户部在上奏中，再次将"百姓以可堪使用的旧钞来兑换新钞"视为亟须防范的大敌：

> 其行用库收换昏钞之法，本以便民。然民多缘法为奸诈，每以堪用之钞，辄来易换者。自今钞虽破软而贯伯分明、非挑描剜补者，民间贸易及官收课程并听行使，果系贯伯昏烂，方许入库易换，工墨直则量收如旧。③

---

① 《明太祖实录》卷一百零二，洪武九年七月甲子条。

② 高寿仙：《"明信牌档"所载充军罪名疏解》，收录于柏桦主编：《庆祝王钟翰教授八十五暨韦庆远教授七十华诞学术论文合集》，黄山书社1999年版，第498页。

③ 《明太祖实录》卷一百三六，洪武十三年夏五月己亥条。

大意是：朝廷设置"行用库"，让老百姓拿"昏钞"（破损无法再用的钞票）来换新钞，本意是为百姓好。谁知道这些百姓太过奸诈，每每拿着仍可继续使用的旧钞，前来换取新钞。从今以后，应该禁止这种行为，即便旧钞已经破软，只要上面的面值字样仍然清晰、不存在挑描剜补等情况，民间贸易与官府征税时，就必须继续使用。只有真正烂得没法用的，才允许拿来兑换新钞，兑换的工本费仍是每贯钞票收取三十文铜钱。

洪武十三年（1380）这次新旧钞兑换，只给了半年的时间窗口，之后便再次关闭。下一次重开，已是十年后的洪武二十三年，同样只给了五个月的时间。《明太祖实录》里说：

> 先是钞法既行，岁久有昏软者，因置例钞库，听民换易，官收朱墨费三十之一。然细民利新钞，非昏软者亦揉烂以易新者。上闻遂罢之，至是复出新钞，于承天门外听民易换，命行人主之，凡五阅月而复罢。[①]

据这段文字透露的讯息可知，洪武十三年（1380）新旧钞兑换迅速关闭的原因，是朱元璋发现许多百姓选择将好端端的旧钞给"揉烂"，然后再拿来换取新钞，以规避朝廷的惩罚。

旧钞换新钞要给朝廷缴三十分之一的工本费，本身便是一种贬值。百姓们不怕贬掉这三十分之一的面值，也要将好好的旧钞揉烂了来排队兑换，显然是因为在洪武时代畸形的货币制度下，旧钞的贬值程度远比新钞厉害。

四、杨馒头们走投无路

补充了上述时代背景之后，再回过头来重审"杨馒头案"，便能发现此案绝非朱元璋一句"百姓太过顽愚"便能了结。朝廷每年皆大量印刷新钞投

① 《明太祖实录》卷二百五，洪武二十三年冬十月己未条。

入市场——南京明故宫旧址曾出土过两方大明宝钞的铜钞版，其中一块是二十九号，一块是三十号（样制相同，年月日有异）。这意味着洪武时代的宝钞印制非常频繁，同样的钞版至少有三十方，可谓几乎年年都在印刷新钞①——民众的财富被不断稀释；金银又不允许再被使用，除了不断追逐新钞之外，别无其他自我挽救之法。而自洪武十三年（1380）后，朝廷已多年不再开放新旧钞兑换，这意味着所有的新钞都只能从政府（以俸禄、赏赐与采买等手段）流入市场，待其流入百姓手中时已属旧钞。杨馒头等人伪造宝钞（洪武时代的银钞粗制滥造，防伪技术很低），虽属违法行为，但在违法之前，他们已是洪武时代残酷钞法的沉重受害者。在杨馒头等人遭遇"其途九十里，所枭之尸相望"的大规模杀戮后不到一年，句容县的百姓又再次开始伪造宝钞，则可说明当地民众已被朝廷的钞法逼到了走投无路的地步，只好铤而走险。

可供佐证这种走投无路铤而走险的资料，还有解缙在洪武末年呈递给朱元璋的《太平十策》。解缙在奏章中建议朱元璋"各宜立铸钞库"，其理由便是"伪造钞者滋多，刑之不绝"②。由此可知句容县的情况不是个案，而是洪武时代的一种常见现象。

"杨馒头案"发生在洪武十六年（1383）。③洪武十七年三月，朱元璋便有一道非常意外的谕旨，"命停造宝钞，以国用既充欲纾匠力故也"④。说它意

---

①　卫聚贤：《中国的软币》，载卫聚贤、丁福保合著《古钱》一书，转引自谭用中《"大明宝钞"壹贯钞版之研究》，《贵州文物》1984年第1期。虽然朱元璋死后，永乐时代的大明宝钞印版也曾继续使用"洪武"年号，但朱棣坐镇南京时间不长便迁都北京。这至少三十方铜版，仍应主要算作洪武时代的产物。

②　《文毅集》卷一，钦定四库全书本，第17页。

③　朱元璋没有讲"杨馒头案"究竟发生在哪一年。但《御制大诰》正式颁布于洪武十八年（1385）十一月，内中又说从"杨馒头案"引发的大杀戮到句容百姓再次群起制造伪钞"期不逾年"，据此可就该案的大致发生时间做一点推测。《中国银钞通史》将其置于洪武十六年，似可信。见该书第499页，陕西人民出版社2015年版。

④　《明太祖实录》卷一百六十，洪武十七年三月壬子条。

外，是因为洪武年间鲜少有命令停止印刷宝钞，拿"国用既充欲纾匠力"作为理由，也给人一种此地无银的感觉——事实是印钞机很快便又于洪武十八年再次开动。虽然缺乏证据，但笔者颇疑心朱元璋这次下旨停止印钞，与"杨馒头案"的疯狂杀戮有直接关系。以杀戮立威之外，朱元璋也一贯重视用各种漂亮的谕旨（包括选择性讲述事实的《大诰》）来树立自己光辉爱民的政治形象。

被疯狂而畸形的大明宝钞逼到走投无路的，不只是杨馒头这些底层百姓，也包括那些遵纪守法的朝廷官员。洪武十八年（1385），朱元璋出台了新规定，全国所有职官的禄米皆以宝钞代给，原来直接发一石米实物者，现在一律改发两贯五百文宝钞——据朱元璋自己在《御制大诰续编》中披露，这一年"宝钞提举司"的五百八十名钞匠，从二月二十五日开始造钞，到"十二月天寒"为止，共计造出了六百九十四万六千五百九十九锭大明宝钞，折算成贯便是三千四百七十三万余贯。[1]这些宝钞中的相当一部分，便是被用来给明帝国的官员们发放俸禄的。对朱元璋而言，只要开动印刷机便能给明帝国的官员发薪，实在是一件几乎没有成本的快事。

洪武时代的京官，在不贪污腐败的情况下，本就已是生计艰难。洪武十五年（1382），通政司使曾秉正因多次针对朝政提意见而被罢职，他"贫不能

---

[1]　《御制大诰续编·钞库作弊第三十二》，《洪武御制全书》，第815页。朱元璋还提到，当时钞匠们认办的工作量是"五百五十万九千五十九锭"，后来多造出了"一百四十三万七千五百四十锭"。按朱元璋的说法，这部分多造出的宝钞，被户部的官员栗恕、郭桓等人藏匿，"混同商税钞堆积，以代外来商税课程。且如太平府进纳折收秋粮钞，并江西承差李民宪等解课程钞一十万至，其进钞人先谋通户部及钞库官，内将十万就库检查，如数贴作折收秋粮钞并课程钞名色，虚出实收，来人执凭。外十万钞，与解来人四处共分，事甚昭然"。也就是地方官府前来纳税时，户部便将多印刷出来的这批钞票当成纳税钱，然后众人一起瓜分纳税官吏带来的那些银钞。此说有一个可疑之处：洪武十八年地方官府征税得到的银钞，必然是旧钞占绝大多数（新钞直接用来给官员、军队发薪赐赏，要流通到底层百姓手中，再被官府以征税的方式取回，需要一个过程）。户部的官员们若要贪污这笔多印出来的钞票，自己私下吞即可，没必要与外地官员合作。这种做法凭空多出一群分赃者，既减少了自己的利益，也极大地增加了暴露的风险，还会因收进库房的钞票全是新钞而留下巨大的暴露隐患。朱元璋的叙述虽言之凿凿，但细究之下，实在不合情理。

归"，只能"鬻四岁小女"，将自己四岁的女儿卖掉来筹集返乡路费。但曾秉正无可奈何的举动，却被朱元璋视为对自己的恶意挑衅。他厉声质问曾秉正："尔鬻四岁小女，声曰'以资为归'，是其心之正也乎？于此之际，不才之机可见矣。所以昔人有云：'君子绝交，不出恶声；忠臣去国，不洁其名'。尔何如也？"①——你卖自己的四岁小女，说是为了筹集回乡的路费，此举背后的心术真的正派吗？其实你恶劣的动机很明显。古人说，君子与人绝交，不会为了自我辩护而说对方的坏话；忠臣离开朝堂，不会为了自己的名声而说君王的坏话。反观你曾秉正，是怎么做的？

显然，多疑的朱元璋是在诛心。没有回乡的路资只好卖女儿是常规行为；刻意将卖女儿一事闹得沸沸扬扬来恶心朱元璋，则是不要命的疯子的做法。脱离洪武官场是许多读书人梦寐以求的好事，罢职对曾秉正来说算不得什么大刺激，不至于让他拿自己的性命开玩笑。卖女儿的事情闹得沸沸扬扬成为连朱元璋也知晓的大新闻，应该不是曾秉正的本意。退一万步说，即便曾秉正真的怀有恶心朱元璋的用心，那也是因为洪武时代的京官确实过得穷困潦倒。没有这种普遍性的穷困潦倒作为时代背景，曾秉正卖女儿的行为便恶心不了朱元璋，也催生不出朱元璋的诛心之论。

最后，朱元璋以"既不能为人之父，实难种于世，故阉之，不致生人陷人"为由，下旨对曾秉正实施了惨无人道的法外之刑，割掉了他的生殖器。

以实物充当薪俸时，洪武官场尚且会发生曾秉正这样的悲剧。可想而知，洪武十八年（1385）改发大明宝钞为薪俸，对官员们而言会是一场更巨大的灾难——须知在洪武十九年，原本可兑换一两银子的一贯银钞，已只能兑换到两百文铜钱。②发米改为发钞，意味着官员们的俸禄在急剧缩水。

---

① 朱元璋：《谕罪人曾秉正》，洪武十五年十二月，《洪武御制全书》，第97页。

② "十九年三月，诏天下岁解税课钱钞，其道里险远难致者，许易金银以进，每金一两价钞六锭，银一两价钞一锭。"见《续文献通考》卷十八。值得注意的是，这竟是一种"官定兑换价"。

《御制大诰续编》里有一个案子，颇有助于管窥禄米改发宝钞后洪武京官们的窘境。案情概况如下：

礼部试侍郎章祥等六员，出自民家。祥任礼部试侍郎，始初精神才干，可以作为。然虽礼乐已定，临期亦要支分。本官到任半年余，持节行册妃礼，已娶三府王妃。朕生日之期，冬至之节，贺正之礼，皆大会朝班，凡经三次，参差并无。及其命部赏赐，婚礼银钞出库，通同近侍盗出银锭，虚出钞贯。同谋事觉，虽未供指，本官已行神思荒促。凡所作为，不数日间颠荒恍惚，于事莫知所知。拿至法司未及治罪，因病身故。余者员外郎辛钦等五名受刑。[①]

据朱元璋的这段叙述，章祥等六名礼部官员出身普通百姓之家。章祥担任"礼部试侍郎"仅半年有余，能力出众办事积极，已顺利操办了三处王府的婚礼。他负责的朱元璋生日活动、冬至节活动、岁首元旦活动，都是规模宏大的庆典，同样也没有出任何差错。章祥等六人出事，是因为他们在奉命给各王府赏赐婚礼银钞时，与皇帝身边的工作人员合作，将部分实打实的银锭，替换成了大明宝钞。此事败露后，尚无人供出章祥，他便已是神思恍惚，心绪颠倒，丧失了正常工作的能力。被抓到法司后还没来得及定罪，便已得病身亡。

赏赐给王府的婚礼钱，总数一般是有据可查、无法挪用的，为什么章祥还要做"盗出银锭，虚出钞贯"这样的事情？玄机便在于一块块的银锭，要比一张张的宝钞值钱。章祥做的，是将朱元璋赏赐给王府的部分银锭取走，替换成按法定兑换比例等额的宝钞。结果便是王府收到的赏赐总额不变而实际购买力缩水。章祥与他的同事们会冒险去干这种事情，主因正是禄米改发宝钞之后，

① 《御制大诰续编·礼部盗出财物第二十五》，《洪武御制全书》，第810页。

京官们的实际收入锐减，生活普遍陷入了困顿。①

朱元璋在《大诰》里义正词严地怒斥曾秉正、章祥与杨馒头们是教化不了的"顽愚"，却回避了真正的问题：正是他自己出台的政策，在不断制造让他深恶痛绝的"顽愚"。

---

① 朱元璋对此类事件极为警惕。《御制大诰续编》记载："钞法之行，皆云贯锭。铜钱之行，皆云万千百文。若以钱云文数，一文至千百数万可以言之。以钞云文数，并无奇零十文、五十文。今会稽等县河泊所官张让等故生刁诈，广衍数目，意在昏乱掌钞者。如会稽鱼课钞，本该六千六十七贯二百文，所进钞本却写作六百六万七千二百文。及至关勘合入库交纳，其钞并非奇零文数，已将各官吏治以重罪。今后敢有如此者，同其罪而罪之。"当时的惯例是宝钞说多少贯多少锭，铜钱则说多少文。因为官吏在文书涉及宝钞时没有以"贯"为单位（数额其实一致），朱元璋便疑心他们有猫腻，是在故意破坏钞法。这种疑心，既可见朱元璋的性格里有很重的猜忌，也说明他深切地明白宝钞与银钱之间的区别，也明白明帝国的官民皆将宝钞视为一种敛财手段，普遍更愿意要银子与铜钱。见《御制大诰续编·钱钞贯文第五十八》，《洪武御制全书》，第837页。

第七章　知丁连坐案：消灭社会活力

此《诰》一出，自京为始，遍布天下。一切臣民，朝出暮入，务必从容验丁。市村人民，舍客之际，辨人生理，验人引目。

——《御制大诰续编·辨验丁引第四》

一、镇江百姓的无妄之灾

《御制大诰三编》第六条，朱元璋讲述了一桩发生在镇江的株连案。

按朱元璋的单方面叙述，大致案情是这样的：

> 为《大诰》出久，镇江坊甲邻里人等，坐视容纵韦栋等一十八名上惑朕听，归则把持官府，下虐良民，养恶为一郡之殃，束手不擒。韦栋等事发，将坊甲邻里尽行责罚搬石砌城，其费有空其家者有之，有不能存活者有之，有不及搬运石块而逃死者有之。[①]

大意是：《大诰》早已颁布，镇江府的"坊甲邻里人等"，却长期坐视纵容以韦栋为首的十八名游民，听凭他们交结官府祸害百姓。韦栋等人事发后，

[①]　《御制大诰三编·违诰纵恶第六》，《洪武御制全书》，第894页。

镇江府这些"坊甲邻里"被朱元璋下令全部抓了起来，集体罚去给朝廷做搬石头砌城墙苦力。前文曾经说过，洪武时代被罚去做苦力的罪犯命运相当悲惨，刘基曾哀叹"工役人死暴露尸骸不收"[①]。这批镇江百姓自然也不例外，有些人为此耗尽了家财，有些人直接累死在工地，有些人选择逃亡，然后被捕处死。

朱元璋没说究竟有多少人因"韦栋案"受到株连。但他将韦栋等人定性为"一郡之殃"，又说被株连对象是"镇江坊甲邻里人等"，数量自然不会少，数百人乃至数千人皆有可能。朱元璋在《大诰》里写入此案，是要以之为反面典型，警告明帝国的百姓，勒令他们必须严格遵循《大诰》的指示，去举报乃至抓捕身边为非作歹的"逸民"：

> 呜呼！比若是而得罪，何不依《大诰》擒恶赴京……所在城市乡村，见此为戒之，依朕命而行之，太平矣。[②]

在《御制大诰》与《御制大诰续编》中，朱元璋一再鼓动群众起来"抓捕害民者"。"依《大诰》擒恶赴京"一句，便是指此。至于镇江百姓因为没有举报和抓捕韦栋这些坏人（朱元璋的单方面定性）而受到株连，被集体罚去做苦力，其政策依据则是《御制大诰续编》的第三条。朱元璋在该条中向全体百姓宣布，他要在明帝国全境实施一项知丁法，扼要来说便是百姓们必须互相监视。朱元璋说：

> 知丁之法。某民丁几，受农业者几，受士业者几，受工业者几，受商业者几。且欲士者，志于士。进学之时，师友某氏，习有所在。非社学则入县学，非县必州府之学，此其所以知士丁之所在。已成之士，为未成士

---

① 《国初事迹》，明秦氏绣石书堂抄本，第39页。

② 《御制大诰三编·违诰纵恶第六》，《洪武御制全书》，第894页。

之师。邻里必知生徒之所在，庶几出入可验，无异为也。①

大意是：市井村镇中的百姓，必须知晓自己的邻居平日里从事何种职业；必须知晓邻居家中有几口人，具体谁在务农，谁在读书，谁从事手工业与商业；对于读书者，必须知晓在哪里上学，以谁为老师，同学是谁；对于为人师者，也必须知晓他教的学生都有谁。

邻里之间彼此知道得这么清楚，目的是什么？朱元璋解释说，古圣贤将民众分为士农工商四大类。民众依照圣人的教导谨守四业，天下才能太平康乐。那些不在四业范围之内谋生者，必然是违法犯罪之徒。知丁法的目的，便是要将那些不务四业的害群之马，也就是游手好闲的"逸夫"们全抓出来。这些"逸夫"罗织词讼，勾结胥吏，弄权官府，实在是社会的毒瘤。知丁法推广后，百姓们将了解到的邻里情况上报里甲，里甲再把情况报告县衙，如此逐级备案，"逸夫"便无处遁形。以此为由，朱元璋要求明帝国的百姓必须互相监督、互相举报：

一、农业者，不出一里之间，朝出暮入，作息之道，互知焉。一、专工之业，远行则引明所在。用工州里，往必知方。巨细作为，邻里采知。巨者归迟，微者归疾。工之出入，有不难见也。一、商，本有巨微，货有重轻。所趋远迩，水陆明于引间。归期难限，其业邻里务必周知。若或经年无信，二载不归，邻里当觉之，询故本户。若或托商在外非为，邻里勿干。②

大意是：务农者不许离开自己所在的"里"（明代以一百一十户为一里，以其中人丁和田地最多的十户担任里长），"里"中百姓须知晓自己的邻居早上何时出门耕作，晚上何时回来。工匠出门做工，需要向政府申请"路引"，

---

① 《御制大诰续编·互知丁业第三》，《洪武御制全书》，第795页。
② 《御制大诰续编·互知丁业第三》，《洪武御制全书》，第795—796页。

上面需注明做工的目的地。是去州城还是里镇，是做大工还是做小工，归来的日期是早还是晚，都必须让邻居知晓。经商者的本钱是多是少，货物是轻是重，路途是远是近，走水路还是走陆路，都必须详细注明在"路引"当中。归来的具体期限虽然不好确定，但他具体做什么买卖，邻居务必要知晓。若是一年没有消息，两年未曾归来，邻居必须前往其家中调查原因。如此，倘若对方在外面借经商之名胡作非为，邻居方可不必承担连带责任。

为了将知丁法落到实处，朱元璋在《御制大诰续编》的第三条里，一面鼓励"邻里亲戚诸人"将身边的"顽民"抓捕入京，一面恐吓百姓，"若一里之间，百户之内，见《诰》仍有逸夫，里甲坐视，邻里亲戚不拿，其逸夫者，或于公门中，或在市闾里，有犯非为，捕获到官，逸夫处死；里甲四邻，化外之迁，的不虚示"①——《御制大诰续编》颁布下去后，"里"内仍有"逸夫"存在，里甲不去抓，邻居和亲戚也不管，一旦该"逸夫"被官府抓住，不但"逸夫"本人要被处死，连带着里甲和四邻也要被全部流放到僻远的边疆。

在《御制大诰续编》的第六条，朱元璋又将上述恐吓单独拎出来强调了一番：

　　再明游食，互知生理。此《诰》一出，所在有司、邻人、里甲，有不务生理者，告诫训诲，作急各着生理。除官役占有名外，余有不生理者，里甲邻人着限游食者父母兄弟妻子等。一月之间，仍前不务生理，四邻里甲拿赴有司。有司不理，送赴京来，以除当所、当方之民患。设若不拿，此等之徒，非帮闲在官，则于闲中为盗。帮闲在官，教唆官吏，残害于民，不然为贼乡里。是《诰》一出，四邻里甲不能拘拿赴官赴京，此人或为盗，或帮闲为吏、为皂隶，所为不善，犯之日，四邻里甲同坐其罪，的不虚示。②

---

①　《御制大诰续编·互知丁业第三》，《洪武御制全书》，第795页。
②　《御制大诰续编·再明游食第六》，《洪武御制全书》，第797页。

此条的核心内容有四：一，勒令百姓回归到士农工商这四业当中来。凡有不在四业当中谋生者，便属于"不务生理"的"游食者"。二，里甲和邻居有责任向这些人的父母兄弟妻子施加压力，敦促其转行。三，自《御制大诰续编》颁布之日起，"游食者"有一个月的期限来重择职业。过了一个月还没转行，四邻和里甲便需将其抓捕送往衙门。衙门如果不受理，便将其绑送京城。四，如果四邻和里甲没有去抓该"游食者"，"游食者"将来犯了事，四邻与里甲与其同罪。

回到"镇江株连案"。按朱元璋的说法，韦栋等十八人"把持官府，下虐良民"，自是属于不务四业的"逸夫"和"游食者"。依据知丁法和《御制大诰续编》的第六条，"逸夫"和"游食者"被找出来后要处死，里甲与四邻同罪。朱元璋选择将"镇江坊甲邻里人等"发配去做苦力，去搬石头砌城墙，惩罚力度其实与死罪大体相当，还可以让朝廷多一份收益。

二、皇帝被打脸，百姓来背锅

朱元璋对镇江百姓的怨恨，也不仅仅是因为他们没有遵循知丁法去抓捕身边的"逸夫"。《御制大诰三编》第六条里，有一句非常耐人寻味的话：

> 镇江坊甲邻里人等，坐视容纵韦栋等一十八名上惑朕听。[①]

显然，这是在责备镇江百姓没有来南京告发韦栋等人，以致朱元璋反被韦栋等十八人给骗了。

韦栋等人究竟如何欺骗朱元璋，《御制大诰三编》里只字不提。好在《明太祖实录》里留有一些蛛丝马迹——据《明太祖实录》洪武十八年七月条记

---

① 《御制大诰三编·违诰纵恶第六》，《洪武御制全书》，第894页。

载，朱元璋曾赐酒给韦栋等人，并以上谕的形式公开表彰他们是明帝国百姓的好榜样。

当时，镇江府丹徒县的知县胡孟通与县丞郭伯高被捕（原因不详），韦栋作为本县"耆民"（五六十岁以上的老人），率数十人前往南京城请愿，说胡孟通与郭伯高是好官，"抚民有方"，希望朝廷让他们继续留在丹徒，不要惩罚更不要诛杀（这种做法符合《御制大诰》的指示，但《御制大诰》当时尚未颁布）。朱元璋听闻此事后非常高兴（这是《明太祖实录》里第一次记载"耆民"来京城保全地方官），先派了人带着美酒去慰劳胡孟通与郭伯高，说他们能得到辖下百姓如此这般的爱戴，必是"平日为政能尽父母斯民之道"，宣布恢复他们的官职。然后又派人带着美酒去慰劳韦栋等人，说他们敢于将民情上达天听，"使朕知县官之贤而留福一方"，可谓大大地有功。①

如此可知，当《御制大诰续编》于洪武十九年（1386）颁发时，不久前才受到朱元璋赐酒表彰的韦栋等人，必是镇江府最璀璨的政治红人；因韦栋等进京请愿而回任的官员胡孟通与郭伯高，也必然同样红得发紫。

韦栋与胡孟通、郭伯高等人后来因何被朱元璋抛弃，史料无载，已不得而知（《大诰》只笼统说韦栋等人"把持官府，下虐良民"，未提及具体罪行，也未提及案发缘由）。但有一点可以肯定，那就是：在他们被朱元璋抛弃之前，镇江府没有哪个里长、哪个平民百姓会嫌自己命长，去挑战这种被朱元璋亲自认证过的政治红人，更不敢将韦栋等抓起来直接送往京城——不要忘了，对于另一个良民榜样陈寿六，朱元璋的政策便是地方官员不能碰陈一根汗毛，只有他朱元璋可以审讯陈寿六。

理解了这一背景，再去重读《御制大诰三编》第六条，便能感受到朱元璋心中蕴积着一股特殊的怨念：他后悔褒奖过韦栋等人，后悔将他们树立为明帝国的模范百姓，但他不认为这是自己的错，他将错推给了"镇江坊甲邻里人等"，指责他们"坐视容纵韦栋等一十八名上惑朕听"。亦即，如果镇江百姓

①　《明太祖实录》卷一百七十四，洪武十八年秋七月乙丑条。

遵循《大诰》的号召进京状告韦栋等人，或者直接把韦栋等人抓起来，"朕听"就不会被迷惑，韦栋等人就成不了模范百姓，也不会有机会"归则把持官府，下虐良民"。被自己树立的模范百姓打脸这种尴尬的事情，便不会发生。总之，都怪镇江府的百姓不好，不愿遵循朱元璋的指示行事。

朱元璋在《大诰》里反复诉说自己的爱民之心，但就《御制大诰三编》第六条的记载来看，他在处理"韦栋案"时，并未站在镇江百姓的立场上去稍做体察，否则他便应该理解镇江百姓的无辜与难处——即便他们深刻领会并愿意践行《御制大诰》与《御制大诰续编》的精神，也不会有胆量将韦栋等人抓起来，毕竟韦栋等人是由皇帝亲自认证的、"新鲜出炉"的模范百姓。人人皆有趋利避害的理性，在里长与底层草民的生活经验里，由皇帝赐酒并下诏表彰过的人物，是绝不能碰的。要他们冒着巨大的未知风险，去将这种政治红人打成"逸夫"抓捕入京，实在是强人所难。

这种强人所难，在《大诰》中颇为常见。本书前文提到的何添观、马德旺与王复春等人，便有过相似的遭遇。这些遭遇显示，朱元璋虽然口称爱民，但他所爱的只是抽象意义上的百姓，而非那一个个鲜活的底层民众。他无意体察何添观、马德旺与王复春等人的困境，也无意体察"镇江坊甲邻里人等"的难处。他在意的，是模范百姓韦栋的倒掉让他很尴尬，是知丁法这项新政需要反面典型。为了有效威慑明帝国的百姓，让知丁法这场互相监督、互相举报的底层互害游戏真正运转起来，朱元璋决定将《御制大诰续编》里的严厉恐吓落实为残酷的真实案例。无辜的镇江百姓便成了牺牲品。

三、可怕的"逸民自残事件"

据《明太祖实录》载，知丁法的正式施行日期，是洪武十九年（1386）夏四月。

该月壬寅日，朱元璋给户部下达了一道敕令：

　　古先哲王之时，其民有四。曰士农工商，皆专其业。所以国无游民，人安物阜，而致治雍雍也。朕有天下，务俾农尽力畎亩，士笃于仁义，商贾以通有无，工技专于艺业。所以然者，盖欲各安其生也。然农或怠于耕作，士或惰于修行，工贾或流于游惰，岂朕不能申明旧章而致然与？抑污染胡俗尚未革欤？然则民食何由而足？教化何由而兴也？尔户部即榜谕天下，其令四民务在各守本业，医卜者土著不得远游。凡出入作息，乡邻必互知之。其有不事生业而游惰者，及舍匿他境游民者，皆迁之远方。①

　　较之《御制大诰续编》的第三条"互知丁业"，这道敕令将实施知丁法的目的表述得更为清晰。朱元璋说，明帝国遍布不努力耕作的农民、思想与行为有偏差的读书人，以及四处游荡的工匠和商贾。他不喜欢这种民风，将之归因于自己的教化不够，以及前代的污染太过严重。据此，朱元璋要求户部出台律令知丁法，以发动民众互相监督举报为手段，将民众困在本乡本土，既不许随意远游，也不许在士农工商四业之外寻找谋生之道。

　　问题是，由士农工商组成的"四民体系"是春秋战国时代的概念。自唐宋而下，百姓的谋生职业早已多元化，女服务员（北宋称"焌糟"）、男服务员（北宋称"厮波"）、牙人、戏子、画师、剧作家、护院、代写书状信件等，便皆不在"四民"的范畴。当皇权决定以严酷的知丁法来重启千年前的"四民体系"，那些不在"四民"范畴内谋生的洪武百姓，便只能改弦更张另择职业。原本靠着端茶递水、唱曲写戏、绘画写字为生者，突然被迫转行去耕地或做工匠，其难度可想而知。

　　难度再大，改弦更张另择职业也是难以违抗的大势所趋，否则便要被里长、邻居举报捆送。毕竟，里长与邻居不举报，便要承担连坐的风险。地方官也鲜少有人敢无视这种举报。应天府上元县的知县吕贞，便是因为不愿受理本

---

　　①　《明太祖实录》卷一百七十七，洪武十九年夏四月壬寅条。

县百姓王七举报的"见丁着业事内事"，被朱元璋揪了出来"获罪杀身"①。

　　如果一个洪武百姓不想转行（或无力转行）成为"四民"，又不想被里长、邻居举报捆送，他该怎么办？办法只有一个，那就是自残。朱元璋在《御制大诰续编》第七十九条，便提到了一桩发生在福建沙县的"逸民自残案"。据朱元璋的单方面叙述，基本案情是这样的：

　　　　洪武十九年，福建沙县民罗辅等十三名，不务生理，专一在乡构非为恶。心恐事觉，朋奸诽谤，却说："如今朝廷法度好生利害，我每各断了手指，便没用了。"如此设谋，煽惑良善，以致告发，拿捉到官。②

　　参考前文引述的《御制大诰续编》第六条可知，"不务生理"四字，显示以罗辅为首的十三名百姓不在"四民"范畴。可惜的是，朱元璋没有讲他们究竟从事什么职业，只笼统说他们"专一在乡构非为恶"——这话不必当真，因为按朱元璋的逻辑，凡不在"四民"之内者便是社会的害虫，便是需要铲除的恶人（由朱元璋后文"似尔不臣不孝之徒，惑乱良民，久则为祸不浅"一句可知，这十三人当下尚未有真正值得一提的恶行）。"心恐事觉"四字，当是指该年四月知丁法颁布后，众人既不能在短短一个月内另谋职业，又害怕自己被当成"逸民"抓起来流放边疆。"如今朝廷法度好生利害，我每各断了手指，便没用了"一句，则透露他们断指（尤其是砍掉大拇指）的目的，是为了拿不起锄头、锤子与纸笔。拿不了锄头、锤子与纸笔，便有了不在"四民"之内的充足理由，便不必害怕官府的盘查和邻里的举报。

　　遗憾的是，罗辅等十三人的手指确实砍掉了，但砍手指这一密谋遭人告发（可见连坐制度下，当时底层民间的举报之风有多可怕）。朱元璋勃然大怒，命人将罗辅等十三人弄到南京城，亲自质问他们：

---

　　①　《御制大诰三编·著业牌第二十一》，《洪武御制全书》，第907页。
　　②　《御制大诰续编·断指诽谤第七十九》，《洪武御制全书》，第849页。

尔等既断了手指，诸事艰为，安坐无忧凌暴，为何？①

"诸事艰为"四字，透露众百姓下手相当狠，剁指的程度很严重，不是简单砍掉某根手指而已，而是已严重影响到了日常生活和工作。面对朱元璋的质问——"剁了手指后，许多事做不了，却可以安然端坐不必担忧遭人欺凌施暴，你们知道这是为什么吗？"——罗辅等十三人的回应是"默然"，不说话。朱元璋于是在《御制大诰续编》里，亲自给出了标准答案：

呜呼！人皆说人君养民，朕观之，人君宫室、服食、器用皆民所供，人君果将何以养民哉？所以养民者，在申古先哲王之旧章，明五刑以弼五教，使民知五常之义，强不得凌弱，众不敢暴寡；聚兵积粮，守在四夷；民能从化，天下大安，此人君养民之道也。②

大意是：世人皆说"人君养民"，百姓靠皇帝养活。在朕看来，皇帝住的、吃的、穿的、用的，都是百姓提供。那皇帝到底靠什么养活百姓？朕以为，靠的是制定法律制度，使强者不能欺凌弱者，多数人不能施暴少数人；靠的是组织军队征收粮食，将四夷拒于国门之外。百姓服从皇帝的教导，天下才能变成一个好天下。

按该逻辑，罗辅等人"安坐无忧凌暴"，全得感谢朱元璋给他们提供了一个好时代。但他们"不遵治化"，辜负了朱元璋，辜负了这个好时代，对父母赐予的身体搞起了自残，还诽谤朝廷的律令太过严酷，实可谓"为民之道迷矣"的不忠不孝之徒。朱元璋最后判决，将罗辅等十三人"押回原籍，枭令于市，阖家成丁者诛之，妇女迁于化外，以戒将来"。宣判完毕，他极为沉痛地感慨道：

①② 《御制大诰续编·断指诽谤第七十九》，《洪武御制全书》，第849页。

朕制法以养民，民乃构奸而自罪。全家诛之，朕岂得已乎？智人鉴之。①

百姓们自寻死路，朕将他们全家诛杀，也实在是不得已。

四、路引抽干了社会活力

与知丁法配套的是路引制度。

所谓路引，顾名思义指的便是百姓出门所需的通行证。这是一种纸质凭证，采用半印堪合，即路引上有一半印章，官府的存档里有另一半印章。官民申请到路引后出门办事，结束后需拿着路引去官府比对堪合，才算完成一次合法出行。

《文物》杂志曾刊登过一张明代嘉靖年间的路引，系由工部主事发给其下属快手（胥吏的一种）。凭证上写的是②：

工部主事沈为公务事除外，今差各役前往北直等处公干，经关津即便放行，毋得在途迁延取究者，须至批者。

（盖有工部主事关防半印）

右批差快手朱鉴、裴荣、张春准此

嘉靖三十六年□月廿三日

洪武时代的路引格式，应与之大体相似。若是发给普通百姓的路引，上面还会载有该百姓的相貌特征、职业与目的地。如是商人，还有记载携带物品的种类与数量。如是工匠，则会记载工种、服务对象与服务周期。

---

① 《御制大诰续编·断指诽谤第七十九》，《洪武御制全书》，第849页。
② 杨其民：《两张新发现的明代文件——牙帖和路引》，《文物》1994年第4期。

据《明太祖实录》载，至晚在洪武六年（1373），朱元璋便已在明帝国实施严格的路引制度。该年七月，常州府的吕城巡检司捕获了一名出门无路引的百姓，将之"送法司论罪"。审问的结果是此人祖母得了重病，急着出远门求医，没来得及去衙门申请路引。朱元璋知晓此案后批示"此人情可矜，勿罪，释之"①。可想而知，更多类似情形者无法得到朱元璋的关注和御批，便只能接受严惩——按《大明律》，"民出百里之外，不给引者，军以逃军论，民以私渡关津论"②，私渡关津要杖八十③。八十杖打下来，即便保得住性命，也已是奄奄一息。

与知丁法一样，按照《御制大诰续编》里的公开说辞，路引制度的目的，是打击那些游手好闲、祸害百姓的游民。公开说辞之外的隐形目的（也是主要目的），则是吸取元朝灭亡的教训，旨在消灭民众的自由流动——朱元璋是元末乱世的见证者和参与者，深知元朝的灭亡与民众可以自由流动有着莫大的关系。元史学者陈高华也有总结：

> 　　严重的流民问题，几乎与有元一代相始终。在大蒙古国时期，流民常达全体居民的三分之一以上。全国统一后，流民仍然大量存在。进入十四世纪以后，愈演愈烈。在此基础上，爆发了全国规模的农民战争。④

元代流民之所以数量多、持续时间长，有两个主要原因。第一个是元朝政府对人力和物力的汲取强度过大，导致民众不愿留在土地上做编户齐民。比如，忽必烈为支持对南宋的战争及应付内部的叛乱，在北方占领区频繁高强度

---

① 《明太祖实录》卷八十三，洪武六年七月癸卯条。
② 《大明律》卷第十五《兵律三》"关津·诈冒给路引"。
③ 《大明律》卷第十五《兵律三》"关津·私越冒渡关津"。
④ 陈高华：《元代的流民问题》，元史研究会编：《元史论丛》第四辑，中华书局1992年版，第146页。

汲取人力物力，结果许多地方的百姓便"皆拾业而逃，十室空半"①。第二个原因便是元代对秦制政权统治术的吸收有限，没有建立起可有效控制民众自由流动的制度体系（这也与元代重视商税有关）。比如，元朝灭南宋后，对江南地区实施了宽松的统治策略，"其民止输地税、商税，余皆无与"②，受压榨更深的北方百姓遂纷纷南下，忽必烈便曾在诏令里提到，北方的"汉儿每"（指原金朝统治地区的百姓）已大批跑到"蛮子田地里去了"（指原南宋的统治区域）③。

　　流民多了，便会形成有组织的力量来对抗朝廷。朱元璋曾是元末流民的一分子，自然深知这一点。所以，明帝国建立后便立即吸取前代的亡国教训，实施了路引制度来阻断百姓的自由流动。朱元璋下令在全国各处关隘与交通要道上设立巡检司，专职盘查过往行人，逮捕那些无路引者。洪武十三年（1380）十月，因巡检司设置过多，朱元璋曾"命吏部汰天下巡检司，凡非要地者悉罢之，于是罢三百五十四司"④，一次便能撤销多达三百五十四处非要道之地的巡检司，可想而知当时对百姓自由流动的管控有多严厉。稍后，朱元璋又下令"复置"巡检司，如洪武十四年四月便一次性恢复了三十处巡检司。⑤

　　洪武十九年（1386）实行的知丁法，实际上是路引制度的升级版。路引制度不允许百姓在明帝国的大地上自由流动，知丁法则既不允许百姓自由流动，也不允许他们自由择业（自由择业的前提便是自由流动），还以严刑峻法强迫里甲四邻互相监视举报。为了让二者互相配合，朱元璋在《御制大诰续编》里提升了路引制度的强度：

　　　此《诰》一出，自京为始，遍布天下。一切臣民，朝出暮入，务必从

---

① （元）姚燧：《牧庵集》卷二十一，"少中大夫静江路总管王公神道碑"。
② （清）毕沅：《续资治通鉴（三）·元纪十四》，岳麓书社1992年版，第741页。
③ 《元典章》第十七卷《户部卷之三·照勘汉儿户计》。
④ 《明太祖实录》卷一百三十四，洪武十三年冬十月癸酉条。
⑤ 《明太祖实录》卷一百三十七，洪武十四年夏四月辛巳条。

容验丁。市村人民，舍客之际，辨人生理，验人引目。生理是其本业，引目相符而无异。然犹恐托业为名，暗有他为，虽然业与引合，又识重轻、巨微、贵贱，倘有轻重不伦，所贵微细，必假此而他故也。良民察焉。①

今后无物引老者，虽引未老，无物可鬻，终日支吾者，坊厢村店拿捉赴官，治以游食，重则杀身，轻则黥窜化外。设若见此不拿，为他人所获，所安之处，本家邻里罪如之。②

这两条规定对明帝国百姓提出了相当严苛的要求：一，左邻右舍除了每天早晚验丁，时刻保持对身边其他百姓的监视外，还负有审查市镇乡村外来人口的义务。本地百姓需核查外来者的本职工作与路引上的记载是否一致，即便一致，仍需核查相关工作与物品的轻重、多少与贵贱。如果轻重有异常，携带物品过于细微，便必是另有图谋。二，坊厢村店的百姓，有义务将那些没有商品可卖且路引已经过期者、路引未过期但无商品可卖者，全部抓起来送官。这些人将被当作"游食者"惩办，重则杀头，轻则刺配流放边疆。如果坊厢村店的百姓不履行这项义务，导致"游食者"被其他人捕获，则"游食者"所寄居的人家及其左邻右舍与里长们，皆要同罪连坐。

以上种种，皆是不惜以牺牲社会活力为代价，来换取朱明政权的稳定。

五、"空引案"里的民生困境

前文提到，洪武六年（1373）时，曾有百姓为病重的祖母出远门求医，却因来不及向官府申请路引而被捕。该百姓的遭遇被记录下来纯属意外。如果朱元璋没有关注到此案，没有以其情可悯为由下旨释放该百姓，此案便不具备凸显

① 《御制大诰续编·辨验丁引第四》，《洪武御制全书》，第796页。
② 《御制大诰续编·验商引物第五》，《洪武御制全书》，第796—797页。

朱元璋施政之仁的作用，便不会被官修史书的编纂者们收录到《明太祖实录》当中。路引制度对该底层百姓造成的伤害，便不会在历史上留下丝毫踪迹——该百姓虽然很幸运地被释放了，但时间必然已耽搁甚多，他的紧急求医行动实际上已经失败。

《御制大诰续编》里，朱元璋于不经意间，还亲自提供了另外两则"路引制度害民"的例证。

一则见于《御制大诰续编》第二十二条。朱元璋说：

> 上海县粮长瞿仲亮，被纳户宋官二连名状告，科敛太重，纳粮既毕，拘收纳户各人路引，刁蹬不放回家为农，致令告发，差人拿至。①

"瞿仲亮案"的是非，这里不做讨论。瞿扣押纳粮户的路引，便能让他们无法回乡务农，可见洪武时代的百姓若缺失了路引，确实是寸步难行。小粮长可以扣押纳粮户的路引，正规官府当然更可以在路引问题上（事前申请与事后核销）对小民进行各种刁难。

另一则见于《御制大诰续编》第三十八条。朱元璋说：

> 兵马指挥赵兴胜系是国初旧根刻期人数，年深命为瓜州巡检。……后升为南城兵马指挥，警巡坊厢一切非为之人。……又路引之弊赃多。凡出军民引一张，重者一锭，中者四贯，下者三贯，并无一贯两贯引一张者。其引纸皆系给引之人自备，兴胜却乃具文关支官纸，三年间一十五万有奇。已往之年不追，止追十八年半年纸札，其钞已盈万计。②

这段资料显示，在洪武时代，路引的申请并非免费，而是要交钱的。这笔路引费不是小数目，最高是一张路引五贯（明代一锭等于五贯，按法定换算价

① 《御制大诰续编·粮长瞿仲亮害民第二十二》，《洪武御制全书》，第807页。
② 《御制大诰续编·匿奸卖引第三十八》，《洪武御制全书》，第817—818页。

格，一贯大明宝钞等于一千文铜钱或一两银子），其次四贯，最少是三贯。可惜朱元璋没有讲决定路引费高低的标准是什么，或许与士农工商的职业有关，也可能与携带商品的价值总量有关。不管是什么标准，这笔路引费皆非普通百姓所能负担——洪武九年（1376）时，一贯大明宝钞或一两银子可折米一石，也就是等于约一百六十斤左右的大米。[①]后来因滥发纸币导致大明宝钞急剧贬值，按洪武十八年官员禄米改发宝钞的政策，原来直接发一石米实物者，一律改发两贯五百文宝钞，即一贯宝钞约等于零点四石大米（约六十四斤）。《御制大诰续编》颁布于洪武十九年，以洪武十八年的物价标准来衡量路引费的高低，似较为合理。也就是说，洪武时代的军民向官府申请一张路引所需缴纳的费用，换算成大米是，最高约为三百二十斤大米，其次约为二百五十六斤大米，最少也需要约一百九十二斤大米。制定如此高昂的收费标准，目的自然是让百姓负担不起，然后"主动"减少出远门的频率。[②]

正因为路引要收费，且收费很高，朱元璋才会对赵兴胜这位"国初旧根刻期人数"（即追随朱元璋打天下的老军人）感到格外愤慨——按规定，路引用纸需由发放机构自行筹备。路引费如此可观，足以让瓜州巡检司衙门承担路引用纸的成本。结果赵兴胜却贪图私利，不断违规领取朝廷的官纸来做路引，三年间共领走了十五万余张，仅洪武十八年（1385）的半年时间（似可推测赵兴胜在该年的后半段升任了南城兵马指挥），便从中牟利了"以万计"的大明宝钞。朱元璋的关注点，是赵兴胜贪得无厌拿走了本该属于朱明皇权的财富份额。但朱元璋在讲述此案时无意中透露出来的"三年间一十五万有奇"这个数据，却使我们知道，瓜州（扬州附近的一处水陆要

---

① 彭信威：《中国货币史》，上海人民出版社1958年版，第462页。

② 洪武时代过去后，路引制度继续存在，但路引费有所降低。张瑄于景泰四年（1453）出任吉安知府，便发现"郡民给路引者，前例每引取银四分，谓之堂食，前守悉为己有。乃遵旧制，只取楮币一贯，仍为公费"。见《皇明大政纪》卷十二，第64页。据《万历江西省大志》，"岁额给路引九万五千二百张，每引一张解银一钱，贮布政司，解部多寡不可定。万历二十四年议将引银凑补宗禄支放。"见《万历江西省大志》第一卷《赋书》，第56页。

道）巡检司衙门所辖区域的百姓，每年至少需要出远门五万人次，该巡检司衙门的路引费年收入超过了二十万贯宝钞。

除了巡检司衙门，其他政府机构也有可能跳出来向百姓收取路引费。《大诰武臣》第十条便提到，驻扎在抚州的军队，在千户张邦与董升等人的主持下，"将他自家的鹅鸭放在各门上，却着守门的军人，但有挑担米谷过往的，便去取要米谷来喂养"——本地百姓挑着粮食路过，会被卫所征收喂养鹅鸭之米；"但凡有客人出入，便以批引为由，多般刁蹬，有钞与他，才肯放过"——外地旅客路过，会被卫所以"批路引"为由征收钱钞。钱钞不给足，便过不了关。①第二十八条也提到，杭州右卫的指挥陈祥，与令史魏克铭合作，"以批引为名，将捕鱼船只阻当，多般刁蹬，取要钞贯方肯放他来往，共取受钞一千二十一贯入己"②——以批放路引为名，刁难沿海的捕鱼船只，只有那些给足了钱钞的渔船，才能得到路引下海捕鱼。

《御制大诰续编》将知丁法与路引制度结合到一起，提升了监视和举报强度后（不但要查有没有路引，还要查随身携带物品种类与路引是否相符，物品数量是否正常，路引是否还在有效期等），底层百姓的行为也随之出现了异化。朱元璋在《御制大诰三编》第三条里讲述的"空引案"，便是一种典型异化。

据朱元璋的单方面表述，该案的大致情形是这样的：

> 所在官民，凡有赴京者，往年往往水陆赴京，人皆身藏空引。及其至京，临归也，非盗逃军而回，即引逃囚而去，此弊甚有年矣。今后所在有司敢有出空引者，受者，皆枭令，籍没其家。关津隘口及京城各门盘获到空引者，赏钞十锭。贵引者罪如前，拿有司同罪。③

---

① 《大诰武臣·守门阻当第十》，《洪武御制全书》，第939页。
② 《大诰武臣·生事害民第二十八》，《洪武御制全书》，第948页。
③ 《御制大诰三编·空引偷军第五》，《洪武御制全书》，第893—894页。

大意是：朱元璋发现，那些前往京城办事的官员、百姓（如缴纳税粮、绑送犯人），身上大多藏有空引。所谓空引，即空白路引，已由发放机构盖了章，但未写明出行者的姓名、相貌特征、出行缘由、出发回归日期等要素。朱元璋认为，官员、百姓之所以这样干，是想在回返的时候，将那些逃军和逃囚偷偷自京城带走。为此，他颁布了更严厉的惩罚政策：发放机构胆敢开出空白路引，官吏一律枭首并没收所有家产。各处关隘及城门查获携带空白路引者，赏大明宝钞十锭；被查获者枭首没收家产，并追究空白路引的开具者。

洪武时代的军人与囚犯皆形同农奴与工奴，苦不堪言，故逃亡率颇高。在知丁法与路引制度的管控下，逃军与逃囚要想安然返回民间，成为皇权再也触及不到的一滴海中之水，有着不小的难度。空白路引确实是他们急需的东西。但以常识而论，官民携带空白路引入京的目的，绝不会如朱元璋所说，纯粹是为了偷渡逃囚与逃军。一者，在知丁法的严密管控下，逃军与逃囚很难在京城获得藏身之地，他们也很难将自己已经逃出的信息传递给家乡的亲人。这意味着地方官民启程赴京时，知晓京城之中有本地逃军逃囚需要空白路引的概率很小。二者，路引上盖有发引机构的印章（半个），出行结束后，民众需前往发引机构比对印章进行核销。这意味着逃军与逃囚只能自京城回到发引地，而非出了京城便"海阔凭鱼跃，天高任鸟飞"。毕竟，随便将路引卖给他乡之人是一件风险极高的事情，若该路引被查获，原发引地的官员与百姓，都要受到牵连。总而言之，以空白路引偷渡逃军逃囚的事情不会完全没有，但不会是地方官员与百姓出行前便已谋划好的事情。

朱元璋所举"空引案"案例，也颇引人深思。他说：

> 有等赍正引赴京，引本十人，至京之日，存留五名假作营生，余五名，或偷囚，或偷军，顶名而去，他日引后至，正名方归。惟江西之民有等顽者，其奸尤甚。本引已偷军囚去矣，却乃故行哀怜，赴官陈告，同行将引先去，致曾以道等无引而归。该司怜其所以，径给引以往。如此数等，犯者已数人。今后敢有如此者，枭令于乡间，籍没其家，成丁家口迁

于化外。①

　　一份路引里注明同行者十人，抵京后五人留下，五人回转。留下的五人需等同乡之人下次带着路引来京才能返乡。朱元璋按自己的推测，将这种现象解释为旨在偷渡逃军逃囚，显然不能使人信服——在知丁法的严密监控下，留下的五人没有路引，很容易被当成"游食者"抓起来，然后遭到流放，或被发配去做工奴。这也是为什么失了路引的"江西之民"曾以道等人，选择了"赴官陈告"，去哀求官府发给路引以便回乡，而非如朱元璋所说的那样等待同乡们带着路引二次来京，然后再返回家乡。那种等待，时间长风险高，是在拿自己的性命开玩笑。

　　既然偷渡逃军逃囚之说不合常理，那么，列名在同一张路引里一起赴京之人，为何不选择一起返乡？答案其实便藏在《御制大诰续编》里。朱元璋升级了知丁法与路引制度后，各处城镇与关隘开始严查路引的有效期，严查百姓是否"终日支吾"（这是个极为主观的判断）。为了省钱，外地同一行政区域来京办事的百姓，往往会选择集体申请路引；但抵京后各人所办之事的进展很难同步，有些人进展较为顺利，有些人则未必（以缴粮为例，有些百姓负责运输的粮食路途受损较少，交割容易；有些百姓的粮食则可能遭遇潮湿霉变、袋破筐翻之类的意外，抵京后需另想办法补足缺额）。路引的有效期将至时，便会造成矛盾。事已完毕者急于赶在路引过期之前返乡，事未完毕者没有立时阻拦，又无法同行，于是便出现了一张路引登记十人却五人返乡五人留京的状况。可惜的是，《大诰》的政治语境里只有百姓愚顽难治，朱元璋丝毫无意体察百姓的这种困境，他再次使出雷霆手段，对陷在困境中的百姓们施以严刑峻法：

　　　　今后敢有如此者，枭令于乡闾，籍没其家，成丁家口迁于化外。②

─────────

　　①②　《御制大诰三编·空引偷军第五》，《洪武御制全书》，第893—894页。

最终，知丁法与路引制度，将洪武时代变成了一个充满了恐惧气氛的社会。朱元璋痛斥明帝国到处是"贪婪之徒""庸庸无藉之徒"时，无意间透露了这样一幅时代图景：

> 为《大诰》一出，邻里亲戚有所畏惧，其苏、松、嘉、湖、浙东、江东、江西，有父母亲送子至官者，有妻舅、母舅、伯、叔、兄、弟送至京者多矣。朕见亲戚不忍罪囚再犯逃罪遭刑，亲送出官，凡此等类，不加刑责，送着原发地所。其有亲戚影射，四邻擒获到官者，本人枭令，田产入官，人口发往化外，如此者多矣。有等邻里亦行隐藏，不拿到官，同其罪者亦多矣。所在巡检、弓兵，受财纵放越境而逃者，同其罪者不少。呜呼！不才无藉有如此耶。[1]

亲戚、邻居互相监视，妻舅、母舅、伯叔兄弟互相告发，父母扭送子女去官府……这是朱元璋亲笔描绘的洪武时代。这以《大诰》构筑起来的洪武时代，是一座人间地狱。

---

[1] 《御制大诰三编·逃囚第十六》，《洪武御制全书》，第903页。

第八章　潘富案：前朝"顽民"的末路

民顽者，莫甚于溧阳、广德、建平、宜兴、安吉、长兴、归安、德清、崇德蒋士鲁等三百七户。

——《御制大诰三编·递送潘富第十八》

一、皂隶潘富的大逃亡

在《御制大诰三编》中，朱元璋详述了一个捉拿胥吏的案例，其过程之艰难曲折，简直到了匪夷所思的地步。

按朱元璋的讲述，事情是这样的：

应天府境内的溧阳县，有一个皂隶名叫潘富，"教唆官长贪赃坏法，自己挟势持权"。洪武十八年（1385），山西人李皋到溧阳县做知县，一上任便和潘富这些胥吏一起同谋害民，巧立名目，大肆科敛。李皋到任不到一个月，潘富就用搜刮来的钱财，买了一名苏州女子送与他。这女子安顿在潘富家中，李皋幽会过三五次之后，潘富竟将其据为己有了。对此，李皋也无可奈何。在潘富等胥吏的教唆下，李皋下令科敛荆杖，"遍一溧阳所属人民，尽要荆杖"。百姓们把荆杖送来，以潘富为首的胥吏又借口质量不好，拒绝收纳，甚至拳打脚踢，逼迫百姓把荆杖"折换"成银钱交上来。当地百姓黄鲁到京城告御状，朱元璋亲自接见，下旨严查，派人去捉拿潘富。潘富上演千里大逃亡，竟处处皆有人愿意庇护他。

　　先是溧阳本地的儒士蒋士鲁等十三家人，秘密把潘富递送到邻境的广德县。不久，潘富流窜到建平县，缉捕的差役们跟踪到建平，当地百姓王海三又悄悄将其送回了溧阳。溧阳百姓朱子荣，又暗中将其送到宜兴县。宜兴百姓杭思鼎，又将其送到安吉县。安吉县百姓潘海，又将其私送到长兴县。长兴县百姓钱弘真，又将他送到归安县。归安县百姓吴清浦等人，又将其秘密送至德清县。追捕的差役赶到德清县，当地百姓赵罕仁又将其秘密护送到了崇德县。崇德县的豪民赵真、胜奴，家财万贯，平日蓄养许多无业游民，做贩卖私盐的勾当，来往的朋党多达数百人。潘富即藏匿在赵真家中。缉捕的衙役随后赶来，赵真将潘富暗中送到千乘乡的一座寺庙里。庙里的和尚们纠集两百余人，反将缉捕潘富的差役们团团包围，杀死一人，杀伤一人。追捕者向朱元璋回报，于是，朱元璋下令，将赵真及其同伙两百余户人家的家产全部抄没，凡参与围攻差役者，一律诛戮；沿途藏匿潘富、助其逃跑的一百零七户人家，全部枭首示众并抄没家产。[①]

　　如果朱元璋的叙述是可信的，那么，就出现了这样一个问题：在皇帝签发了缉捕诏书后，一个小小的胥吏，竟能上演一场如此大规模的逃亡，先后历经八县，涉及三百多户人家。结果因其而死者上千人。以胥吏身份而能够在八县纵横自如，众多人为保护他不惜与皇权对立，这能量究竟从何而来？

二、"胡元之宽"下的江南

　　明末清初之人吴履震有一段笔记，或许可以提供解释。他说：

　　　　胜国时，法网疏阔，征税极微。吾松僻处海上，颇称乐土。富民以豪

---

　　①　《御制大诰三编·递送潘富第十八》，《洪武御制全书》，第905—906页。

奢相尚，云肩通袤之衣，足穿嵌金皂靴。而宫室用度，往往逾制。一家雄踞一乡，小民慑服，称为野皇帝，其坟至今称为某王坟茔。名士逸民，都无心于仕进，终元之世，江南登进士者，止十九人而已。入国朝来，吾郡元魁继出，文献甲于天下。第民苦赋役，十室九空，无复有往时豪富之风矣。隆庆时，上官恶江南富民专利，有犯必罚至数十百金，严刑迫纳，自谓为国储财。陆平泉语当路曰："与其积财以待事，不若安民以省事。"真格言也。[1]

大意是：元代统治时期，法网不严密，很粗疏，税收汲取力度也不大。我的家乡松江府（即今天的上海一带）在偏僻的海边，可谓是一处乐土。当地富人追求豪华奢侈的生活，不但穿高档的衣服和鞋子，造的房子也极其豪华，逾越了朝廷的限制。有些富户雄踞一乡，乡里小民都服从他，称之为"野皇帝"。这些人的坟墓至今还被叫作"某某王之坟"。名士与逸民对做官也都没什么兴趣，整个元代，江南地区的进士只有区区十九人而已。反倒是进入本朝（指明朝）之后，松江府科举及第者众多，但百姓苦于赋役，十室九空，再也没有了昔日的豪富景象。隆庆皇帝（明朝第十三位皇帝）在位时，政策专门针对江南的富民，一旦犯了事就往死里罚钱，且以严刑逼迫缴纳，号称"为国家储蓄钱财"。陆树声曾劝告朝廷，与其汲取钱财来防备危机，不如让百姓安居乐业来泯灭危机。这话说得真是太好了。

吴履震写下这些"怀念前朝"的文字时，朱元璋早已作古，魏忠贤也已经死掉，他不必担心会受到什么打击。唯松江人对前朝的怀念，自明朝初年一直延续到明朝末年，确实是一件引人深思的事情。这既说明元朝的时光给松江人留下了深刻的历史记忆，也说明朱元璋和那些遵循朱元璋治国祖训的后人们，一直在用实际行动刺激松江人，在强化他们对前朝的历史记忆。

朱元璋对元朝丧失天下的反思，恰可与吴履震的这段笔记形成"互证"。

---

[1]　吴履震：《五茸志逸随笔》卷七，转引自谢国桢选编：《明代社会经济史料选编·下》，福建人民出版社2004年版，第255—256页。

刘基在自己的文集里，记有朱元璋对元朝灭亡教训的一条重要总结：

> 奈何胡元以宽而失，朕收平中国，非猛不可。然歹人恶严法，喜宽容，谤骂国家，扇惑非非，莫能治。[①]

所谓"宽"，具体而言便是指元政权对民间的控制力不足。比如，科举本是皇权将选官任官之权操之于己的重要手段，是重要的秦制统治术，但元朝初期不开科举，后来开了科举又取士极少，仅可谓聊胜于无。再如，元朝政府的主要财源不是农业税，而是盐税与商税。政府依赖商税，便会鼓励商业。商业天然追求自由贸易（包括人的自由流动与物资的自由流动），商业的兴盛又会反过来进一步削弱政府的管控能力。吴履震笔记里的"法网疏阔"，便是朱元璋口中的"胡元之宽"。

对民众而言，"宽"意味着自由度高；自由度高，意味着民众对朝廷的依附性弱，意味着民间比较容易形成有力量的组织。作为造反者，朱元璋亲眼见证了发达的民间组织对元政权造成的冲击。所以他夺取天下后，便决意采取与"胡元之宽"相反的"猛"，来作为自己施政的核心理念。这种猛政首先要消灭的，便是吴履震笔下的那些"野皇帝"。

溧阳县的皂隶潘富，是不是这样一个"野皇帝"？就朱元璋的描述来看，是有可能的——儒士蒋士鲁、私盐贩子赵真与胜奴、寺庙里的和尚，以及诸多溧阳及周边县的普通百姓，都愿意庇护潘富。溧阳知县李皋到任后，也甘心被潘富操纵。如此种种，与吴履震所谓的"一家雄踞一乡，小民慑服"大体相近。

可供参考的，还有明代人于慎行（隆庆二年进士，后官至礼部尚书）的一段描述：

---

① 洪武四年八月十三日《皇帝手书》，收录于刘基《诚意伯文集》卷一，明刊本，第3页。

元平江南，政令疏阔，赋税宽简，他无征发，以故富家大族，役使小民，动至千百，至今佃户苍头，有至千百者，其来非一朝一夕也。[①]

于慎行笔下的"政令疏阔，赋税宽简"，便是吴履震笔下的"法网疏阔，征税极微"；于慎行笔下的"富家大族，役使小民，动至千百"，便是吴履震笔下的"一家雄踞一乡，小民慑服"。于慎行生活在明朝中期，吴履震生活在明朝末年，但对于元朝统治下的江南，他们有着几乎完全一致的集体记忆。

这种集体记忆不是虚构出来的。元朝至大二年（1309），便有官员以江南百姓日子过得太舒坦、财富积累太丰足、民间组织能力太发达为由，上奏元武宗，建议增加江南地区的赋税，并让江南富户们送儿子入军作为朝廷的人质。奏折如此说道：

江南平垂四十年，其民止输地税、商税，余皆无与。其富室有蔽占王民奴使之者，动辄百千家，有多至万家者。乞自今有岁收粮满五万石以上者，令石输二升于官，仍质一子而军之。[②]

该奏折称江南百姓在元朝治下只缴纳地税与商税，再无其他负担（这是当时的一种普遍看法，如至元十八年（1281），元政府中书省的官员也曾说，"江南在宋时，差徭为名七十有余，归附（大元）后一切未征"[③]，江南的富户们已蓬勃壮大至手底下有上百家、上千家乃至上万家百姓为其工作服务的程度。这些描述，和于慎行、吴履震笔下的集体记忆完全一致。这种富庶程度与组织能力让元朝的一些官员不能放心，故而主张增税和索要人质。元武宗批准了这项建议，但因为建议者稍后在政争中失败被杀，这项政策只实施了大约一

---

① （明）于慎行：《谷山笔麈》卷十二"赋币"，中华书局2007年版，第139页。
② 《续资治通鉴（三）·元纪十四》，第741页。
③ 《元史·世祖本纪十三》卷一十六，中华书局1976年版，第353页。

年。之后虽也有类似政策出台，但江南地区"政令疏阔"的状况，直到元朝灭亡都未曾发生实质性变化。

"政令疏阔"意味着朝廷对民间的控制力度弱，意味着民间经济文化发展的自由度高，自然，也意味着元朝治下的江南，是一个以富户为中枢来运转的有组织的社会。这些富民，往往上能交通官府，中能结交儒士，下能与江湖世界互通有无。按朱元璋《御制大诰三编》里的描述，潘富便很符合这样的特征。

总之，即便潘富够不上"野皇帝"的程度，他在民间的社会地位也不会太低。毕竟其逃亡能得到上百户民间有地位者的庇护，且当中的赵真与胜奴"家盈数万资财"，门下养了五十余人，另有"邻里相朋者二百余人"，是一个颇有实力的富家大族。潘富与这样的人结交，他自己的情况应该也大体相仿。

三、"荆杖"背后的玄机

按朱元璋的说法，潘富被揪出来，缘于当地一个叫黄鲁的人来京城告御状。告状的内容，是潘富与知县李皋合谋向当地百姓科敛"荆杖"。

所谓"荆杖"，指的是衙门里统一以荆木制成，用来打人屁股的官杖。按宽窄、长短、粗细不同，有"大荆杖"与"小荆杖"之分，前者用于重罪犯，后者用于轻罪犯。[1]除了大小荆杖，衙门里的常规刑具还包括大小竹板和鞭子。自宋元时代以来，这些刑具的置办成本，一直由衙门直接摊派给本县百姓。

按告状者的叙述，潘富的罪行是"其有将荆杖至者，故推不好，不行收受，留难刁蹬，生事捶楚，民出钱矣。既得钱后，而乃荆杖息焉"。百姓拿了自制的荆杖过来，潘富以不合格为由拒收，刁难民众的同时还使用暴力，迫

---

① 《皇朝通志》卷七十五，钦定四库全书本，第4页。

使民众不得不交钱来代替交荆杖。民众把钱交上之后，荆杖这个事情也就消停了。

朱元璋很认同告状者的说辞。毕竟勒令民众以银钱代替粮食来缴纳赋税，是历代统治者加大汲取力度的惯用手段。但他似乎没有意识到，缴纳荆杖与缴纳粮食是有区别的，那就是粮食的规格天然统一，荆杖则不然。同是荆杖，不同的人交上来的重量、长度、宽度、厚度等，大概率会很不一样。也就是说，站在衙门的角度，让百姓直接缴纳荆杖是一件很麻烦的事情，最省事的办法便是让百姓交钱，衙门拿了钱再雇人去统一制作荆杖。潘富和胥吏们做的，大概便是这样的事情。

然而，站在百姓的角度，荆木可以直接进山去砍伐，银钱却需要拿东西去卖才能有，而且一根荆杖算多少钱完全由衙门胥吏说了算，无论怎么算，都是百分之百要吃亏。告状者的愤怒，便是缘于这一点。

衙门有客观上的难处，百姓觉得自己被二次盘剥。常规时代解决这种冲突的办法，要么是衙门强势相压，迫使民众服从；要么是衙门与地方士绅耆老商议，定出一个众人勉强能够接受的价码。但洪武时代不是常规时代，朱元璋在《大诰》里一再号召民众进京城举报不法胥吏，于是，溧阳县的"荆杖问题"便成了朱元璋亲自审理的御案。

类似的案件，还有《御制大诰三编》里的"团槽喂驴案"。

该案的大致情节是：朱元璋曾起兵二十三万北行，命北平布政司为大军准备驴子，每两名士兵配备一头驴子作为脚力。兵力调至北平约半数时，朱元璋改了主意，宣布停止行动，让所有士兵回归卫所，唯已备好的驴子留下，由北平布政司负责喂养。朱元璋认为，半数兵力到了北平，那么北平布政司至少应该已备好五万匹驴子。布政司衙门可以将这些驴子分配到民间让百姓们领养。他觉得这种事根本不会增加百姓的负担，"庄农虽作生理，带驴前去，羁绊于郊，不甚妨人，亦无草料之费"，农夫下地干活时带上驴子，将之拴在郊野吃草，既不妨碍干农活，也不需要额外开支草料。但北平布政衙门的做法却是"令民入邑，团槽喂驴"，在城里建起了有团槽（大概是指围成一圈，圈中间有柱子用来拴驴的那种食槽）的驴棚，让老百姓进城来服劳役喂驴。此举让朱元璋勃然大怒：

> 令民入邑，团槽喂驴，料民必为之艰，略必至矣。呜呼苦哉！……且驴在野，各户分养，草料不费，人工不妨。役令团槽，每驴妨夫一名，出城取草，归家取料，往复艰辛。①

朱元璋揣测认为，北京布政司衙门的官员这样干，肯定是为了逼迫百姓来给他们送贿赂。百姓要进城来喂驴，草料却需出城去取，往返来回既占用人力，也占用时间，必定耽误正常耕作。有些百姓为了躲避喂驴，便会给官员送钱。依据这番主观推断，朱元璋下令将北平布政司经历董陵云以及相关府、州、县的官吏，集体枭首示众。

其实，朱元璋想得到的"各户分养"之法，元朝人早就想到了。不但想到了，还实践过了。但元朝人最终发现，相比各户分养，团槽喂马（驴）才是那个更不坏的制度。《元史·张珪传》记载：

> 阔端赤牧养马驼，岁有常法；分布郡县，各有常数。而宿卫近侍，委之仆御，役民放牧。始至，即夺其居，俾饮食之，残伤桑果，百害蜂起；其仆御四出，无所拘钤，私鬻刍豆，瘠损马驼。大德中，始责州县正官监视，盖暖棚、团槽枥以牧之。至治初，复散之民间，其害如故。监察御史及河间路守臣屡言之。臣等议：宜如大德团槽之制，正官监临，阅视肥瘠，拘钤宿卫仆御，着为令。②

这段记载说得很明白。元代官府的马与骆驼，一度也曾直接分配给百姓喂养。结果那些负责督管此事的"仆御"们，以监察百姓是否好好喂马喂骆驼

---

① 《御制大诰三编·团槽喂驴第二十四》，《洪武御制全书》，第909—910页。
② （明）宋濂等：《元史》卷一七五《张珪传》，中华书局1983年版，第4081页。

为名，频繁下乡骚扰百姓。他们住在百姓的房子里，索要吃喝、伤害桑果，还强迫百姓从自己手里购买饲料。为了纠正这些弊端，元成宗大德年间（1297—1307）采取新政策，让州县官员盖起暖棚和团槽来喂养马与骆驼。元英宗至治初年（1321），又将马与骆驼直接散养到百姓家中，结果出现了同样严重的害民现象。于是，中书平章政事张珪等官员，再次建议元朝廷恢复大德旧制，用团槽来喂马与骆驼。

显然，北平布政司衙门"团槽喂驴"，不过是按旧规办事罢了。在城里搞团槽，确实会增加百姓的负担；但将驴子散养到农夫家中，会造成更严重的问题——布政司衙门断不敢对驴子的喂养情形不闻不问（死了、瘦了、跑了造成损失，布政司衙门要承担责任），必然会派胥吏下乡去监察。这种监察的后果，元代底层百姓已经尝过多次。朱元璋所谓的"草料不费，人工不妨"，对底层百姓几乎没有影响，是不可能存在的事情。可惜的是，朱元璋的见识不足以认知到这一点。他对明帝国的官僚系统怀有极深的猜忌心态，这使他根本无法意识到"团槽喂驴"乃是"两害相较取其轻"，是更不坏的解决办法。

回到溧阳县的"荆杖问题"。朱元璋亲自审理该案结果，是他听了告状者的话之后，便派人前往溧阳县捉拿潘富。潘富闻讯后四处逃亡。潘富的逃亡展示出一个底层百姓所能够拥有的巨大活动能量。这再次提醒朱元璋，在元代的"宽政"下，许多江南民众已经脱离散沙化，结成了有组织的利益共同体。朱元璋了解元朝灭亡的玄机，这种民间的组织能力让他感到愤怒，也感到忧心——朱三番五次强调元代因"宽"而亡，玄机便在此处。这桩普通的"荆杖案"，最终演变成一场针对三百零七户家庭的大屠杀。杀戮结束后，朱元璋还在《大诰》中抒发感慨：

民顽者，莫甚于溧阳、广德、建平、宜兴、安吉、长兴、归安、德清、崇德蒋士鲁等三百七户。[①]

这三百零七户，可以说是我明帝国当中最顽固难化的百姓。

事情发展到这一步，"荆杖问题"本身的始末与是非，便已经不重要了。从《大诰》的叙述来看，潘富应该是在被抓到之后便被处以极刑，他没有得到与告状者黄鲁当面对质的机会。朱元璋也无意聆听他有没有什么话要为自己辩解。百姓有了组织能力，便会成为"顽民"，不管这些"顽民"有没有害民之举，他们都属于要被清除的对象。

四、必须被瓦解的"千乘乡僧寺"

"潘富案"里，关于"千乘乡僧寺"的那段记载也很值得重视。据朱元璋的讲述，该寺僧人在潘富逃亡期间，曾以武力公然对抗官府，将缉捕人员打死一名打伤一名：

（崇德豪民赵真、胜奴）将潘富递入千乘乡僧寺。僧澄寂、周原善却将追捕者，率领二百余丁终宵困逼，致被追者杀讫一名，杀伤一名，后天明而解去。[②]

寺庙如此这般"武德充沛"，实是前朝遗留。在元代，寺院经商是很常见的现象。中统四年（1263），忽必烈下诏允许僧道"种田入租，贸易输税"[③]，只要向朝廷缴租纳税，寺院与道观便可以合法经营农业和从事商业。此后，寺院经商的现象便普及开来。如大护国仁王寺是忽必烈的皇后所建，名下资产遍布全国，其中仅"江淮酒馆"便有一百四十家；普通寺庙也是如此，元曲里便

---

① 《御制大诰三编·递送潘富第十八》，《洪武御制全书》，第905页。
② 《御制大诰三编·递送潘富第十八》，《洪武御制全书》，第905—906页。
③ （明）宋濂等：《元史》卷五《世祖本纪二》，中华书局1976年版，第95页。

有"金山寺摆满了贩茶船"之说①。真定路（大约相当于现在的河北正定）的寺庙奉恩寺，名下也有"邸舍百余间"，邸舍就是旅馆。后来又扩建房屋八十间，还经营着"浴室二区，酒肆一区"②。

如此，也就不难理解，为何千乘乡的一座佛寺里会有"二百余丁"聚集——对元代人来说，寺庙与道观不仅仅是一个信仰共同体，也是一个经济共同体。寺庙购置田宅、开矿经商需要人力，保护资产或参与倾轧也需要人力。这"二百余丁"的身份，大概便是如此。此外，寺庙在元代还享有免服丁役的特权。虽然该政策多次反复，但天历二年（1329），也就是朱元璋出生一年之后，元文宗仍在诏书里规定"僧尼徭役一切无有所与""诸僧寺田有当输租者，免其役"③，该政策之后未见变化。朱元璋十七岁时被家里人送去寺庙，"托身于寺四年"④，很可能便是为了借寺庙的特权来逃避编户齐民必须承担的丁役⑤。

朱元璋既然有过入寺的经历，自然清楚寺庙在元代其实是一种有钱、有

---

① 分别见《雪楼集》卷九《大护国仁王寺恒产之碑》，《李素兰风月玉壶春》第一折，转引自李幹《元代社会经济史稿》，湖北人民出版社1985年版，第302页。

② 《滋溪文稿》卷二，转引自白文固：《元代的寺院经济》，《青海社会科学》1987年第6期。

③ 《续文献通考》卷一七《职役考·复除》。

④ 朱元璋：《御制龙兴寺碑》，收录于光绪《凤阳县志》卷十五。其原文是："昔幼时，师高彬者，托身于寺四年。初栖之时，其年蝗旱，寺罢僧饭，师长弗济。彼时朕年十有七岁，方为行童五十日，于教茫然。因师弗济，且父、母、长兄不逾二旬尽皆崩逝，家道零落，归无所恃……"《御制龙兴寺碑》的内容与《皇陵碑》有一处较大差异：按前者的说法，朱元璋是先进了寺庙，然后家中遭逢变故，寺内又"罢僧饭"，于是陷入了"归无所恃"的困境。《皇陵碑》则称，先是家中遭逢变故无处可去，然后才是"汪氏老母，为我筹量。遣子相送，备醴馨香。空门礼佛，出入僧房"（见《洪武御制全书》，第189页）。

⑤ 按成吉思汗的规定，"年十五以上成丁，六十破老"。见《元史》卷一四九《郭宝玉传》，中华书局1976年版，第3521页。忽必烈建立元朝后在江南地区实施的政策，是否会放宽成丁年龄，笔者见识有限不甚了解。可以肯定的是，十七岁的朱元璋，确实已经到了要服丁役的年龄，进入寺庙是逃避丁役的好办法。

人、有关系网的社会组织。所以，他对僧道的态度便存在一种奇特的两面性。一方面，他经常表现出对僧道神佛充满了敬重。洪武十四年（1381），南京的灵谷寺因为需回避朱元璋的宫殿（朱元璋说该寺位置"日目殿阁，有所未宜"[①]），整座寺庙连带寺内安葬梁代志公禅师的志公塔，一并被迁走。朱元璋下令此次迁址的费用与人力全部由官府承担。洪武十五年新寺庙与新志公塔完工后，朱元璋又以"释迦志公，已逝数千百年，犹能生尔等众"[②]为由，下令释放了所有参与重建工作的囚徒——其实就是以释放囚徒来向释迦、大觉金仙与志公禅师进献功德。

另一面，朱元璋又长期致力于摧毁僧道与世俗社会的连接，竭力迫使天下寺院退回到枯燥的念佛诵经活动当中。《御制大诰》的第三十条里，朱元璋便针对全国所有僧道人士发出了一项相当严厉的警告：

> 僧尼、道士、女冠，敢有不务祖风，混同世俗，交结官吏，为人受寄生放，有乖释道训愚之理，若非本面家风，犯者弃市。[③]

"交结官吏"容易理解。"受寄"与"生放"是商业词汇，前者可以理解为替人卖东西，后者可以理解为替人放贷款。"混同世俗"则是指僧道的活动超出了宗教范畴，没有止于礼佛诵经、敬神驱邪，还在从事置办田地、开采矿产、设店放贷等商业活动。朱元璋说，这些事都不是僧道该做的，谁做这种事被抓到，就砍谁的脑袋。

洪武二十一年（1388），在朱元璋"恩犹父子"当知无不言的话术鼓励下，解缙于《大庖西封事》中戳破了朱元璋对待神佛的这种两面性。解缙说："百家神怪，诞妄恍惚，臣知陛下洞烛之矣。然犹不免欲以愚弄天下，若所谓以神道设教者。"陛下内心其实根本不信那些荒诞的神怪的说法，之所以还要

---

① 朱元璋：《灵谷寺记》，《洪武御制全书》，第202页。
② 朱元璋：《赦工役罪人》，《洪武御制全书》，第44页。
③ 《御制大诰·僧道不务祖风第三十》，《洪武御制全书》，第762页。

搞"神道设教"，其实是为了愚弄天下百姓，让百姓们相信朱明政权有天意的支持。解缙还说，完全没必要做这种事情，"一统之舆图已定矣，一时之人心已服矣，一切之奸雄已慑矣；……何必兴师以取宝为名，谕众以神仙为征应，谓某所有某仙某神孚佐国家者哉。"——天下已用武力打了下来，人心已然服从，奸雄已然畏惧，不必再拿神仙来说事。[①]

因为是密奏，解缙的话说得很刺耳，也很直白——解缙在京城只待了短短两三年，便被朱元璋以"大器晚成"为由给送走，要他回家再读十年书，恐怕也与这种刺耳有些关系。刺耳归刺耳，其实朱元璋明白解缙的话是对的，世事的真实逻辑是"得天下者得民心"而非"得民心者得天下"，拿神佛说事只是宣传需要，真做了皇帝便不必把神佛当回事。不但不必把神佛当回事，还得消灭那些有钱、有人、有关系网的寺庙道观。于是就有了洪武二十四年（1391）的"清理释道二教"运动——积极参与该运动的，便有解缙的兄长解纶。

该项清理运动的指导文件，是朱元璋下发给天下寺庙的《申明佛教榜册》。内中说："今佛法自汉入中国，……其本面家风，端在苦空寂寞。今天下之僧，多与俗混淆，尤不如俗者甚多，是皈其教而败其行，理当清其事而成其宗。令一出，禅者禅，讲者讲，瑜伽者瑜伽，各承宗派，集众为寺。有妻室愿还俗者听，愿弃离者听。"大意是勒令天下寺庙必须与世俗社会切割，回归到"苦空寂寞"之中。具体操作上，所有僧人皆不许"潜住民间"，若是胆敢不入由朝廷控制的丛林（即大寺庙），还生活在民间百姓当中，"被人告发到官，或官府拿住，必枭首以示众。容隐窝藏者，流三千里"。唯一的例外，是那些甘愿远离尘世去深山老林里刀耕火种了此残生之人，朱元璋允许他们不进入朝廷控制的丛林。[②]

随后，礼部按照朱元璋的旨意出台了文件，宣布"凡僧人不许与民间杂处，

---

①　《文毅集》卷一《大庖西封事》，钦定四库全书本，第8—9页。

②　朱元璋：《申明佛教榜册》，收录于（明）葛寅亮撰：《金陵梵刹志》上册，南京出版社2011年版，第65—66页。

务要三十人以上聚成一寺，二十人以下者，听令归并成寺"①——为了减轻朝廷管控的成本，三十人以下的寺庙不允许存在，僧人数量不够便需与其他寺庙合并。具体工作交由地方政府和锦衣卫去负责落实，限定在一百天内完成。卜正民（Timothy Brook）的研究认为，这场合并佛寺的百日运动，"使佛寺数量较1391年（即洪武二十四年）前数量锐减了四分之三"，其对佛教的打击力度，"超过了此前任何一次对佛教的打压，并且更为彻底地改变了中国佛教"。②

洪武二十五年（1392）年底，朱元璋又针对僧人和寺院下达了新的诏令。他觉得那些忍受不了农奴式压榨的逃兵和忍受不了工奴式劳作的囚犯，走投无路时很有可能会将寺庙当成藏身之地，"各处僧寺多隐逃军逃囚"，遂要求所有寺院都需编号造册，"有容隐奸诈等人朦胧入册的，事发时，连那首僧都不饶他性命。各处僧人都要于原出家处明白供报俗家户口入籍，不许再在挂搭处入籍"③。也就是对天下僧人实施严格的档案化管理。

洪武二十七年（1394），政策进一步收紧。朱元璋让礼部出台避趋条例，其基本内容是：一，僧人不许以化缘为由奔走市村，"若有此等，擒获到官，治以败坏祖风之罪"，也就是按《御制大诰》第三十条里的"弃市"论处。二，寺院与官府的交接，一概由朝廷派驻在寺院的"砧基道人"负责，严禁僧人进入衙门，"有敢连僧服跪公厅者，处以极刑"（"砧基道人"一职是洪武十九年所设，主要负责管理寺院的差税事务，相当于寺院的"太上皇"）。三，僧人不许交接官府，不许与俗人为友，否则"治以重罪"。四，设在市井之中的寺庙，必须要有至少三十名僧人，否则便取消合并。五，僧人隐居到崇山深谷之中去修行，同修人数只允许一至二人，"三、四人则不许"，且隐居之地必须远离市井超过十五里，隐居者在深山之中"止许容身，不许创聚。刀耕火种于丛林中，止

---

①　《金陵梵刹志》上册，第69页。

②　［加］卜正民著，陈时龙译：《明代的社会与国家》，黄山书社2009年版，第216页。

③　《金陵梵刹志》上册，第70—71页。

许勾食而已"。①

卜正民评价说，朱元璋搞这些政策的目的，"是要完全将僧人与世俗生活隔离开来，使他们再也无法聚集到一起密谋损害国家政权。宗教世界与尘俗世界，因此而被截然分开；宗教世界对尘俗世界的影响也被降到了最低点。国家不再认为佛教能帮助它统治人民；相反，在国家眼中，佛教成了一种竞争性的权威资源，必须加以监视"。②

总而言之，"千乘乡僧寺"这类有组织能力的团体，在洪武时代，是必须要消灭的对象。

---

① 《金陵梵刹志》上册，第72—75页。
② 《明代的社会与国家》，第218页。

第九章　剁指案：不合作有罪

襄中士夫不为君用，是外其教者，诛其身而没其家，不为之过。

——《御制大诰三编·苏州人材第十三》

一、朕是你的再生父母

明代广信府的位置，大致相当于今天的江西上饶一带。

北宋年间，这里曾发生过一场持续了近半个世纪的"神童热"。为了让自家孩子成为卓越的背书家，以通过朝廷的"神童科"考试，当地百姓一度疯狂至"小儿不问如何，粗能念书，自五六岁即以次教之五经，以竹篮坐之木杪，绝其视听"[①]的地步——小儿长到五六岁时便请来教师传授五经。为了让孩子心无旁骛全力背书，会将其装进竹篮高高挂到树上。

由此可见，进入体制做官，对北宋百姓有着巨大的吸引力。

然而，到了明朝洪武时代，广信府的贵溪县却出现了读书人自断左手大拇指、自绝仕途的极端事件。据朱元璋在《御制大诰三编》第十条披露，自断手

---

① 叶梦得：《避暑录话》，转引自诸葛忆兵编著：《宋代科举资料长编·北宋卷》下册，凤凰出版社2017年版，第793页。叶梦得所言是北宋饶州，与明代广信府的地理位置略有差异。不过，当时的"神童热"之风感染了整个江西，明代广信府所属区域也不例外。

指者是"儒士夏伯启叔侄二名"，目的是成为丧失做官资格的残疾人。朱元璋知晓此事后大怒，将夏伯启叔侄抓捕到京城亲自讯问。

朱元璋先问夏伯启："之前躲避战乱时，你居住在哪里？"夏伯启回答："红寇（据朱元璋的单方面叙述，夏伯启用了这个词）作乱时，我躲在福建江西的交界之处。"朱元璋再问："有没有带上家小？"夏伯启回答"奉父行"，也就是带上了老父亲。得到这个回答后，朱元璋开始教训夏伯启：

> 人之生，父母但能生其身体而已，其保命在君。虽父母之命，非君亦不能自生，况常云人有再生父母。……今尔不能效伯夷、叔齐，去指以食粟，教学以为生，恬然不忧凌暴，家财不患人将，尔身将何怙恃？[①]

大意是：你的爹妈只能赋予你身体，你能够保命活到今天，全是君王的功劳。即便是你的爹妈，没有了君王的保护也不能自行生存。君王可谓是你的再生父母。你剁了手指不肯为朕所用，又不能效仿伯夷、叔齐不食周粟直接饿死，而是以教学为生，过着不必担忧凌暴、不必担忧抢掠的好日子。你自己说说，你依靠的是谁？

夏伯启"俯首默然"，低头不说话。

朱元璋继续教训他："尔所以不忧凌暴，家财不患人将，所以有所怙恃者，君也。今去指不为朕用，是异其教而非朕所化之民。尔宜枭令，籍没其家，以绝狂夫愚夫仿效之风。"你能过上这种好日子，靠的全是君王，也就是我。你知道奉养爹妈，对待再生父母般的我，竟然宁愿把手指给剁了也不愿为我所用。你应被砍头、抄家，以免那些狂妄愚蠢之徒效仿。

"人之生，父母但能生其身体而已，其保命在君。虽父母之命，非君亦不能自生，况常云人有再生父母"一句，正是朱元璋在《大诰》里全力向明帝国官民灌输的"大孝"理念的核心内容。《御制大诰续编》的第七条里，朱元

---

① 《御制大诰三编·秀才剁指第十》，《洪武御制全书》，第898页。杨一凡《明大诰研究》所整理校对的文字，与前书略有不同，本文采用后者。

璋便问过那些由地方官府和民间耆老们推荐上来的孝廉："你们觉得什么是孝？"孝廉们回答说："孝就是早晚向父母问安，为父母提供饮食，不敢违抗他们的言语。"朱元璋问："就这些？"孝廉们回答："是，就这些。"朱元璋遂发出极其失望的感叹：

嗚呼愚哉！①

接下来，他便大讲特讲，向这些孝廉们普及了一通何谓"真孝"。他说，冬天要让父母感到温暖，夏天要让父母感到凉爽，早上起来要问父母昨晚睡得好不好，晚上要等父母睡了才能回房，这样才是孝；父母的命令如果是好的，赶紧去做，不要拖延，如果与礼法有违，就哀告再三，竭力劝阻，这样才是孝。但最重要的，是必须"事君以忠"，对皇帝"知无不言，心无奸邪"，因为这是比其他孝更重要的"大孝"。②

《御制大诰三编》第二条里，朱元璋又说，真正的孝是"推父母之慈情，立志于禄位，显扬祖宗，丰奉父母"③——将父母的养育之恩化为立志报效君王获取俸禄地位的动力，进而光宗耀祖，让父母过上好日子。简言之便是忠孝一体，不忠君者便不会是真孝之人；没有君王（朱元璋）便没有大明百姓；无条件忠于君王（朱元璋），是大明百姓应该奉行的终极"孝道"。

朱元璋撰写过一篇《严光论》，也可以视为他倡导"大孝"并杀害夏伯启叔侄的一个注解。

严光是东汉初年的著名隐士，年轻时与光武帝刘秀"同游学"。刘秀得了天下之后，征召严光入朝做官，但严光无意官爵禄位，更愿以垂钓山水来娱乐此生。在传统语境里，严光始终是一个值得钦敬的形象。但朱元璋不这么看，他在《严光论》里说（这是篇逻辑混乱的奇文，有必要做较大篇幅的引用，以

---

① 《御制大诰续编·明孝第七》，《洪武御制全书》，第797页。
② 《御制大诰续编·明孝第七》，《洪武御制全书》，第798页。
③ 《御制大诰三编·进士监生不悛第二》，《洪武御制全书》，第869页。

免割裂文意）：

> 昔汉之严光，当国家中兴之初，民生凋敝，人才寡少，为君者虑恐德薄才疏，致生民之受患，礼贤之心甚切，是致严光、周党于朝，何期至而大礼茫无所知，故纵之，飘然而往，却乃栖岩滨水以为自乐。吁！当时举者果何人欤？以斯人闻上，及至，不仕而往，古今以为奇哉，在朕则不然。且名爵者，民之宝器，国之赏罚，亘古今而奔走天下，豪杰者是也。《礼记》曰：君命赐，则拜而受之。其云古矣。聘士于朝，加以显爵，拒而弗受，何其侮哉！朕观此等之徒，受君恩罔知所报，禀天地而生，颇钟灵秀，故不济人利物。愚者虽不知斯人之奸诡，其如鬼神何？且彼乐钓于水际，将以为自能乎？不然，非君恩之旷漠，何如是耶？假使赤眉、王郎、刘盆子等辈，混淆未定之时，则光钓于何处？当时挈家草莽，求食顾命之不暇，安得优游乐钓欤？今之所以获钓者，君恩也。假使当时聘于朝，拒命而弗仕，去此而终无人用，天子才疎而德薄，民受其害，天下荒荒，若果如是，乐钓欤？优游欤？[①]

大意是：汉代那个严光，正逢国家凋敝、民生艰难的时候，人才寡少，做皇帝的忧心天下百姓，礼贤之心迫切，所以才去征召他。没想到，朝廷厚礼征召，他却不识时务，飘然而去，在水边垂钓为乐。天啊！当时举荐严光的人究竟是谁？把这家伙举荐上去，他居然不肯出来做官跑掉了，古今之人还以之为美谈。朕决不能认同这种做派。名爵是国家重器。朝廷聘请人才，授给他显赫的爵位，他却拒绝接受，这对朝廷来说是一种巨大的侮辱！在朕看来，这些家伙，蒙受君恩却不思报答，反自得其乐在水边垂钓，可谓忘恩负义罪大恶极。试想，如果没有君王如旷漠般广阔的恩典，他们怎么可能享受到这一切？他们之所以可以在水边悠然垂钓，全是蒙受了君王的恩惠。假使光武帝没有平定赤

---

① 朱元璋：《严光论》，《洪武御制全书》，第274—275页。

眉、王郎、刘盆子这些割据势力，天下继续大乱，严光之流要上哪里去垂钓？

朱元璋最后的结论是："朕观当时之罪人，罪大者莫过严光、周党之徒，不正忘恩，终无补报，可不恨欤！"严光、周党（也是光武帝时代的隐士）这些人，才是当时最大的罪人。忘恩负义，受了君王的恩惠却不思回报，实在太可恨！

二、朕所用之人全是坏蛋

这种以"大明朝全体百姓之再生父母"自居的心态，究竟是朱元璋的真实想法，还是用来给明帝国百姓洗脑的话术？

答案很可能是二者兼而有之。一方面，朱元璋的皇权无远弗届，不受任何人与制度的约束，洪武群臣为了苟全性命，日复一日地歌功颂德，很容易让朱元璋觉得自己确实英明神武，确实是拯救天下黎民苍生于水火的盖世英雄。另一方面，除了"君恩"与"大孝"，朱元璋也找寻不到更好的思想工具，来控制明帝国的官民，以维系自己的现实统治。

其实，对元末百姓而言，究竟谁能从乱世中胜出并不重要。重要的是这个胜出者能否在战后提供一种控制与汲取程度更轻的统治秩序。

遗憾的是，朱元璋提供的统治秩序，与民意的期望恰恰相反。较之元朝与其他群雄（如张士诚），明帝国不但控制力度更强，汲取烈度也空前提升。控制力主要通过知丁法、路引制度与举报体系来实现，本书前文已有介绍。汲取烈度包括更高的税赋与更沉重的劳役。税赋方面的典型案例，是苏州府的夏税秋粮，较之张士诚的时代已翻倍不止（参见本书前文关于"郭桓案"的解读）。劳役方面的典型案例，则是中都的营建。

洪武二年（1369），朱元璋下诏定都临濠（也就是后来的凤阳府），开始营建中都城。持续六年后，这项巨型工程以烂尾告终。烂尾的原因，是被征发前往服役的工匠苦不堪言，以"厌镇"之法诅咒朱元璋的明帝国赶紧倒台——

早在洪武五年，朱元璋便已知晓建筑工地上"军士多以疫死……病无所养，死无所归"①。当洪武八年朱元璋前往凤阳工地视察时，李善长"奏诸工匠用厌镇法"，引起朱元璋的震怒，"将尽杀之"。当时的工部尚书薛祥不忍看到全工地之人被杀，于是"分别交替不在工者，并铁石匠皆不预，活者千数"②，竭力保全了所有的铁匠与石匠，以及那些因为倒班不在场的工人。但获薛祥保全者终究是少数，多数工人倒在了朱元璋的屠刀之下。数年后，薛祥也因他事遭朱元璋以廷杖之刑活活打死。

附带一提：洪武工匠的悲惨命运，还可参见《御制大诰三编》第三十条的记载。据朱元璋讲，"工作人匠，将及九万"常年为建设南京城而劳作。每次都是由工部官员出具文件，将其中一千到两千名工匠勾取到京，"文案明立到京月日，实不与上工，待一月后、半月后方许上工"，也就是文件上写明某年某月某日必须到京，但正式上工的日期，往往是到京日期的一个月或半个月之后。服工役结束后，工匠们也不能准时离京回家，"工满应放回还，不即与批，又行刁蹬留难"。朱元璋认为工部官员这样做的目的，是为了贪污工匠们的"安家钞"和"月支食钱"。官员们向朝廷申请领取这些钱，是按勾取文件上的日期算，给工匠们发钱则是按正式上工的日期算。这种做法让九万工匠"年年在途者有之，暂到京者有之，方到家者亦有之，无钱买嘱终年被征工所役者有之"，实在是困苦不堪。朱元璋后来命人将九万工匠按每五千人编成一班，轮流赴京服役，四年轮完九万人。结果又出现了工匠技艺不精耽误工程的问题，还发生了"人匠沈添二等二百七名，中有三名乃亲身赴役，余皆以老赢不堪、幼孺难用以代正身，致使工不能就"的事件。③洪武时代工役繁重，死于工地者颇多。壮年工匠不到万不得已（家中无壮劳动力便难以维系全家人的生计），一般不会改让家中老幼代替自己去服役。

"中都厌镇案"给朱元璋造成了巨大的心理阴影。不但逼迫对风水迷信之

①　《明太祖实录》卷七十五，洪武五年秋七月戊申条。

②　《明史·薛祥传》，第3973页。

③　《御制大诰三编·工匠顶替第三十》，《洪武御制全书》，第913—914页。

说"宁可信其有，不可信其无"的朱元璋放弃了已经大致完工的中都城①，还使他意识到另一个相当显著的事实：在许多明帝国百姓眼中，新皇帝朱元璋不是救世主，也不是再生父母，而是他们痛苦命运的根源。儒士出身的夏伯启叔侄，宁愿砍掉自己的大拇指，也不肯成为明帝国的官员，便是想要规避这种痛苦的人生。

在洪武时代，入朝为官可谓读书人的噩梦。噩梦主要缘于朱元璋的猜忌之心。御史袁凯的遭遇便很典型。先是朱元璋审理了一桩案子，让袁凯将案子送给太子朱标复审，朱标减轻了判决。袁凯汇报复审情况后，朱元璋问他："朕与太子的判决，哪个更正确？"袁凯谁也不敢批评，只能叩头说："陛下法之正，东宫心之慈。"结果被朱元璋认定为是一个"持两端"的狡猾分子，将其扔进了监狱。为了活命，袁凯只好佯装疯癫，在监狱里三天三夜不吃饭，待朱元璋将其拉出来提审时，便公开"拾啖秽物"，吃各种恶心的脏东西。朱元璋以"吾闻颠者不肤挠"（疯癫之人无论怎样都不会示弱求饶）为由，让人拿木锥子使劲锥刺袁凯，袁凯始终忍痛"对上大笑"。获朱元璋放归后，袁凯不敢稍有松懈，每日里"自缧木榻于床下"（将自己捆在床下的木榻上），继续维持疯癫的做派。稍后果有使者奉朱元璋之命前来查看，袁凯"慢坐对使者歌"，当着使者毫无礼数疯疯癫癫唱歌。使者将所见情形回报给朱元璋后，"上不为疑"，自此不再疑心袁凯是假疯。②

其实还有一种可能。朱元璋也许从来就没有消除过对袁凯的疑心。只不过，他已经成功地让袁凯后续的人生只能在癫狂中度过。较之直接杀死袁凯，这是一种更残酷的惩罚。所以，他听到使者的回报后，已不在乎袁凯是真疯还是假疯了。

万幸的是，袁凯的寿命比朱元璋长，朱元璋临死时大概也早已将他忘记。朱元璋去世后，"凯始出，优游以终"。在人生的末年，袁凯终于做回了正

①　朱元璋放弃中都改以南京为都城的原因分析，可参考刘思祥，王幼生：《明中都罢建原因初探》，《安徽史学》1986年第4期。

②　（明）吕毖：《明朝小史》卷一，"佯为病癫"条。

常人。

朱元璋旺盛的猜忌心，让洪武时代大大小小的官员，普遍活在朝不保夕的战战兢兢当中，也让洪武时代的读书人普遍视仕途为畏途。[1]但朱元璋自己绝不肯承认这一点。在《御制大诰》第六十四条里，朱元璋将洪武时代的官员们作为一个整体施以怒骂，痛斥他们是一群恶意诽谤君王的奸贪之徒：

> 奸贪无福小人，故行诽谤，皆说朝廷官难做。府、州、县止以秋粮夏税言之，民人已将秋粮夏税纳矣，不甚劳于有司，二税办矣。其府、州、县官，有就仓盗卖者，有与顽民相通，接受赃私，虚出实收者。此果民人难管，二税艰征，陷官于罪责耶？实由贪而自取灭亡耶？府、州、县官专一宣布条章，辨民曲直。民有户婚、田地、斗殴相争，一是一非，初招明白，不甚难于官吏。既知是非，辄起贪心，倒持仁义，接受赃私，祸善福顽，以招自身之祸，此果刑名之难钦？实奸顽之自取钦。呜呼！绝贤辅我，所用皆非忠志之士，自作非为，强声君过，妄彰君恶，逢亲友于所在，掩非饰过，昧己谩人。天灾人祸，岂有不遇者耶！[2]

朱元璋这段叱骂里的自我辩解并不成立。

一，朱元璋说夏税秋粮由百姓自行缴纳，各级官府并不需要费多少气力，便不是事实。因税赋沉重，洪武时代经常发生百姓无力缴纳夏税秋粮的情况。

二，朱元璋说"虚出实收"纯粹是贪官与顽民勾结，也非事实。外地官

---

[1]　朱元璋在国子监给诸生训话时，曾无意间披露过洪武官员的这种恐惧。他说自己处理完政务后有了闲暇，常延请儒臣"赐坐便殿讲论治道"，国子监的学官李思迪与马懿，从来都是能不开口便不开口，能不发表意见就不发表意见："终日缄默略无一言，旁有讲说经史者，因而问及，不过就他人之辞以对，未尝独出一言。"见《明太祖实录》卷一百二十三，洪武十二年三月乙未条。李思迪在洪武元年（1368）被征入京城编修起居注，曾被提拔为吏部侍郎，也曾被流放窜居闽中。这些经历（尤其是编修起居注可以近距离了解朱元璋）造就了李思迪能不说话便不说话的处世方式。

[2]　《御制大诰初编·奸贪诽谤第六十四》，《洪武御制全书》，第779页。

吏运送物资进京，有运输成本，运费往往会比物资本身的价值高出许多倍。而且，手工业品与农产品很容易在运输途中因雨水、高温之类的原因损坏或变质。所以，与其长途跋涉运输物资入京，不如带上银钱进京，在京城或距离京城较近的地区购入物资，再去上缴。又因外地官吏不如京城本地官吏熟悉市场，这种做法最后便慢慢演变成了外地官吏带上银钱，直接缴纳给收取物资的库官，由库官再去购入物资填充库房。这番操作，既让外地官吏省下了成本，也让库官赚到了差价，且活跃了京城周边的商业。

《大诰》究其本质，乃是律法条文和宣传材料，所以朱元璋并不在乎自己的辩解是否成立。他在乎的，是明帝国家家户户都要有《大诰》，都要恭读《大诰》。大多数底层百姓无从了解明帝国的税赋与劳役的真实运作逻辑。朱元璋简单明了的强词夺理，对底层百姓来说已可谓"说服力十足"，已足以支撑起他"爱民如子、疾恶如仇"的政治形象。唯一的漏洞，大概便是"绝贤辅我，所用皆非忠志之士"与"奸贪无福小人，故行诽谤，皆说朝廷官难做"两句——做皇帝做到自认为身边一个贤人也没有，自认为所用之人全是坏蛋，做到所有官员都在"诽谤"皇帝，都在说给皇帝做事太难了，这究竟是谁的问题？

当然是朱元璋自己的问题。《御制大诰》的六十八条里，朱元璋便在不经意间泄露了洪武时代官场的真实面目。内中写道：

> 广东道监察御史汪麟、户部主事王肃，系洪武十八年进士。登科之后，朕尝爱惜，分布各司，于公文并不署押，政事与正官一体施行。所以不押字者为何？恐见任官不才，有累进士，所以事虽办而字不押，倘有事务差池，罪归见任，特意优容进士。其诸进士不才者多，恩且不怀，奸滑日务，独汪麟、王肃尤甚。见其恩不怀而诈日习，于是实授以职，命事诸司。①

---

① 《御制大诰·御史汪麟等不才第六十八》，《洪武御制全书》，第781—782页。

朱元璋说：汪麟与王肃这两人是洪武十八年（1385）的进士，我本来很爱惜他们。爱惜的方法是让他们去各衙门实习，与各衙门的正式官员一起办公，一起处理政务，却无须在公文上签字。不让签字的原因，是担心那些正式官员会在政务上犯事，会连累他们，这是对他们的一种优待。谁知这批进士都是些"不才"者，不懂得感恩，汪麟与王肃尤其坏。所以，作为惩罚，我便授予他们实职，让他们成为正式官员去衙门里办公。

做实习生处理政务不必签字是优待，做正式官员处理政务必须签字是惩罚，前者可以保命，后者容易倒霉。这是从朱元璋口中说出来的洪武时代的官场生态。夏伯启叔侄宁愿自砍手指也不愿做官，原因便在这里。^①

遭朱元璋痛骂不懂得感恩的汪麟，其实也很了解这一点。他被朱元璋分配去北平道实习做事时，便"常不居道，四散优游"，不仅不在政务文件上签字，根本就不愿意碰触政务，能不上班就不去上班，能不做事就不去做事。朱元璋后来让汪麟去做实职的"监察御史"，汪麟能明显感觉到皇帝的恶意。为了保命，他冒死上奏提了三条批评意见。据朱元璋的转述，这三条意见分别是：

一，"各部所任之官，动履紊错，日获谴责，然诸事不能一一尽理"——各部官员天天遭谴责，动不动就陷入法网，要处理的事情又那么多。

二，"妙选布政司、有司"——就官员的选拔提出意见。具体是什么意见，朱元璋没有细说。

三，"御史本达情以广言路，问刑名失职，方今刑名轻重为能事，问囚多寡为勋劳"——御史本来的职责，是将下面的情况如实传达给上层，让朝廷言路畅通，以监督各级官府的刑名断狱工作有没有失职。如今，朝廷却用断狱判

---

① 《御制大诰续编》里，朱元璋还曾承认："自开国以来，惟两浙、江西、两广、福建所设有司官，未尝任满一人，往往未及终考，自不免乎赃贪。"建国近二十年，这些地方的官员竟几乎没有能够安全做完一届任期者，可见在洪武时代为官的风险之高。见《御制大诰续编·松江逸民为害第二》，《洪武御制全书》，第794页。

刑够不够重、被判入狱者够不够多为标准，来考核监察御史们的工作。[1]

朱元璋说，汪麟这些意见是"怀私妄诞，惑乱朝政"，是对洪武时代的诽谤。为了以儆效尤，汪麟被"窜居金齿"，也就是流放到了云南边境的烟瘴之地。但汪麟的那些话，其实是他的肺腑之言。这个原本"四散优游"不肯碰触政务的读书人，如果不是被逼急了，也不会孤注一掷给朱元璋提什么批评意见。

三、夏伯启的教师身份

回到"夏伯启叔侄剁指案"。该案中，朱元璋的愤慨有二：一，读书人不肯为自己所用；二，此案再次证实"皆说朝廷官难做"并非谣言。愤慨之外，此案还有一个元素让朱元璋相当敏感，那就是夏伯启"教学为生至今"的职业身份。

教育，是朱元璋在洪武时代下大力气反复折腾的一件大事。折腾的目的，便是为了将天下读书人的思想控制起来，使他们拜服在朱元璋"天命所归""爱民如子"之类的政治"人设"下，心甘情愿地忠于明帝国，为朱氏皇权所用。一位以教书为职业的儒士，竟然自断大拇指来逃避为朝廷效力，相当于公然反抗朱元璋的教育改革。

这里有必要介绍一下朱元璋的这场教育改革。

自洪武初年，朱元璋便致力于建立一套自中央至基层的教育系统。在中央，设有南北国子监（中都凤阳府也一度设立），其中南京国子监先后六次扩容，人数最多时约在七八千人左右，可谓前所未有的大规模。在地方，设有府、州、县官学，府学收学生四十人，州学收学生三十人，县学收学生二十人——按洪武四年（1371）吏部的统计，明帝国有府一百四十一，州

---

[1] 《御制大诰·御史汪麟等不才第六十八》，《洪武御制全书》，第782页。

一百九十二，县一千一百一十三。①以此为据，地方官学收纳的学生数量当为三万三千六百六十人（明代的行政区划总量时常变化，该计算仅提供参考，非是确数）。在基层，朱元璋于洪武八年下诏，要求地方官府在民间遍设社学②，基本办法是每五十户人家必须设立社学一所，延请儒士秀才承担教育任务③。这一整套自上而下的教育系统，主要职责便是向明帝国的读书人和基层青少年灌输四书五经和朱元璋的"御制文章"。

国子监与府州县官学，是唐宋时代早已有之的制度，朱元璋扩大了它们的规模。深入基层的"社学"制度则袭自元代，但朱元璋变更了教学内容的重点——元代也以每五十户人家为一社，办社的主要目的是提高农耕水平和产量，故"择高年晓农事者立为社长"，"专以教劝农桑为务"。元代的社长有将社内游手好闲之徒报告给官府的权力（朱元璋将该权力赋予里长和耆宿，并勒令底层百姓互相举报）。官府接到举报查证属实后，轻则在社里的"粉壁"上点名批评懒惰者，重则罚他们去给本社服劳役（朱元璋针对不在四业之内的游民的惩处措施要严重得多）。社内设教学点是一桩附带的次要政策，仅要求"每社立学校一，择通晓经书者为学师，农隙使子弟入学。如学文有成者，申覆官司照验"④。洪武时代将每五十户人家重新组合为一社，则是纯粹为了创办社学。社学的教学内容也与农事毫无关系，朱元璋在诏书里说得很明白："乡社之民未睹教化，宜令有司更置社学延师儒。"⑤对底层百姓做意识形态层面的"教化"，才是洪武社学的核心使命。

很快，社学便成了明帝国百姓深恶痛绝的东西。在《御制大诰》的第四十四条里，朱元璋承认过这一点。他说：

---

① 《明太祖实录》卷七十，洪武四年十二月乙酉条。
② 《明太祖实录》卷九十六，洪武八年正月丁亥条。
③ 可参考万历《宾州志》卷七"学校志"，嘉靖《象山县志》卷六"学校纪"，嘉靖《江阴县志》卷七"学校志第五"社学条。
④ 柯劭忞：《新元史》卷六十九《食货志二》。
⑤ 《明太祖实录》卷九十六，洪武八年正月丁亥条。

　　　社学一设，官吏以为营生。有愿读书者，无钱不许入学。有三丁四丁

不愿读书者，受财卖放，纵其愚顽，不令读书。有父子二人，或农或商，

本无读书之暇，却乃逼令入学。有钱者，又纵之；无钱者，虽不暇读书，

亦不肯放，将此凑生员之数，欺诳朝廷。呜呼，艰哉！[①]

　　朱元璋痛骂地方官员，说他们以办社学为生财之道，不许没钱而想读书
的人入学，却逼迫那些男丁稀少忙于生计的家庭必须派子弟入学；那些男丁甚
多，有必要派子弟入学的家庭，则可通过花钱免去读书的义务。

　　缺乏监督与制约的权力必然会走向腐败，上述情况必定存在。洪武八年
（1375）对官僚系统的整肃与杀戮，程度上远不如洪武十七年、十八年，官吏
们也还有贪腐的空间。但朱元璋回避了另一个问题：正因为社学是他亲自抓的
项目，且负有"教化"底层青年子弟（一般是十五岁以下者入学）的使命，故
该政策甫一出台，各级地方官府便全面行动了起来。办社学需要钱，南京一分
钱都不下拨，地方官府需要自己想办法，羊毛出在羊身上，出血的只能是底层
百姓；社学的考核手段是入学率，地方官府为了考核达标，只能去逼迫底层百
姓，有钱有门路者逃课，无钱无门路者入学，便会成为普遍现象。

　　因为社学扰民实在太甚，严重影响到了底层百姓的生计，朱元璋一度被迫
下令停办。毕竟影响百姓生计便要影响稳定，也会影响税赋。史书没有记载停
办的具体时间，《明太祖实录》里仅称朱元璋于洪武十六年（1383）重新启动
社学，下诏要求"民间自立社学"，"有司不得干预"[②]。

　　废而复办，显示朱元璋仍希望以遍布明帝国底层社会的社学来"教化"
民众，将百姓们的思想全部管控起来。但这次重启，也没能维持太长时间，便
再次因为底层百姓不堪折腾而中止。朱元璋在洪武十八年（1385）年底发行的
《御制大诰》里提道："朕恐逼坏良民不暇读书之家，一时住罢。复有不知民

艰、茫然无知官吏害民者，数言社学可兴。"①这段话意味着社学在当时已经暂停。

然而，在洪武十九年（1386）年中颁布的《御制大诰续编》中，与知丁法相关的政策里，又出现了"非社学则入县学，非县必州府之学"②的字样——这句话的前后文意是：朱元璋要求百姓互相监督，若有人读书，邻里之间必须知晓他是在哪里读，是在社学还是在县学，抑或是在州学与府学。如此这般提及社学，显示朱元璋又一次将该手段重拾了起来。这一时期，社学的主要教材便是朱元璋的《大诰》。直到洪武末年，朱元璋才再次因社学害民，将其由全年开设改为仅在冬季开设，由官员主导改为由民间主导。③

相比社学因祸害百姓而反复设立、反复停办，国子监和地方官学对学子的思想控制要容易得多。因为校内可以直接实施杀戮。洪武十五年（1382），国子监祭酒宋讷草拟了十二条禁令作为"国子监学规"，得到了朱元璋的赞许，以谕旨的形式镌刻在石碑上，置于国子监明伦堂右侧。学规之中最厉害的一条是：

> 在学生员……必先隆师亲友，养成忠厚之心，以为他日之用。敢有毁辱师长及生事告讦者，即系干名犯义，有伤风化，定将犯人杖一百，发云南地面充军。④

---

① 《御制大诰·社学第四十四》，《洪武御制全书》，第769页。

② 《御制大诰续编·互知丁业第三》，《洪武御制全书》，第795页。

③ 洪武三十一年颁布的《教民榜文》称："洪武初年，命各处乡村设立社学，教训子弟，使为良善。其不才有司里甲人等，倚此作弊，将有丁子弟本有暇读书者受钱卖放，无丁子弟却逼令入学，以致民人受害。所以革去社学，今后民间子弟，许令有德之人不拘所在，亦不拘子弟名数，每年十月初开学，至腊月终罢。如丁多有暇之家常读常教者，听其自便。有司官吏里甲人等，敢有干预搅扰者治以重罪。"见《皇明制书》第九卷。

④ 《明会典》卷一百七十三，"国子监监规"条。

这是一条典型的"口袋罪"。"毁辱师长"与"生事告讦"八个字，可以被执法者无限宽泛地解读。语言上让师长不高兴，行为上让师长有意见，思想上与师长有差距，文字上让师长不满意，诸如此类，都可以被纳入"毁辱师长"的范畴。向师长提意见，对教学有看法，与同学有冲突……也都可以被纳入"生事告讦"的范畴。

所有"口袋罪"的出现，皆源于执法者想要创造一种无远弗届的恐怖与控制。洪武时代的国子监学规也不例外。据赵翼《廿二史札记》，这条"口袋罪"带来的直接后果是：宋讷在国子监祭酒任内，"极意严刻，以称上意，监生自缢者月不乏人，死必验视乃敛，其酷甚于周兴、来俊臣"[①]，完全以一种酷吏的作风来对待学子，以落实学规为名，行思想监控之实，严格管制学生的一言一行，以致每月都有学子在强制监禁中饿死或者自缢。

宋讷的残酷引起了许多人的不满，其中一位是国子监的助教金文徵。洪武十八年（1385），金文徵找到自己的同乡、吏部尚书余熂，二人商量出了一个以年老为由让宋讷退休的办法。宋讷当时七十五岁，早过了退休年龄（洪武十三年，朱元璋曾制定过一个文武官员年过六十即可退休的政策）。结果，宋讷未被赶走，金文徵和余熂以及一批国子监的相关人员，却丢掉了性命。缘由是宋讷接到吏部的退休文件后，没有直接离职，而是跑去向朱元璋辞行，向朱元璋披露了退休乃是被迫并非本意的信息。朱元璋一直很满意宋讷以酷吏之法管束国子监学生，不在乎他在国子监内草菅人命的滔天罪过。朱先是下令将余熂与金文徵二人抓来拷问后诛杀，又下旨让宋讷回国子监继续担任祭酒。[②]

宋讷于洪武二十三年（1390）因年老死掉后，国子监内的这种高压并没有丝毫放松。原因自然是朱元璋尚在，国子监仍是一个对学生实施严苛的思想和

① （清）赵翼撰，黄寿成校点：《廿二史札记》，辽宁教育出版社2000年版，第582页。

② 《明太祖实录》卷一百七十二，洪武十八年夏四月丁酉条。另可参见阪仓笃秀：《关于洪武十八年朱元璋问斩吏部尚书余熂问题的研究》，收录于《第七届明史国际学术讨论会论文集》（1999年）。

行为监控、旨在培养奴才的所在。洪武二十七年，为了杀鸡儆猴，朱元璋甚至将一颗血淋淋的头颅直接挂在了国子监的大门口。

头颅的主人名叫赵麟，是国子监的一名学生。他被杀害的原因，是受不了学校的虐待，在校内贴了一张抗议帖。官方发行过一本由朱元璋授意编写的《赵麟诽谤榜册》，对赵麟展开过一场全面批判。[①]由朱元璋的训词推测，抗议帖是匿名的。但匿名敌不过地毯式的审讯排查，赵麟终于还是被找了出来。按国子监学规，赵麟的罪名是"毁辱师长"，顶格惩罚是"杖一百，发云南地面充军"。朱元璋觉得这样不足以制造恐怖气氛，遂法外加刑，下旨诛杀赵麟，再命人寻来一根大竹竿，将其头颅挂在上面，立在国子监门口。

洪武三十年（1397）七月二十三日，朱元璋在南京奉天门召集国子监师生训话。他在训话中怀念起了已死掉七年之久的宋讷，"学生们听着，先前那宋讷做祭酒呀，学生好生严肃，秀才每循规蹈矩"——所谓的"严肃"与"循规蹈矩"，换一种说法，便是老老实实做奴才，绝不乱说乱动。然后，朱元璋开始批评，说宋讷死后新换上来的国子监祭酒全都不行，"近年着那老秀才每做祭酒呵，他每都怀着异心，不肯教诲，把宋讷的学规都改坏了"。他告诫在场的学子们，必须严格遵守宋讷定下的规矩，"敢有抗拒不服，撒泼皮、违犯学规的……都不饶，全家发向烟瘴地面去"。

最后，他搬出了上一年被他挂在国子监大门口的那颗血淋淋的头颅，如此恐吓众学子：

> 敢有似前贴没头帖子，诽谤师长的，许诸人出首，或绑缚将来，赏大银两个。若先前贴了票子，有知道的，或出首，或绑缚将来，也一般赏给大银两个。将那犯人凌迟了，枭首在监前，全家抄没，人口迁发烟瘴地面。钦此。[②]

---

① （明）黄佐：《南雍志》卷一"事纪一"。

② 《南雍志》卷十"谟训考"，"奉天门钦奉圣旨"。

朱元璋再次祭出了鼓励告发的老招数：以后再有人敢像赵麟那样，对学校、师长或者朝廷不满，贴那不署名的帖子，众人可以告发他，也可以直接将人绑来，赏赐大银两个。之前若有人贴过无名帖，知情者也可以告发或直接绑人，同样赏赐大银两个。贴无名帖之人会被凌迟处死，脑袋会被挂在国子监门口，家产会被抄没，家人会被集体流放至蛮荒之地。此次讲话之后，鼓励告密与凌迟枭首，便成了国子监的新校规。

这种思想管控与行为打击，既针对学生，也针对教师。明代国子监内设有"监丞"之职，主要职责是对教师实行"纠举惩治"，也就是监视教师是否有不当言语和不当行为，教学上是否有超纲越轨之处；同时也监视学生的思想与行为是否存在异动。地方官学也设有相似的职位，名为"提举官"。由朱元璋授意制定的学规当中，有这样一条："敢有妄生异议，鼓惑后生乖其良心者，诛其本身，全家迁发化外。"①

与之相配套的，还有对教学内容的严格审查，尤其针对教师的讲义。国子监教师讲课的前一天，须"具讲义稿呈内阁及勋爵知经筵者阅订，有痴句，则批驳令自改正。改已，复编呈之。虽至再三必改定，乃缮写一本呈"②，必须把讲义稿呈送给内阁等部门审查，若发现其中有不合适的内容，便要批示驳斥并责令改正。改完后再呈送给相关部门审查。直到最后没有任何问题，才可以拿到课堂上宣讲。

自国子监到地方官学到基层社学，采取以上种种举措，皆是因为朱元璋对洪武教育系统的定位，非是为了造就人才，而是为了造就奴才。③在这种时代背景下，夏伯启自剁左手大拇指不愿为朱元璋所用，且以教授学生为职业，便很容易引起朱元璋的关注，引来皇权的直接讯问与摧残。

① 《大明会典》卷七十八"学校"之学规条。

② 王夫之：《船山遗书》册六十四《识小录》。

③ 朱元璋对科举制度的定位，也是如此，曾明言："吾有法以柔天下，则无如复举制科。天下才智，无所试，久必愤盈。诸负血气者，遂凭之以起。"见《罪惟录》卷十八《科举志·总论》，第817页。

四、不容忍任何消极自由

"夏伯启叔侄剁指案"被写入《大诰》，造成的一项直接后果，是"告发他人断指"开始成为民间百姓互害的一种手段。《明太祖实录》里便记载了一桩这样的案子。时为洪武二十七年（1394），大致情节是：

> 丹徒县民贾良，有仇家告其子自断其指。良乃诉于朝，言臣尝得疾，臣子卧冰为祷，又绝食三日而祷，皆不愈。既而刲股，及以指然灰服之，遂愈。非无故而伤肢体者。命法司验之得实，遂释之。[1]

这位丹徒县百姓贾良，很可能是一位读书人。仇家状告他儿子自断手指，是希望他们父子像夏伯启叔侄那般被朝廷当成"不合作者"诛杀。贾良跑到南京城去上诉，说自己之前生病，儿子先是学古人以卧冰、绝食的手段祷告，没有效果，最后只好割股疗亲，连带着把手指也切了下来烧成灰，自己服用之后病就好了。总之，儿子的断指行为里没有什么政治含义。好在，后续的调查（大概是指查看有没有割股）证实贾良说的是真话。

其实，"夏伯启叔侄剁指案"并不是朱元璋第一次对不合作者动用屠刀。

至晚在洪武三年（1370），"不愿与朱元璋合作"便已经成为知识分子当中的一种普遍认知。曾与朱元璋彼此以兄弟相称、为他提供过许多智力援助的谋士田兴，便是在这一年拒绝了朱元璋的邀请，不愿成为洪武之臣。

朱元璋入主金陵时，田兴便有意离开。等到朱元璋在与陈友谅的对垒中初战告捷，田兴便悄然离去，不知所踪。洪武三年（1370），田兴在长江北岸的六合县帮助当地百姓驱除虎患，"旬日而杀七虎"（洪武时代江南颇多虎患，县乡多有组织除虎的行动，田兴为人勇义且有武力，参与其事乃至成为主导者是很正常的事情），不慎暴露了行踪。朱元璋遂亲自写信邀请他加入洪武政权。朱元璋在

---

[1]　《明太祖实录》卷二百三十三，洪武二十七年六月庚午条。

信中说：

> 　　元璋见弃于兄长，不下十年，地角天涯，未知云游之处，何尝暂时忘也？……三年在此（指建号洪武已有三年）位，访求山林贤人，日不暇给。兄长移家南来，离京甚近，非但避我，且又拒我。昨由去使传言，令人闻之汗下。虽然人之相知，莫如兄弟。我二人者，不同父母，甚于手足。昔之忧患，与今之安乐，所处各当其时，而平生交谊，不为时势变也。世未有兄因弟贵，惟是闭门逾垣，以为得计者也。皇帝自是皇帝，元璋自是元璋。元璋不过偶然做皇帝，并非一做皇帝，便改头换面，不是元璋也。……本来我有兄弟，并非做皇帝，便视兄长如臣民也。愿念弟兄之情，莫问君臣之礼。至于明朝事业，兄长能助则助之。否则听其自便，只叙弟兄之情，不谈国家之事。美不美，江中水，清者自清，浊者自浊。再不过江，不是脚色。兄其听之。①

　　此信行文通俗，意思直白。不难想象，当朱元璋以大明皇帝之尊，在信中对田兴说出"皇帝自是皇帝，元璋自是元璋。元璋不过偶然做皇帝，并非一做皇帝，便改头换面，不是元璋也"这样的话语时，田兴受到的压力会有多大。所以，已隐匿十余年之久的他，接信后不得不动身前往南京拜见朱元璋。但田兴坚持住了一条底线，那就是绝不加入洪武政权。他见朱元璋时穿的是"野服"②，以彰显自己的逸民身份，强调自己早已不愿入世。朱元璋亲自出城迎接，设宴款待月余，田兴仍不愿碰触明帝国的任何政务。每次朱元璋开口谈时

---

　　① 朱元璋：《遣詹同渡江敦劝田兴书》（洪武三年），原载方觉慧：《明太祖革命武功记》卷一，收录于钱伯城、魏同贤、马樟根主编：《全明文》第一册，上海古籍出版社1992年版，第807—808页。

　　② 何谓"野服"及其形制如何，可参考（宋）方凤的《野服考》，收录于朱易安、傅璇琮、周常林主编，上海师范大学古籍整理研究所编：《全宋笔记》第八编（四），大象出版社2017年版，第235—240页。

事，便会被田兴以之前信中有"至于明朝事业，兄长能助则助之。否则听其自便，只叙弟兄之情，不谈国家之事"的约定堵回去。此后，田兴便以在野之身羁居京城，失去了自由。①

另一位名满江南的文化人高启，也是在洪武三年（1370）拒绝了朱元璋的提拔。按高启的自述，该年七月二十八日的傍晚，朱元璋召见了他与谢徽（也是一位知名文化人），"既见，奖谕良久，面拜启户部侍郎、玄懿吏部郎中。启以年少未习理财，且不敢骤膺重任，辞去。玄懿亦辞。上即俞允。"②——皇帝表扬了他们一番，然后宣布提拔高启为户部侍郎，提拔谢徽（字玄懿）为吏部郎中。两人均不愿做官，遂一同请辞。至于"年少未习理财"，不过是高启辞官的一个借口，真正让他害怕的，是之前的三任户部尚书"无一幸免贬谪的命运"③，高启不想步他们的后尘。

田兴与高启的"不合作"，皆非政治层面上对朱元璋的洪武政权存有敌意。田兴是创建洪武政权的功臣。高启常年写诗歌颂洪武时代，说自己"幸逢中国真龙飞""我生幸逢圣人起南国"，并赞誉朱元璋是自己的大恩人，"今朝无事役，睡足亦君恩"。他们不愿为官，是因为洪武政权在朱元璋的操纵下，已成为一架无休止的碾肉机。他们不反对洪武政权，不反对朱元璋，他们只是不愿被碾碎。

田兴的人生终结于洪武四年（1371），时年五十二岁，距离他快意江湖完成"旬日而杀七虎"的壮举仅时隔一年，非常突然，有无隐情不得而知。高启的人生终结于洪武七年，是被朱元璋明确下令杀害的，时年三十七岁。引发高启案的导火索是苏州知府魏观遭人举报。举报者说魏观在张士诚的宫殿旧址

① 田北湖：《田兴传》，收录于《古今笔记精华录》上册，岳麓书社1997年版，第359—363页。

② （明）高启著，（清）金檀辑注，徐澄宇、沈北宋校点：《高青丘集》下册，上海古籍出版社2013年版，第945页。

③ 史洪权：《辞官与颂圣——高启"不合作"说之检讨》，《中山大学学报（社会科学版）》2011年第3期。

上修建府衙，存有异心（张士诚割据称王后，将原苏州府衙占据，改造为"皇宫"，该宫殿后在朱元璋灭张士诚之役中烧成了废墟）。朱元璋本不至于相信这种举报——魏观是个读书人，当时年已七十，这个年纪跑出来造反，实在匪夷所思。但他派出去调查的御史张度，极力想要坐实这场诬告（汪麟批评洪武时代的御史背弃了自己本职工作，一味以"刑名轻重为能事，问囚多寡为勋劳"，张度的做法正是一个典型案例），结果就把高启给罗织了进去，说高启为新落成的府衙撰写的《上梁文》居心叵测，是在"兴灭王之基，开败国之河"①，有怀念张士诚、诅咒大明朝的嫌疑。《上梁文》的内容已经失传，唯一可知的是内中有"龙盘虎踞"②四字。朱元璋便是由这四个字，疑心高启乃是一个政治层面的"不合作者"，疑心他洪武三年的辞职求归，乃是在政治立场上便不认同洪武时代。

于是，便有了闹市之中腰斩高启的残忍一幕。③

高启案发生的背后存有一种恶性循环：一，朱元璋常年以严刑诛杀群臣，导致明朝初年隐士之风盛行，士大夫多选择避世以保全性命，用明朝人何乔远的话说，便是"其时征辟之士，有司督趣如捕罪囚，仕于朝者多诈死佯狂求解职事"④。朱元璋自己也说，洪武十三年（1380）前后，他让群聚在京城的"在学职师者"自己选择去留，结果"不旬日间，各言因由者甚广，朕命弗留，十去八九"⑤，绝大多数人选择了远离南京城。二，朱元璋拒绝承认问题出在自己身上，反疑心这些隐居的读书人是在怀念前朝，不愿认同洪武时代。这种猜忌

---

① （明）李绍文：《皇明世说新语》卷八"谗险"条。

② 支伟成，任志远辑录：《吴王张士诚载记》卷三《高启传》。

③ 同案的魏观被杀后不久便得到了平反，《明史》里说"帝亦寻悔，命归葬"。见《明史》卷一百四十《魏观传》，第4002页。但高启不属于平反对象。

④ （明）何乔远：《名山藏》卷四十八《刑法记》。

⑤ 朱元璋：《赐翰林编修张美和致仕》，《洪武御制全书》，第105页。《明太祖实录》将朱元璋的这段话删去，增入"老成宿儒凋落无几"一句。如此篡改的目的，大概是为了遮蔽士大夫不愿为洪武政权效力这段不光彩的往事。见《明太祖实录》卷一百三十一，洪武十三年夏四月戊子条。

心一旦升腾，便会形成一种"宁可杀错，不能放过"的心态。高启案中，《上梁文》里的"龙盘虎踞"一词，便足以让朱元璋自动屏蔽掉高启从前写下的诸多肉麻的颂圣文章。三，猜忌之心诱发了大量的文字狱。如佥事官陈养浩作诗"城南有嫠妇，夜夜哭征夫"，便被朱元璋认定为是在攻击洪武时代，将之溺水处死。[①]江宁知县高炳，也是因为在诗作中"以唐律作流言"（大概是指拿唐律的宽松来对比洪武时代律法的残酷），被朱元璋视为"妄出谤言"（诽谤洪武时代）而处死，朱元璋还将此案上升到元明易代后读书人究竟该忠于谁的高度。[②]四，这种上升高度，让洪武时代的读书人既不敢出仕，也不敢不出仕，被逼无奈便只好像夏伯启叔侄那般自残，但这种自残也会被朱元璋解读为"其伯启知朕代元为君，意有不然"[③]。

将上述恶性循环彻底变成死亡闭环的，是《御制大诰三编》第十三条记载的"苏州人才案"。

该案的大致情节是：苏州有两位儒学人才名叫姚叔闰和王谔。有人把他们推举给朝廷，吏部发文给苏州府，命令将人送入京城供朝廷选用。两人却通过苏州府官员张亨等人的关系，"暗作主文老先生，因循破调，不行赴京以就官位而食禄"。所谓"主文老先生"，大概是指衙门里负责起草文件的书吏，一般需用经验丰富之人。姚叔闰与王谔本来是闲居的读书人，为了逃避做官，便在苏州府衙门里弄了个胥吏的身份。做了苏州府的胥吏，便有了不去南京城的理由。

此事让朱元璋非常愤怒。他痛斥二人是"害民之源"，说他们这样做的原因，是"以禄为薄，以酷取民财为厚，故重主文，贵老先生"——嫌弃朝廷给官员的俸禄太低，觉得做官不如在衙门里做胥吏，做胥吏更有机会向百姓索取钱财。此案的结局是姚叔闰与王谔被枭首，且"籍没其家"。朱元璋以这两颗

① 《国初事迹》，明秦氏绣石书堂钞本，第47页。原文是"太祖知之，以为伤时，取到湖广，投之于水"。

② 《御制大诰三编·作诗诽谤第十一》，《洪武御制全书》，第898—899页。

③ 《御制大诰三编·秀才剁指第十》，《洪武御制全书》，第898页。

血淋淋的头颅警告天下读书人：

> 呜呼！"率土之滨，莫非王臣"成说，其来远矣。寰中士夫不为君用，是外其教者，诛其身而没其家，不为之过。①

至此，明帝国的读书人彻底失去了做山林隐士的消极自由。

① 《御制大诰三编·苏州人材第十三》，《洪武御制全书》，第901—902页。

第十章　彭玉琳案：被逼反的洪武百姓

纵然所供不足，或遇雨水愆期，虫蝗并作，并淫雨涝而不收，饥馑并臻，间有缺食而死者，终非兵刃之死。设使被兵所逼，仓惶投崖，趋火赴渊而殁，观其窘于衣食而死者，岂不优游自尽者乎！

——《御制大诰三编·造言好乱第十二》

一、朕来给你们讲讲道理

洪武十九年（1386）五月，一个叫彭玉琳的和尚，与他的七十余名信徒，被从江西新淦县押送至南京，由朱元璋亲笔批示处死。

按明帝国的官方说法，彭玉琳是福建将乐县阳门庵的僧人，原名全无用。他行脚到江西新淦县，在这里自称"弥勒佛祖师"，以烧香聚会的形式建立起"白莲会"，当地民众杨文曾与僧人尚敬等成了他的信徒。然而，彭玉琳还不满足，又"称晋王，伪置官属，建元天定"，做起了皇帝梦。结果地方官"率民兵掩捕之"，带着一群地方治安人员，便把彭玉琳和他的信徒七十余人全抓了起来。①

彭玉琳是不是真的在做皇帝梦不重要，重要的是他组织的"白莲会"让朱

---

① 《明太祖实录》卷一百七十八，洪武十九年五月戊辰条。

元璋感到了不安。他亲眼见识过白莲教如何将一个个原子化的元代底层百姓聚合在一起，成为反抗元朝统治的中坚力量。他自己也曾荫庇在白莲教的旗帜之下，是这支力量的一部分。[①]所以，尽管彭玉琳仅仅发展了七十余名信徒（考虑到此案存在扩大化，七十余名信徒这个数据是含有水分的），朱元璋仍高度重视此案，亲自写了一篇千余字的文章，要给全体大明百姓讲讲道理。

这篇文章发表在《御制大诰三编》之中。

文章以"呜呼"开篇。朱元璋说：自汉隋唐宋以来直到大明朝，总有许多愚民配不上他们所处的太平时代。这些愚民"厌居太平好乱""累为造祸之源"，活在太平时代却不好好珍惜，总想着作乱，总成为破坏太平的祸源。结果如何呢？这些家伙"一一身死，姓氏俱灭"，不但自己死掉，连家族也完了。可惜的是，"愚者终不自知，或数十年、数百年，仍蹈前非"，愚民总是不醒悟，不懂得吸取历史教训，过个几十年几百年，又一批批地冒出来破坏太平，成为时代的乱源。

这番感叹结束，朱元璋便开始给大明百姓"摆事实讲道理"。他说：

　　且如元政不纲，天将更其运祚，而愚民好作乱者兴焉。初本数人，其余愚者闻此风而思为之合，共谋倡乱。是等之家，吾亲目睹。当元承平时，田园宅舍，桑枣榆槐，六畜俱备，衣粮不乏。老者，孝子顺孙尊奉于堂，壮者继父交子往之道，睦四邻而和亲亲，余无忧也。虽至贫者，尽其家之所有，贫有贫乐。纵然所供不足，或遇雨水愆期，虫蝗并作，并淫雨涝而不收，饥馑并臻，间有缺食而死者，终非兵刃之死。设使被兵所逼，仓惶投崖趋火赴渊而殁，观其窘于衣食而死者，岂不优游自尽者乎！[②]

---

①　朱元璋加入的红巾军与白莲教的关系，可参考杨讷《元代白莲教研究》一书的第十一章《白莲教与大宋红巾军》，上海古籍出版社2017年版，第199—221页。

②　《御制大诰三编·造言好乱第十二》，《洪武御制全书》，第900页。

大意是：就说元朝吧，它的政治出了问题，天命要发生转移了。那些喜欢作乱的愚民，便都趁机冒了出来。最开始不过几个人，然后其他愚民跟风会合一起作乱。这类人与他们的家庭，我是亲眼看到过的。元代太平时日，他们拥有田园与房宅，拥有桑枣与榆槐，拥有六畜与衣粮，什么都不缺。老人膝下有孝顺的子孙，壮年人继承了父辈积攒下来的好交情，只要与邻居和亲友搞好关系，大家和和睦睦，便没有需要忧愁的事情。即便是贫穷到了极点的人，尽其所有，穷也有穷的乐趣。虽然吃不饱穿不暖，遇上气候反常、水旱、蝗灾，还会被饿死，但终究不是死于刀兵。看看那些被军队追逼着仓皇投崖跳水或自焚而死的人，再看看这些没饭吃、没衣穿而死的人，两相对比，后者简直可以说是"优游自尽者"。

"优游"是舒服闲适的意思，"自尽"即自然死亡。朱元璋的意思是：相比在乱世被人用兵刃砍死，在太平时代饿死冻死其实已经是一种福气，是一种更舒服的死法。据此，朱元璋向大明百姓发出了灵魂之问：为什么要去做好乱的愚民呢？安安分分做太平百姓不好吗？

接着，朱元璋又以过来人的身份，给"愚民"们具体分析了一番参与作乱的风险与收益：

视此等富豪、中户、下等贫难，闻作乱翕然而蜂起，其乱雄异其教，造言以倡之。乱已倡行，众已群聚，而乃伪立名色，曰君、曰帅，诸司官并皆仿置。凡以在外者，虽是乱雄，用人之际，武必询勇者，谋必询智，贤必尊德，数等既拔，其余泛常，非军即民，须听命而役之。呜呼！当此之际，其为军也，其为民也，何异于居承平时，名色亦然，差役愈甚。且昔朕亲见豪民若干，中民若干，窘民若干，当是时，恬于从乱。一从兵后，弃撇田园宅舍，失玩桑枣榆槐，挈家就军，老幼尽行随军营于野外，少壮不分多少，人各持刃趋凶，父子皆听命矣。与官军拒，朝出则父子兄弟同行，暮归则四丧其三二者有之。所存眷属众多，遇寒，朔风凛凛，密雪霏霏，饮食不节，老幼悲啼，思归故里，不可得而归。不半

年，不周岁，男子俱亡者有之，幼儿父母亦丧者有之，如此身家减者甚
多矣。①

　　大意是：富豪、中产与贫民纷纷追随作乱者，让"乱雄"有了力量，他
们就会树立名号，或称王或称帅，效仿朝廷设置官僚机构。这些人虽是"乱
雄"，但用人时，武肯定重用勇者，文肯定是重用智者，贤肯定重用有德行之
人。只有这些人能占据高位，剩下尔等寻常人，不过是普通愚民，要么当兵要
么种地，仍得受他们的奴役。在乱世里当兵也好，种地也罢，要承担的赋税与
差役，必然要比太平时日更重。朕当年便亲眼看到许多富人、中产与贫民，开
开心心地跟着别人去作乱，当兵后抛弃了房宅与土地，失去桑枣与榆槐，全家
老幼跟着军队在野外四处游荡。早上父子兄弟一同出去与官军作战，晚上归来
四人已死掉二三，眷属们在寒风暴雪中瑟瑟发抖吃不上饭，哭哭啼啼只想回
乡。许多家庭在短短一年半载的时间里，便死光了成年男子，有些连幼儿与老
父母也都死了。

　　风险与收益分析完毕，朱元璋反问大明朝百姓："如此好乱者，遭如此苦
殃，历代昭然，孰曾警省？"历史上这样的惨剧实在太多了，还不够你们吸取
教训吗？

　　朱元璋参与作乱多年，可谓"资深愚民"。他这番现身说法，也颇有些道
理。绝大多数普通人确实只是时代变局中的炮灰——在元末的乱世里，朱元璋
与人"共谋倡乱"时，想必也有过担忧自己会变成炮灰的焦虑。总之，他希望
大明朝的百姓好好掂量一下自己，好好想清楚自己算不算勇者、智者和贤者。
如果都算不上，那跑去参与作乱便只会成为炮灰，没有丝毫前途。

　　当然，朱元璋也没有放弃"挽救"那些带头的"乱雄"和辅佐"乱雄"的
勇者、智者与贤者。他如此警告他们：

---

①　《御制大诰三编·造言好乱第十二》，《洪武御制全书》，第900—901页。

秦之陈胜、吴广，汉之黄巾，隋之杨玄感、僧向海明，唐之王仙芝，宋之王则等辈，皆系造言倡乱首者。比天福民，斯等之辈，若烟消火灭矣。何故？盖天之道好还，凡为首倡乱者，致干戈横作，物命损伤者既多，比其事成也，天不与首乱者，殃归首乱，福在殿兴。①

意思是：看看陈胜、吴广、杨玄感、王仙芝这些人吧。历史已经证明，带头作乱之人，从来不会有什么好结果。因为带头者让天下陷入战火，损伤人命甚多，苍天不会将天下交给他们。天命变迁的真正规律是"殃归首乱，福在殿兴"，带头作乱者肯定遭殃，捡便宜的一定是后起者。

当然，朱元璋没有承认自己夺取天下是捡了前人刘福通、徐寿辉与韩林儿等人的便宜，他的话术是"天不与首乱者"（天意不护佑带头作乱之人）。但明眼人皆能明白，他其实是在警告那些潜在的首乱者：你们会是朝廷重点打击的对象，冒出来做首乱者，不过是让殿兴者捡便宜。

道理全部讲完，朱元璋在文章的末尾，又对明帝国百姓实施了一番恐吓。他说：彭玉琳这个和尚其实是北遁的元朝派来的奸细（此说并无证据），他这次在江西新淦县作乱，连累了许多良民，有些百姓全家都被杀光了。但朝廷也是没办法，因为"难于分豁者多矣"，那些跟彭玉琳来往的人，哪些想作乱哪些不想，朝廷区分不了，只好一并全杀。百姓们如果想保住自己的性命，便必须谨记，"凡有六字者，即时烧毁，毋存毋奉"②，今后见到"南无弥勒尊佛"这白莲教的"六字真言"，须赶紧烧掉，不可碰触。

前白莲教徒③充分吸取了历史教训，严禁明帝国的百姓们接触白莲教。

---

①②　《御制大诰三编·造言好乱第十二》，《洪武御制全书》，第901页。
③　邝士元：《中国学术思想史》，上海三联书店2014年版，第167—168页。

二、遍地暴动的洪武时代

朱元璋之所以要借"彭玉琳案"，向明帝国百姓灌输"宁为太平犬冻饿而死，也不做乱世人被兵刃所杀"的大道理，是因为洪武时代乃是一个百姓武力反抗此起彼伏的时代。

南炳文与汤纲所著《明史》依据《明太祖实录》等材料，对此有较为详细的梳理和总结。比如：

一，在广东，"东从潮州起，中经惠州、广州、肇庆和韶州，西至高州和雷州，包括琼州和崖州"，几乎相当于整个广东，在洪武时期均爆发过民众的武力抗争。

二，在广西，洪武三年（1370）有阳山县百姓聚众起义，洪武五年有南宁卫激反当地百姓，三千余人揭竿而起，洪武八年有柳州卫辖区内的百姓起义。洪武二十八年的黄世铁起义规模极大，明军在镇压过程中杀死壮丁一万八千余人及家属八千二百余人，暴动发生区域仅剩下六百四十八户百姓。[①]

三，在福建，洪武三年（1370）有惠安县百姓武力暴动，洪武五年有同安县百姓攻占县城，洪武十年有泉州百姓攻入安溪县抢走县印，洪武十二年有龙岩县百姓数千人落草雷公狮子岭，洪武十四年有福安县百姓八千余人揭竿而起，龙岩县百姓再次暴动。[②]

上述三省情况如此，其他地区也大致相同。总而言之，"在明初六七十年中，农民起义此起彼伏，连绵不断。这些起义遍布于广东、广西、福建、江

---

① 朱元璋在《大诰武臣》中，曾承认广西地区的百姓造反是当地军队与官府联手逼迫所致："耿良，着他做广西都指挥。自他做都指挥时，与布政司官、府、州、县官交结，生事作为，百般科敛，将百姓每害得荒了，以致连年啸聚不已。及他事发，差人拿问，共计二十八招，都是害军害民的歹勾当。因此上，取回他来打杀了。及打杀了他，广西的百姓都安然无事，也不反了。这般看来呵，那是百姓每要反，则是被他逼凌得没奈何了，所以如此。"见《大诰武臣·耿良肆贪害民第三》，《洪武御制全书》，第934—935页。

② 南炳文、汤纲：《明史》上册，上海人民出版社2014年版，第160—168页。

西、湖广、四川、陕西、山东和浙江等十来个省份，规模大的有几十万人。一个王朝的初期，农民起义竟如此频繁，地域如此广泛，这在历代封建王朝中也是少见的"。①

为什么会搞成这样？

三、民生凋敝的洪武时代

洪武二十五年（1392），太学生周敬心有一段冒死上奏，可以视为解释。当时，朱元璋为了明帝国的千秋万代，欲求助于迷信活动，下诏"求晓历数者"。周敬心趁机上疏批评，说国运的长短在于德政的厚薄，与历数无关，朱元璋现在最该做的不是搞迷信活动，而是效仿两汉唐宋实施"宽大忠厚"之政：

> 方今力役过烦，赋敛过厚。教化薄而民不悦；法度严而民不从。……方今国则愿富，兵则愿强，城池则愿高深，宫室则愿壮丽，土地则愿广，人民则愿众。于是多取军卒，广籍资财，征伐不休，营造无极，如之何其可治也？臣又见洪武四年录天下官吏，十三年连坐胡党，十九年逮官吏积年为民害者，二十三年罪妄言者。大戮官民，不分臧否。其中岂无忠臣、烈士、善人、君子？于兹见陛下之薄德而任刑矣。水旱连年，夫岂无故哉！②

这段批评简单直接，戳破了洪武时代的"盛世"幻象：百姓们被繁重的劳役和沉重的赋税压得喘不过气来。朝廷的教化渗透到基层，但没有百姓喜欢；朝廷的法律极其严苛，百姓也不愿服从。朝廷追求国富兵强，追求高深的城池

---

① 《明史》上册，上海人民出版社2014年版，第160页。
② 《明史》卷一百三十九《周敬心传》，中华书局1974年版，第3998—3999页。

和壮丽的宫殿，追求更广的领土和更多的编户齐民，所以不断征兵、不断汲取民财，对外征战不休，对内大兴土木。且不断发起震荡朝野的政治整肃运动，其中洪武四年（1371）、十三年、十九年、二十三年便大搞了四次，大批官员百姓没做甄别调查便被诛杀。这些被杀者当中，许多人其实是忠臣烈士、善人君子。《明史》说，周敬心这份"言辞激切"的奏章"报闻"给了朱元璋，至于朱元璋是何反应，周敬心的后续命运如何，则无只字记载。

周敬心不会无事生非写奏章去恶意诋毁朱元璋的治绩。他对洪武时代"力役过烦，赋敛过厚"的批评，在《御制大诰续编》中也能找到佐证。该编第三十三条里，朱元璋便提道：前代不必纳税的"小沟、小港、山涧去处"，已经"照地起科"纳过一次税的"灌溉塘池、民间自养鱼鲜池泽"等，在洪武时代的征税机构河泊所的管控下，竟然一概都要缴纳鱼课。为了从民众身上榨出税来，河泊所甚至做到了将"取鱼罾网、罩笼之类一概搜拿"的地步，连百姓捕鱼的吃饭家伙都没收了。①

朱元璋认为，出现抢夺百姓"取采虾鱼器具"这种恶劣事件，主要原因是河泊所里混入了大量的"奸邪小人"。解决这些小人的办法，便是发动百姓，若有河泊所官吏胆敢再抢夺百姓抓捕鱼虾的器具，"许民人拿赴有司，有司不理，拿赴京来议罪枭令，以快吾良民之心"②。

然则真正的原因是，为了汲取民财，洪武时代设置了大量的河泊所（洪武十五年的数据是二百五十二处），且给每处河泊所划定了管辖范围，制定了征税额度——共分三档：每年课米（一般折算为钞）五千石至上万石者，设官三名（另有若干胥吏）；每年课米一千石以上者，设官两名；每年课米三百石以上者，设官一名。③另据《大明会典》，明朝政府下发给各布政司及府州县河泊所的堪合共计六百八十九道，"皆以河字为号"，"各记所收鱼课米钞若干，年终进缴"。这意味着明朝政府设置的河泊所最盛时多达近七百处，每一处河

---

① 《御制大诰续编·鱼课扰民第三十三》，《洪武御制全书》，第815—816页。

② 《御制大诰续编·鱼课扰民第三十三》，《洪武御制全书》，第816页。

③ 《明太祖实录》卷一百五十，洪武十五年十二月戊戌条。

泊所都设定了课税额度，作为河泊所官员的考核任务。①完不成课税额度，河泊所的官员便要受罚。

问题是：在江河湖海里捕捞鱼虾，收成的不确定性远高于在土地上种植稻麦。耕地可以按肉眼可见的肥沃或贫瘠划出等级，然后按田亩多少征税，是一件大体可控的事情。向江河湖海征收鱼税则不然，水面宽广不代表鱼多，却是官府制定纳税额度的主要依据。此外还有许多运气成分——今天收获颇丰不代表明天也能有相同的收获，今年湖里鱼多不代表明年也多；洪水会影响捕鱼的收成，筑坝拦水与过度捕捞等也会影响捕鱼的收成。收成充满了不确定性，税额却有定数，河泊所的官吏们为了完成任务，便只能依靠扩大征税的覆盖面（将以前不征鱼税的小水沟小水塘全都纳入征税范围）和加大征税强度（强抢百姓的渔网鱼篓来逼迫他们缴税）。

更有甚者，当朝廷派人前来追索欠税时，河泊所知道从渔民身上已榨不出钱来，便会与地方官员勾结，将欠税摊派给其他百姓。《御制大诰》的第五十条，便记载了这样一桩案子：扬州的瓜埠河泊所欠朝廷"鱼课钞四万张"，湖官（也就是负责征鱼税的基层官员）已经跑了。户部派人去扬州追讨，地方政府的做法是：一，在本辖区内"不令网业户及湖官陪偿，却乃行下富户追陪"，不去找渔民的麻烦（这些人已经榨不出钱来了），也不去搜捕湖官（成本很高），而是逼着扬州当地的有钱人出这笔税钱；二，派人拿着公文，去"湖官"原籍所在的江西布政司追讨。江西布政司见到公文后，也懒得去搜捕逃走的湖官，"将平民一概科陪"，找了个名义让当地百姓来出这笔税钱（这种做法比去搜捕湖官容易多了）。据朱元璋讲，这套组合拳打下去的效果，是欠税四万，征回来八万，反而"盈利"了。②

同样可以用来解释"洪武时代四处揭竿而起"这一现象的，还有解缙呈递给朱元璋的万言书。时为洪武二十一年（1388），朱元璋以"朕与尔义则君臣，恩犹父子"为饵，要解缙知无不言给自己提意见。于是解缙向朱元璋描述

---

① 《大明会典》卷三十六"课程五·鱼课"条。
② 《御制大诰·扬州鱼课第五十》，《洪武御制全书》，第771—772页。

了他眼中的洪武时代：

> 臣观地有盛衰，物有盈歉，而商税之征率皆定额。是使其或盈也，奸黠得以侵欺；其歉也，良善困于补纳。夏税一也，而茶椒有粮，菓丝有税。既税于所产之地，又税于所过之津，何其夺民之利至于如此之密也。且多贫下之家，不免抛荒之咎，或疾病死丧，逃亡弃失。今日之土地无前日之生植，而今日之征聚有前日之税粮。里胥不为呈，州县不为理。或卖产以供税产，去而税存。或赔办以当役，役重而民困。[①]

大意是：土地有肥瘠的变化，物产有丰歉的不同，朝廷的商税却全按定额摊派。盈利了，官吏会去盘剥百姓，让他们超额纳税；歉收了，官吏也会去压榨百姓，让他们补足差额。已经有统一的夏税，茶椒仍要纳粮，菓丝仍要缴税。原产地已纳过一次税，运输经过的每处关津还要再纳一次，对百姓的掠夺何其密集。因为疾病致死或逃亡弃失之类的原因，贫穷之家劳动力不足时常常被迫抛荒。如此，土地上的产出已不如往日，征收聚敛的税赋却仍是往日的额度。里长胥吏不上报，州县官府也不管。百姓只好卖掉田产来补足欠税，拿钱来补足劳役。田产减少了，但每年的税额不变；人口减少了，但每年的劳役不变。恶性循环之下百姓越来越惨。

需要注意的是，明代的"商税"并非仅以商人为征收对象，而是"行赍居鬻，所过所止皆有税……惟农具、书籍及他不鬻于市者勿算"[②]——出门带的东西，居家卖的货物，经过关口驻留城镇时皆要纳税，只有农具、书籍与不曾出现在市场上的物品除外，实际上是一种针对全民的消费税。

洪武时代的商税税率，是按商品价值的三十分之一征收。实际操作中，则不问产量的多寡与价格的高低，一律对征税点实施定额摊派。这是一种典

---

① 《文毅集》卷一《大庾西封事》，钦定四库全书本，第9页。同书《太平十策》里，解缙也说："商贾之利有盈亏，都会之地有兴废。今税有定额，民必受害。"见第17页。

② 《明史》卷八十一《食货五》"商税"，第1974页。

型的懒政。朝廷实施这种懒政的根源，是既想保证税收总额，又不愿提高征税的行政成本。不搞定额制度，朝廷为了保证国库收入，便需要建立一套监察系统去监督每个征税点，使他们不敢偷税漏税，不敢侵吞税收。建立这种监察系统，既需要人力成本，也需要财政成本，运作起来还有时间成本。反观定额摊派，只需简单粗暴地以是否达成定额来考核税收点的官吏，便能保证朝廷的税收。虽然会因此造成税负不公之类的伤害，但承受者不是朝廷，而是底层民众。①

解缙提供给朱元璋的改革办法是："宜令各处税课，随时多少从实征收。或令百姓各人户上先行补纳官收税钱，至冬均给还之。则众轻易举，官民俱利，百姓无巡阑之困矣。"②应该让各处税收机关按照实际情况征收，或者让百姓们先把钱交上来，到了冬天再按实际情况返还。这样百姓就不会遭受"巡阑之困"——巡阑即具体负责征税的基层胥吏。

其实，解缙说的这些，朱元璋全都明白。洪武九年（1376），山西平遥县的主簿成乐任职期满，其上司衙门给他的评语是"能恢办商税"。朱元璋见到该评语后，便命人去将成乐抓起来审讯，理由是土地的出产有常数，官府的税收有制度，所谓善于征收商税，定是"剥削于民"。③成乐的政治生命就此终结。洪武二十年，户部上奏说，洪武十九年"天下税课司河泊所"征到的税比往年要少，"宜以洪武十八年所收立为定额"，应该以洪武十八年的数据为法定额度，来考核各征税机关。朱元璋反驳说：税收本就该每年不同，如果拿往年的数据搞成定额，征不足的时候岂不是就要去搜刮百姓？还是应该"随其多

---

① 据《明史·食货志》，定额征税成为固定制度始于洪武十年，起因是户部上奏说"天下税课司局，征商不如额者百七十八处"，户部不满下面的征税机关里有许多没有完成预计的征税任务，朱元璋于是"遣中官、国子生及部委官各一人核实，立为定额"，从此以固定税额来考核各征税机关。见《明史》卷八十一《食货五》"商税"，第1975页。

② 《文毅集》卷一《太平十策》，钦定四库全书本，第17页。

③ 《明太祖实录》卷一百六，洪武九年六月庚戌条。

寡从实征之"。①但明白道理是一回事，愿不愿意按道理去做，又是另一回事。惩罚善于征税的官员、驳回户部的定额建议，从来就不是洪武时代商税征收的主流政策。所以，在洪武二十一年，"税有定额"仍是解缙眼中亟须改革的大暴政。

四、告密风潮逼反底层百姓

《大诰》里，朱元璋也于无意间提供了一些可用来佐证周敬心与解缙之言不虚的案例。比如《御制大诰三编》里讲述了一桩"底层征税人员害民案"，便是"税有定额"制度在基层造成的典型结果。

案子发生在歙县。当地有百姓名叫吴庆夫，通过贿赂的方式做了本县的巡阑胥吏。所谓"巡阑"，就是负责具体征税的基层工作人员。当上巡阑后，吴庆夫便开始作恶：

> 将乡民程保家买到牛二只农田，着要税钱二十六贯。民程保不敢与抗，遂与之。本家盖房，木料俱系是本处山场土产，其吴庆夫逼要税钱八十贯。贩干鱼客人至于本乡，着要税钱，准干鱼三十斤。②

朱元璋说：呜呼！我的天啊！住在万山之中的百姓盖个房子，用的树木是自家山场种植的，吴庆夫居然要去收他们木料税八十贯。百姓的两头耕牛，是从客商处买来的，当时已经"入官文契"，也就是由客商缴过税了，吴庆夫居然又跑去找农夫征税二十六贯。那些卖干鱼的小商贩，力气大的每次挑百十斤，力气中等的挑八十斤，力气小的挑六十斤。吴庆夫居然要收他们干鱼三十斤抵税。而且，"遍处乡村，不问有无门店，一概科要门摊"，乡村住户不管

---

① 《明太祖实录》卷一百八十五，洪武二十年九月壬辰条。
② 《御制大诰三编·巡阑害民第二十》，《洪武御制全书》，第906页。

有没开门店做生意，竟一概都要征收"门摊税"①。该税原本的征税对象，是那些在城里临街摆摊卖东西的小商人。这些小商人本钱有限，无力购置固定店铺，只好在街边找块空地，早上摆摊晚上收摊。吴庆夫则是下到乡里，挨家挨户去收"门摊税"。

吴庆夫被押回原籍凌迟处死，一同协助他作恶的兄弟与儿子也被枭首示众。朱元璋还宣布，自此以后，凌迟处死便是巡阑害民的判罚标准。

巡阑是官府摊派给百姓的无偿劳役。朱元璋的政策是"止取市民殷实户应当，不许佥点农民"②，官府摊派巡阑时，只能选城镇里的富民。这是洪武时代打击富民的常规手段。富民做巡阑没有俸禄，完不成征税任务就要受罚，便须拿出自己的财产来补足欠额。而且，因为巡阑是体制内最底层的办事人员，他们还会普遍遭受上级官吏的压榨。《御制大诰续编》里便提到一位名叫时子清的巡阑，被他的上级（应天府宣课司的大使、副使、司吏、攒典等）压榨，需每天向这些人分别提供少则一斤、多至三斤的肉食（巡阑征税可以收实物，这些肉食自然源于对底层肉贩的榨取）③。吴庆夫愿意主动花钱做巡阑，是因为他相信自己可以做一个"合格的坏人"，可以从底层百姓身上榨取到足够多的财富，这些财富在满足上级官吏的索求后还可以有盈余。他做上巡阑之后非常积极，往乡下和山里到处跑，不放过任何征收商税的机会，核心驱动力便在这里。

没有制度的约束，个人的德行是靠不住的。如果制度还鼓励人去作恶，不肯作恶便要由自己来承受制度之害（比如拿自己的家产去填补税收缺额），那么吴庆夫必然跟风。由以吴庆夫为代表的胥吏们的做法来看，洪武时代商税恶政的严重程度，实已远超出解缙的描述。解缙说的是"其或盈也，奸黠得以侵欺；其歉也，良善困于补纳"，实际情况是巡阑们根本不会考虑什么"盈"或者"歉"；解缙说的是"既税于所产之地，又税于所过之津"，实际情况是除

---

①　《御制大诰三编·巡阑害民第二十》，《洪武御制全书》，第907页。

②　《大明会典》卷二十，"赋役"。

③　《御制大诰续编·科取巡阑第二十九》，《洪武御制全书》，第813页。

此之外，巡阑们还会就同一件商品先向卖家征税，再向买家征税。

回到本文开篇的彭玉琳案。

朱元璋没有讲江西新淦县的百姓为何愿意信奉彭玉琳，仅简单粗暴地将彭玉琳等定性为"愚民好作乱者"。但在《御制大诰三编》的第三十七条里，朱元璋谈及另一桩案子时，再次提到了彭玉琳这个名字。

据朱元璋讲，该案的大致情节如下：金坛县有一人名叫潘行，是监生出身，做了江西乐安县的知县。乐安县有一人名叫周公焕，也是监生出身，做了太平府的同知。这两人做监生的时候是"同堂生员"，相当于同学。周公焕还有一个叔叔叫周德泰，做过旌德县的县丞，后来因事被刺面罢官，回了家乡。周公焕丁忧回到乐安县老家，便与叔叔周德泰、老同学潘行经常往来。这期间，乐安县有个百姓名叫陈添用，前往县衙举报另一名百姓罗本中是"胡惟庸行财之人"。这位罗本中之前已经被告发过一次，后来用钱搞定了。这一次再被告发，他觉得自己可能躲不过去，于是决定孤注一掷：

> 将财谷散与叶志和等五十八人，自后宰杀牲口，与各人赍夜商议，前往福建杨门庵，请给彭玉琳和尚旗号回归。抢掠本都民人杨恩等家钱谷，意在积粮，接应彭玉琳作乱。及见官军剿捕，彭玉琳被获，方才止息。[①]

"胡惟庸案"发生于洪武十三年（1380），彭玉琳案发生于洪武十九年。也就是说，胡惟庸被夷灭三族已经六年了，朱元璋掀起的全民大告密运动仍未止息，底层民间仍有人在举报别人是"胡惟庸党羽"。这种恐怖的告密活动，终于将罗本中和同乡"叶志和等五十八人"逼到了绝境，想要加入彭玉琳主持的白莲教里去寻求庇护。

"胡惟庸案"本是政治案件，并非经济案件。朱元璋制造该案的动机，是

---

① 《御制大诰三编·朋奸匿党第三十七》，《洪武御制全书》，第919页。

他意识到自己在洪武六年（1373）推行的"察举制"有一种天然的缺陷，那就是察举取士的本质是关系网政治，处在官僚系统最顶端的丞相胡惟庸，不管他愿不愿意，都会成为察举关系网的核心。进而，整个官僚系统便会围绕着胡惟庸，形成一个关系密切的利益共同体（详见本书前文《郭桓案》一章）。朱元璋在宣传上将胡惟庸案弄成谋反案和贪腐案，是因为权斗层面的动机不便对外公开。故此，那些被举报为"胡惟庸同党"的经济犯，大多名不副实——贪污腐败乃是当时官僚系统的常态（并不是说这种常态是对的），未必与胡惟庸有什么实质性关系。

彭玉琳及其信众在江西新淦县被镇压，让罗本中等人的孤注一掷失去了依托。无奈之下，他只好回过头来寻求地方官府的帮助。据朱元璋的叙述，后续的发展是这样的：一，罗本中让儿子罗伯彰前往县衙举报陈添用，说他存在"强占有夫妇人"等不法行径。二，知县潘行接受了"周公焕叔侄并礼生耆宿曾原鼎"等人的嘱托（"礼生"指的是主持丧仪祭祀之类工作之人），拿了罗本中的钱，站在了罗本中这边。三，县衙"着落里长体勘"，让里长去查陈添用究竟有没有强占有夫之妇，结果里长回报说没有。四，周公焕叔侄与知县潘行没办法，只好将陈添用当作"积年民害"抓起来押送京城。陈添用说正好可以拿着《大诰》进京告状。潘行没办法，只好让皂隶在押送途中将陈添用给放了。五，陈添用被释放后，仍进京举报知县潘行。潘行于是将之前负责押送陈添用的弓兵找来，让他们举报陈添用是押送途中逃跑的"积年民害"。[①]

没有任何调查，朱元璋选择了支持陈添用的举报。这种支持显然与"彭玉琳案"有很直接的关系。白莲教加速了元朝的灭亡，彭玉琳在洪武时代到处传播白莲教，不管他有没有造反的心思，朱元璋都会镇压他。罗本中有过联络白莲教的想法，自然也是必须镇压的对象。陈添用究竟有没有诬告，罗本中与"叶志和等五十八人"究竟是不是胡惟庸案的余党，知县潘行等人究竟是拿了

---

① 《御制大诰三编·朋奸匿党第三十七》，《洪武御制全书》，第919—920页。

钱贪赃枉法，还是本就不认可陈添用的举报，都已经不再重要。此案中，罗本中和所有支持过他的人，皆被朱元璋下令凌迟示众。

朱元璋在《大诰》里记录此案，目的是警告那些"监生进士居官者"不要朋比为奸，他关注的焦点是知县潘行与周公焕叔侄来往密切，他不喜欢这种密切。朱元璋没有意识到，他留下的是一桩底层百姓被大告密运动逼至造反边缘的真实案例。

这桩案子，泄露了洪武时代的恐怖底色。

第十一章　陆仲和案：消灭富户运动

　　既已富豪，朕命办集钱粮，为朕抚恤细民，无生刁诈，广立阴骘，以待子孙绵远，岂不善哉！

　　　　　　　——《御制大诰续编·粮长瞿仲亮害民第二十二》

一、刁民猜忌下的“陆仲和案”

　　《御制大诰三编》的第八条里，朱元璋讲述了一桩“粮长害民案”。

　　此案主犯名叫陆仲和①，是苏州府吴江县的一名粮长。洪武十八（1385）年，江南地区发生大水灾，朱元璋将“数百余名”粮长召唤到京城，要他们回去仔细查勘农田的受灾情况，没受灾的粮田照常纳税，受灾粮田可以获得赈济，不许耍包荒、洒派、移丘换段②之类的手段。结果，包括陆仲和在内的这些粮长回去之后，便把朱元璋的告诫抛在脑后，开始玩阴谋诡计：

---

　　①　《御制大诰三编·陆和仲胡党第八》写作“陆和仲”，《御制大诰续编·粮长妄奏水灾第四十六》写作“陆仲和”。据顾诚的考据，《同里志》卷二一《人物志一二·杂录》写作“陆仲和”，可知“陆仲和”才是正确的姓名。

　　②　包荒，指包纳荒田之粮，荒田本无人耕种，灾年将其包纳，便成了可以领取赈粮的受灾之田。洒派，指的是将田地分派寄托在他人名下。移丘换段，指的是变更簿册里的田地具体所指，比如将肥田与瘠田互换。

人各不听朕命，归则邪谋设计，将无藉之民妄为状首，伸诉水灾。粮长竟不出名，亦不亲诣灾所，故行以一分灾伤作十分报官，其中以熟作荒者多，以荒作熟者少。比比皆然，未有无者。[①]

第一桩阴谋诡计，是发动百姓中的"无藉之民"（即无赖分子，需注意的是，这只是朱元璋的定性）向官府申诉灾情。第二桩阴谋诡计，是粮长们不在百姓的告灾文件上签字，也不亲自前往灾区考察，却故意将一分灾情说成十分，上报给官府。许多收成正常的熟田被谎报为受灾的荒田。

这些诡计是怎么被发现的呢？朱元璋有一段解释。他说，自己不敢轻易相信粮长的汇报，觉得他们可能会为了贪污税粮而刻意夸张灾情——先骗朝廷减免，再正常向百姓征收，以赚取中间的"差价"。于是他派了一批进士与监生前往基层查探。这些进士与监生回报说，他们看到的情况与粮长们的说法一致。于是朝廷允准了粮长们的灾情汇报，让"有司"[②]将灾民送到指定地点接受救济。不过，并非所有自称灾民者都能得到救济，朱元璋制定了一条赈灾标准："有产之家不赈，无产之家佃户人等领赴京来。"[③]意思是朝廷只赈济没地的佃户，不赈济有产的田主。[④]佃户要想拿到赈济，必须由"有司"领至京城验明正身。允了灾情汇报，也出了政策要赈济灾民，结果左等右等，相关部门迟迟没有率领灾民进京（准其奏，待灾民来赈，久而不至）。朱元璋让户部去催问，相关部门回奏说："据各户所申，人各有田

---

① 《御制大诰三编·陆和仲胡党第八》，《洪武御制全书》，第895页。

② 此处"有司"当是指受灾地域的府县官吏，可能也包括粮长在内，虽然"粮长"不算官吏。《御制大诰续编·官吏下乡第十七》里提到"湖州府官吏、乌程县官吏易子仁、张彦祥，不将被水灾人户赴京赈济，通同豪猾，当告水灾之时，以熟作荒，以荒作熟；以多作少，以少作多"。见《洪武御制全书》，第805页。

③ 《御制大诰三编·陆和仲胡党第八》，《洪武御制全书》，第895页。

④ "只赈济佃户，不赈济田主"的规定不只见于《御制大诰三编·陆和仲胡党第八》，也见于《御制大诰·妄告水灾第六十三》，朱元璋的原话是"朕闻水灾，急令人踏，意在赈济佃户，有产之家罢给"。见《洪武御制全书》，第778—779页。

不多，皆非无田之户。系是有产之家，不敢受赈。"那些向官府告灾的百姓们说，他们多少都有一点田产，不能算是无田产之户，所以不敢来京城接受赈济。

朱元璋不相信上述回奏。他觉得相关部门不肯率灾民入京接受赈济，肯定是心里有鬼。这个"鬼"就是谎报灾情：

> 所以不敢将民赈济者为何？灾已报十分，所灾者止有一分，若以全灾将至赈济，熟田之家良民安肯为之？熟田之家良民人等既不准此，其罪发矣，所以奸顽不肯将至，正欲谮良善，隐熟田。所以灾及灾民，终无赈济，无可伸诉。[①]

大意是：粮长们可以用金钱腐化掉派去基层查探灾情的进士与监生，但没办法按照十分之灾的谎言去凑齐足够多的灾民，也无法强迫未受灾的百姓冒充灾民进京，因为被强迫者到了京城就会举报他们。这些奸顽之徒只好找理由拒绝率百姓前往京城领赈济粮。最终的受害者是那些真正的灾民，他们来不了京城，领不到赈济粮。

具体到陆仲和，他被调查的导火索就比较偶然了。朱元璋是这样说的：

> 未久，苏州府吏杨复罪该断没，籍没家私，于本家箱内搜出告胡党状三纸。原告沈庆童等三名告党陆和仲，三番告党，皆被此吏受财匿状不行，以致陆和仲以一千贯买原告沈庆童等不语，又钞一千六百贯买和劝人陆观保等。因事之发，验陆和仲所纳粮。其粮一万石，上仓止该七百石，尚有九千三百余石特顽托故不行上仓，意欲侵欺入己。因党事发，身亡家破。[②]

---

① 《御制大诰三编·陆和仲胡党第八》，《洪武御制全书》，第895—896页。

② 《御制大诰三编·陆和仲胡党第八》，《洪武御制全书》，第896页。

大意是：报灾赈灾之事过去后不久，苏州府的胥吏杨复因为其他事情被抄了家。从杨家搜出来三张状纸，内容是沈庆童等三人告发陆仲和是胡惟庸的党羽。沈庆童等人告了三次，陆仲和三次花钱收买沈庆童等人，让他们消停。杨复也拿了陆仲和的钱，然后把状子给压了下来。此外，陆仲和还送了一大笔钱给参与讲和的陆观保等人。这三张状纸被发现后，陆仲和成为被调查对象，被查了个底朝天。结果发现，陆仲和身为粮长在洪武十八年（1385）应该帮朝廷收取税粮一万石，但只缴纳了七百石。朱元璋认为，剩下那九千三百石，肯定是被陆仲和给贪污并据为己有了。

以上，便是《御制大诰三编》关于"粮长陆仲和害民案"的全部叙述。其中有两个细节值得再细说一下。

第一个细节，是朱元璋制定的赈济标准："有产之家不赈，无产之家佃户人等领赴京来。"

出台这个标准的目的，显然是为了将钱粮尽可能用在最需要救济的人身上。朱元璋出自底层，很清楚地方官吏在赈灾活动中会玩"以熟作荒，以荒作熟，以多作少，以少作多"的把戏。他甚至在《御制大诰续编》中解释过这种把戏怎么玩："以多作少者，为其善人被灾本多，当报之际，减灾报数。以少作多者，为与富豪交结，将少作多。以荒作熟亦如之。以熟作荒亦如之。"[1]没关系没钱的普通老实人，遭灾十亩，地方官吏可能只给写五亩；有关系有钱的权贵富豪，遭灾五亩，地方官吏可以给他们写十亩。朱元璋下令只赈济佃户，且要求地方官吏将佃户送至京城受赈，便是要消灭这类舞弊的空间。当地方官吏以告灾百姓多少都有一点田产为由，迟迟不送灾民入京时，朱元璋的第一反应，便是自己的计策起了效果。

其实，朱元璋的计策用意虽好，操作性却很差。农户向朝廷报灾，是希望朝廷能减免田赋并施加救济。向朝廷缴纳田赋是田主的义务，灾情来了，田主便会有动力去向官府报灾。佃户的情况却不同，他们没有向朝廷缴纳田

---

① 《御制大诰续编·官吏下乡第十七》，《洪武御制全书》，第805页。

赋的义务，只有向田主缴纳私租的义务。灾情来了，佃户的第一反应，应该是跑去向田主恳求减免私租，而不是跑去向官府报灾①。这方面的记载很多，如清光绪二十七年（1901）七月，绍兴周家（即鲁迅家）的多处农田被洪水所淹，租种周家农田的四拨佃户的第一反应是前往周家告灾，以"田被水淹"为由请求减少田租。②在告灾这件事情上，有些大田主还会被自己任命的管理者和佃户合谋愚弄，明代的《金陵梵刹志》里便提到，寺庙损失田租，往往与负责管理田产的"奸僧"有关，这些人"或得佃户贿嘱，或自己佃有私田，往往唆使佃户告灾，而己为之证"③，意即"奸僧"常常唆使佃户去向寺庙告灾，再由自己来允准这些告灾。如此，该给庙里的租粮就由佃户和"奸僧"瓜分了。

换言之，向朝廷告灾者"各有田不多，皆非无田之户"，其实是一种正常现象。地方官吏确实有可能在报灾时作弊，故意夸大灾情，但"地方官吏不敢送灾民入京"并不足以证明这一点。

第二个细节，是朱元璋责备地方官吏与粮长，说他们"以一分灾伤作十分报官"。这两个数据到底是怎么得来的？

报灾十分之说比较好理解。朱元璋写得明白，那是众粮长们报灾时的说法，他派下去调查实情的进士与监生也如此说。陆仲和"其粮一万石，上仓止该七百石"，也可以佐证这一点——这里的"其粮一万石"，指的是陆仲

----

① 笔者一度怀疑朱元璋所谓的"无产之家佃户人等"包括了耕种官田者——明代的土地分为官田与民田两种。前者由朝廷直接掌控所有权，然后分配给百姓耕种，不许买卖。耕种朝廷的官田，实质上等于给朝廷当佃户。但经过反复思考，笔者否定了这种可能。理由有三：1.朱元璋此处并无只字提及"官田"与"民田"的区分。2.在法律意义上，官田缴纳的仍是税粮，也就是田赋，而非私租。朱明政权也不会承认自己是明帝国最大的地主。3.明初有许多权贵与官员名下也拥有官田，不能说这些拥有官田的权贵和官员便是佃户。故此，朱元璋所谓的"无产之家佃户人等"，当是指那些租种民田的佃户，以及从官田拥有者手中再次租种官田者。

② 周作人日记，1901年7月10日、7月12日、7月13日、7月20日。转引自陈明远《鲁迅时代何以为生》，陕西人民出版社2013年版，第9页。

③ 《金陵梵刹志》下册，第803页。

和身为粮长，在正常年份该为朝廷征收一万石粮食。梁方仲的研究说得很明白：《明实录》《明会典》里称"以万石为率，设粮长一名"①，指的是洪武时代设置粮长时的征粮平均数。许多地方其实达不到这个平均数，如洪武四年（1371）十二月，户部奏准浙江行省输粮九十九万三千二百六十八石，设粮长一百三十四名，平均下来是约七千石设粮长一名。只有苏州府这样的富庶之地，可以达到每万石设粮长一名的标准，如洪武十九年苏州府常熟县的税粮额度是四十万石，设有粮长三十余名。②理解了此层背景，再联系上下文，便能知道：朱元璋控诉陆仲和"其粮一万石，上仓止该七百石，尚有九千三百余石恃顽托故不行上仓"，指的是粮长陆仲和因为灾情的缘故，本该为朝廷征收的一万石税粮，只征收了七百石。少交了超过九成的税粮，对应的正是汇报了"十分之灾"。

那么，受灾农田只有一分之说，又是来自哪里？这是朱元璋的一种判断。他没有交代来源，也无资料显示，除了粮长的汇报、进士与监生的汇报之外，朱元璋还派出了其他调查组。③笔者认为，该数据很可能是朱元璋依据"地方官吏迟迟不率灾民入京"这一现象推断出来的。他不但据此认定告灾者全是地方官吏找来的招摇撞骗的"无藉之民"，且将地方官吏没有率灾民入京解读为他们找不到足够数量的真灾民入京，故真正的灾情一定很小。

洪武十八年（1385）苏松地区遭遇的水灾确实未必有十分，地方官吏与粮长也确实有谎报灾情的可能（除了贪污之外，多报灾情也可以减轻税粮征收的压力，苏松地区税粮沉重，洪武时代常年难以征足，许多粮长因此或家破人亡，或遭遇严惩）。但要说这场水灾只有一分，同样委实难以令人相信。毕竟

---

① 《明太祖实录》卷六十八，洪武四年九月丁丑条。

② 《明代粮长制度》，第61页。

③ 《御制大诰续编·水灾不及赈济第八十五》里，朱元璋说的也是"其被灾人户，灾本一分，今告十分，并不敢将此等人户一概赴京赈济"，同样没有交代"灾本一分"的数据来源。见《洪武御制全书》，第854页。

这是一场《明史·五行志》里有记载的洪水。①苏松地区自元代起，便水患频繁，洪武时代几乎年年有灾，一分之灾其实是常态，不值得大惊小怪，一般不会载入史册。

通观朱元璋关于"陆仲和案"的全部叙述，可知他是怀着一种极深的"刁民猜忌"来处理此案的所有信息——汇报灾情的粮长全部是刁民，前来告灾的百姓全部是刁民，被他派下去调查灾情的进士与监生也全部是刁民②，负责对接赈灾事务的地方官吏也全部是刁民。正是这种旺盛的"刁民猜忌"，让他失去了理性思考的能力，忘记了最有动力前往官府告灾的群体，本就应该是田主而非佃户。

二、刁民猜忌下的"唐谦案"

除了告灾的百姓，粮长们也是这种"刁民猜忌"的牺牲品。

《御制大诰续编》第四十六条讲述的"唐谦案"，是一个与"陆仲和案"高度相关的案子。与陆仲和一样，唐谦也是一名粮长，也曾被朱元璋召见训话然后派回本乡查勘灾情。略有不同的是，唐谦被朱元璋当成害民者抓起来的时间，要比陆仲和早一些——唐谦是在赈灾过程中被抓的，陆仲和则是在灾后受了"苏州府吏杨复"被抄家的牵连，被朱元璋知晓曾有人告发他是胡惟庸余党，然后才给他扣了一顶"其粮一万石，上仓止该七百石"的罪名。

朱元璋关于"唐谦案"的叙述，无意间透露了陆仲和为什么只给朝廷上仓七百石粮食。答案是：陆仲和的报灾文件得到了朝廷的批准，他名下负责征收

---

①　《明史》卷二十八《五行志一》，第445页。其原文是："是年，江浦、大名水"，江浦即吴淞江流域。

②　据《大诰续编·查踏水灾第八十四》，共计有一百四十一名参与调查水灾情况的进士与监生被朱元璋认定为"一概诬词妄奏"者。见《洪武御制全书》，第852—854页。

的大部分税粮已被朝廷免去。其原文如下：

> 洪武十八年水灾，粮长唐谦等拨置不良之户，以灾一分，具告十分，中间以荒作熟，以熟作荒，以灾作熟，以熟作灾。其状首已被拘拿，本人暗中使钞买嘱官吏，亦用钱物买嘱该收粮卫分，不行具奏。本人粮未至，朦胧直待农忙，见将吴江县粮长葛德润准灾，又顾常、陆仲和准灾，唐谦等才方出奏。万石之粮，止纳一千者有之，二千者有之，余有八千九千不纳者。为此刁顽，拿下鞫问情由，却乃从实供招在官，以致罪发云南。[①]

粮长报灾的主要动力，是希望朝廷能免除受灾农田的税粮。否则，粮长便只能去压榨百姓，压榨不出来则只能由粮长自己"出血"将税粮补足。朱元璋笔下的"陆仲和准灾"五个字，指的便是陆仲和上报的灾情得到了朝廷批准，这部分受灾农田至少可以得到免除税粮的待遇。他负责征收的一万石税粮只上仓七百石，正是"准灾"的直接结果。只不过，到了《御制大诰三编》里，朱元璋推翻了之前的"准灾"，将陆仲和与唐谦等人归为一类，说他也干了将一分灾情夸张为十分的坏事。

除了披露陆仲和的报灾文件曾得到朝廷批准外，"唐谦案"的记录还就民众向官府告灾一事提供了更多的细节。

朱元璋说，民众向官府告灾之事，发生在粮长唐谦等人负责的征税区域。带头告灾的百姓被官府抓了，唐谦等人花钱买通相关人员，包括衙门的官吏和负责收粮的相关人员，让他们不要将百姓申诉之事汇报上去。此事发生后，唐谦等人既没有向朝廷汇报其负责区域的灾情，也没有将税粮缴上去，一直以农忙为由拖延。直到他们听说吴江县粮长葛德润、顾常、陆仲和等人的报灾文件得到批准，税粮也获免除，才跟进向朝廷递交了报灾文件。他们的报灾文件描

---

① 《御制大诰续编·粮长妄奏水灾第四十六》，《洪武御制全书》，第824页。

述的情况，与陆仲和等人的差不多，皆是一万石该征税粮里，有八九千石因为遭灾无法缴纳。

按朱元璋单方面的说法，这些向官府申诉灾情的民众，都是些"不良之户"（陆仲和案里称他们是"无藉之民"）。唐谦这些坏了心思的粮长把他们找来，目的是向朝廷谎报灾情，谋取私利。

但笔者以为，此事的真相未必如此，至少还存在另一种可能。

为了便于说明，先补充两项背景。第一项背景，是《大明会典》里载有朱元璋于洪武十八年（1385）颁布的一项新政策："灾伤去处，有司不奏，许本处耆宿连名申诉，有司极刑不饶。"①意思是地方上如果发生了天灾，官府不向朝廷奏报，允许当地的"耆宿"联名向朝廷申诉，隐瞒灾情的相关部门官吏将被处以极刑。显然，该政策正是洪武十八年江南百姓向朝廷申诉灾情的法律依据。

第二项背景，是洪武时代百姓向官府申报灾害时，往往很难得到受理，有朱元璋在《御制大诰》中的原话为证："自朕即位以来，各处水旱灾伤，虫蝻生发，民人告灾，有司多不准理"②，"各处有司，每逢人间水旱灾伤往往不受理"③。为什么很难得到受理？朱元璋解释说，这是因为"刁诈之民"太多，朝廷的本意是"赈济佃户，有产之家罢给"，只给佃户提供救助，有田产之家没资格领取，结果却是许多有产之家跑来向朝廷告灾。这导致官府不敢轻易相信百姓——如前文所言，真正有告灾动力的，本就应该是田主而非佃户。朝廷不允许、不接受有产之家告灾，其实就等同于不受理绝大多数告灾。除此之外，地方官府不肯接受告灾百姓还有一层原因，那就是担忧朝廷派人下来勘察灾情。如果勘察结果与百姓的告灾不合，允准告灾的地方官府要承担责任，受到惩罚。为了不受惩罚，地方官府宁愿选择不作为。

这两层原因，都与朱元璋的"刁民猜忌"有关。《大诰》里的"曹定妄

---

① 《大明会典》卷十七"灾伤"。
② 《御制大诰·水灾不实第三十二》，《洪武御制全书》，第763页。
③ 《御制大诰·妄告水灾第六十三》，《洪武御制全书》，第778—779页。

告水灾案"，便是这种"刁民猜忌"的产物。据朱元璋讲，镇江丹徒县百姓曹定名下拥有万亩耕地（元代对江南实施轻徭薄赋和不抑兼并政策，故产生了许多巨富大家）。洪武十八年（1385），曹定作为"状首"（带头者），与一批丹徒县百姓联名向官府申诉，上报灾地两千三百七十亩，朝廷派人下去勘察后只认定了一千六百五十亩。被否决的七百二十亩中，有四百七十三亩归属于曹定。朱元璋说：曹定拥有这么多田地，镇江又是靠近京城的地方，这几年多次获得免征税粮的优待，"今年妄告水灾，竟不知奸出何意"，真搞不懂他们今年为何要假报灾情。最后，曹定被朱元璋罚去"修城一百五丈"。①

仅就本案的案情而言，曹定实在算不上是什么刁民。他是一个万亩田地的拥有者，对他来说，刻意向朝廷谎报四百七十三亩灾田，是一件收益很小但风险很大的事情。他遭逢厄运的缘故，也不是谎报灾田，而是朱元璋对百姓报灾之事缺乏信任，派了调查组下去勘察。既然调查组的成立缘于朱元璋的猜忌，成员们下去后多多少少必得查出些东西，才好向朱元璋交代。所以，调查组的成灾标准一定会高于百姓自报灾情时的成灾标准。考虑到这一点，再来看调查组最后的结论——他们认定曹定所报灾田中有七成属实，相当于是在说曹定基本上没有刻意谎报灾情。

两项背景介绍完了。很容易看出，它们其实是互相冲突的。曹定案发生在洪武十八年（1385），允许耆宿联名申诉灾情的律条也出台于洪武十八年。前者是在批判明帝国的刁民太多，导致官府不敢受理百姓的报灾。后者是不满地方官府消极于上报灾情，所以赋予百姓向官府报灾的权利，还威胁要以极刑处理那些拒绝受理报灾的官员。政策上的这种互相冲突，显示朱元璋在处理政务信息时，已经陷入一种不知道该相信谁和谁也不愿意相信的困境之中。他不信任官员的汇报，也不信任百姓的报灾，他对自己接收到的一切讯息都充满了猜忌。

如此，再去回看"唐谦案"，便能从完全相同的情节里，体察出一套逻辑

---

① 《御制大诰·妄告水灾第六十三》，《洪武御制全书》，第779页。

迥异的故事：

一，唐谦等粮长之所以迟迟没有向朝廷报告灾情，很可能是因为害怕。报了灾，朝廷如果派人下来查，不去找调查组"沟通"，勘查标准与自报标准便很难一致，容易弄成"谎报灾情"；找调查组"沟通"，又容易弄成行贿谋私（在遍地举报者的洪武时代，这绝非好事）。无论怎样干，都容易给粮长带来灾祸。但查勘灾情是旨意，不提交汇报做不到，最合理的选择，便是先观望一段时间，看看那些先提交灾情汇报的人是什么遭遇。[①]

二，百姓联名向官府申诉灾情，其法律依据是朱元璋"许本处耆宿连名申诉"的新政策。百姓们这么干，有两种可能。一是粮长们消极观望，受灾百姓坐不住（农田未经确灾，不便启动救灾与重新耕种），于是撇开粮长去官府告灾；二是如朱元璋所言，鼓动百姓告灾者正是唐谦等粮长，他们犹犹豫豫不敢向朝廷汇报灾情，但底层民众又会给他们压力，于是就将告灾的难题推给了民众。

三，按朱元璋的说法，百姓去官府告灾后，带头的"状首"便被抓了。唐谦等粮长于是"暗中使钞"买通官吏和收粮卫分，求他们不要把告灾之事"具奏"上去。这里有个疑问：综合《御制大诰续编》和《御制大诰三编》中朱元璋的叙述，可知百姓自发告灾也好，被众粮长暗中鼓动告灾也罢，无论哪种情况，"粮长竟不出名"，都没有在告灾文件中署名，他们本不必担忧被告灾百姓牵连——如果告灾成功，粮长们倒有可能会得一个消极勘灾的罪名，但朱元璋说得很清楚，此次告灾没有成功，带头者被官府抓了。既然不是担忧被告灾百姓牵连，粮长们为何还要给官府送钱贿赂？

笔者可以提供一种比较合理的解释：官府抓带头告灾的百姓，是一种常规

---

① 此说并非凭空猜测。被朱元璋派下去调查灾情的进士与监生们，便刻意集体拖延汇报的时间，朱元璋骂他们"坐视过期，动经旬月"，众人皆不愿意做汇报灾情的先驱。见《御制大诰续编·查踏水灾第八十四》，《洪武御制全书》，第853页。

动作，也就是前文所引朱元璋提到的"民人告灾，有司多不准理"①。抓了人之后，自然要调查告灾内容是否属实，找来当地粮长询问情况是必然会做的事情。这等于是在逼着粮长们立刻提交灾情勘察报告。为了规避朝廷的"刁民猜忌"，粮长们本来一直在拖延观望，希望等别人踩完雷之后再依样画葫芦出具报告。如今被官府逼上门来要求表态，便只好贿赂官吏求他们不要"具奏"，也就是把百姓告灾之事压下来。事情压下来了，粮长们便不需要就告灾内容的真实与否出具意见。至于是否释放带头告灾者，粮长们好像并不关心，《御制大诰续编》和《御制大诰三编》里，朱元璋都没提到这一点。

四，后续发生的事情，与上述解释也是契合的。首先，花钱让官府把百姓告灾之事压下来后，粮长们没有向朝廷汇报灾情，也没有按常规年景的惯例去替朝廷征粮，用朱元璋的话说就是"本人粮未至，朦胧直待农忙"。这"朦胧"二字用得传神，将粮长们进退两难不得不拿农忙来含糊其词拖延时日的情状，形容得很贴切。其次，当唐谦等人得知葛德润、顾常、陆仲和等粮长的灾情汇报已获朝廷批准后，马上依样画葫芦也提交了灾情汇报。而且，他们的灾情汇报——"万石之粮……余有八千九千不纳者"，与陆仲和的"其粮一万石，上仓止该七百石"，几乎完全一致。

五，遗憾的是，尽管这般小心翼翼，此事不知因何缘故仍然引起了朱元璋的注意，其"刁民猜忌"心理也再次发作。在朱元璋的"圣明烛照"之下，唐谦等粮长被定性为恶意谎报灾情的腐败分子，参与告灾的百姓则被定性为刁民。

以上，是在不否定朱元璋提供的所有"事实判断"的基础上，通过补充时

---

① 陆仲和案里，地方官吏报告说告灾者全部是有田产之人——"据各户所申，人各有田不多，皆非无田之户。系是有产之家，不敢受赈"。曹定案里，朱元璋说地方官府拒绝受理告灾的主因是告灾者多是有田产者——"（朝廷）意在赈济佃户，有产之家罢给，岂期刁诈之徒有此。所以各处有司，每逢人间水旱灾伤往往不受理者，为其刁诈之民相累也"。这两段材料内容相近，皆是事实，可以给唐谦案里的地方官府抓告灾"状首"提供最为合理的解释。遗憾的是，朱元璋被强烈的"刁民猜忌"所控制，选择性地否定了前一段材料，却肯定了后一段材料。

代背景、重组逻辑链条，得出的关于"唐谦案"的另一种可能。笔者认为，相比朱元璋的叙述，它更符合常情与常理，更接近真相。

三、陆仲和倒霉的真正原因

回到"陆仲和案"。

唐谦案爆发时，原本并没有牵连到陆仲和。朱元璋说得很清楚，他以谎报灾情吞没税粮的罪名将陆仲和满门抄斩（仅一幼孙逃过此劫），是因为偶然发现有人举报陆仲和是胡惟庸余党。此节前文已有提到。

关于沈庆童等三人状告陆仲和乃胡惟庸余党一事，有两个关键信息值得注意：一，陆仲和的身份。清嘉庆十七年（1812）的《同里志》称，"元季陆仲和为沈万三婿，富甲江左，时值荒乱，隐居于此，亭台池囿，辉耀桑梓，建竦柳、饮马二桥，造帐子廊，有南北二马路，明初没为官街"[①]。意即，陆仲和是沈万三的女婿，是江南地区数得上名号的巨富，同里镇的主体建筑如桥梁、道路等，便是陆仲和出资修筑的。二，胡惟庸案发生的原因，本书第三章《郭桓案》中已有分析，简言之是一场刻意罗织的政治案，目的是消灭因察举制而坐大的胡惟庸及亲胡惟庸势力（实施察举制其实是朱元璋的决定）。此案发生于

---

①　《同里志》卷二一《人物志一二·杂录》，转引自顾诚：《沈万三及其家族事迹考》，收录于《明朝没有沈万三：顾诚文史札记》，光明日报出版社2012年版，第16页。该文还考据认为，沈万三乃是元朝人，没做过洪武百姓。他在元朝时只是一个"多田翁"，财富有限，名气也不大："既未出仕无政绩可言，又算不上文人雅士，不足以跻身'儒林'，默默无闻自在情理之中。到明朝建立前后，其子孙不仅积累的财富越来越多，而且不少人因家境富裕自幼受到良好教育，一方面在朱元璋推行的粮长制度和命地方官推荐各类人才的措施下出头露面，甚至担任朝廷官职；另一方面同当地的文人有较广泛的交往，沈家的名气也就越来越大。尽管沈万三早已去世，沈氏在洪武年间已分成四家，但是人们提到江南首富沈家时还是习惯于用沈万三来概括。"见《明朝没有沈万三：顾诚文史札记》一书的第14页。

洪武十三年（1380），陆仲和被朱元璋满门抄斩是洪武十九年。

如此，再来看沈庆童等三人告发陆仲和为胡惟庸余党的过程，便能发现其中的怪异之处：三次告发，三次将状纸递送至苏州府胥吏杨复的手里，杨复三次拿了陆仲和的钱将状子压下，沈庆童等也三次拿了陆仲和的钱不再闹，此外还有一批以陆观保为代表的讲和者，也拿了陆仲和的钱。洪武十八年（1385）《御制大诰》颁布，朱元璋便已开始鼓励民众进京举报害民者。沈庆童等三人一再举报陆仲和，一再从陆仲和那里拿钱偃旗息鼓，却始终没有选择直接进京，显见其本意乃是为了敲诈钱财。胥吏杨复有可能便是沈庆童等三人的同党——否则很难解释他为何拿了陆仲和的钱，却仍将告发陆仲和的状子压在手里（最后被人翻查出来），而非销毁或直接交给陆仲和。

这类敲诈案，应是洪武时代的常见之事。《御制大诰三编》中便载有一桩几乎完全相同的案子，即上一章《彭玉琳案》中提到的罗本中被告发为"胡惟庸行财之人"一案。《明太祖实录》里也记载了一桩类似的案子，说的是处州府丽水县的大姓陈公望等五十七人，在洪武十九年（1386）被一个"卖卜者"（占卜算命之人）赴京告发，说他们要聚众造反。朝廷当即便派了军队来抓人，万幸该县官员有担当（本县出了反贼集团也关系到他的身家性命），调查出这个算命者之所以要告发陈公望等人，是因为他"干谒富室不应所求"，没能从这些富户身上敲诈到钱财，于是心生怨恨，恶意报复。[1]

朱元璋发现不了沈庆童三次告发陆仲和、三次拿了陆仲和的钱偃旗息鼓之事吗？当然不会。事实上这些信息便是朱元璋留下来的。他知晓这些信息却不深究这些信息，直接将陆仲和打成"胡党"，其实是因为他本就不愿陆仲和这样的富户存在于洪武时代——陆仲和被满门诛杀的同一年，沈家也遭遇了厄运。虽然沈万三的两个儿子沈荣（死于洪武九年）与沈旺（卒年不详）曾向朱元璋呈献大批金银以示驯服，但洪武十九年（1386）春，沈旺的两个儿子沈至与沈庄仍被投入了监狱。沈庄的墓志铭是这样写的：

----

[1]　《明太祖实录》卷一百七十八，洪武十九年五月甲申条。

洪武十九年春，兄（沈）至以户役故，缧绁赴秋官，时伯熙（沈
庄）亦获庆京师，适与兄同系狱。入则抱其兄痛泣曰："吾兄素羸，不堪
事，今乃至于斯耶！"既而伯熙先出，遂得疾甚，药莫疗，竟以其年五月
二十一日卒于京，春秋四十。①

沈至入狱是因为"户役"，大概是指替朝廷征发人丁不力（此类工作当时
一般是被摊派给富户的）。沈庄入狱的原因不详。兄弟二人在南京监狱相逢，
其百感交集的心情可想而知。沈庄出狱后未及归家便死在了京城，当与其狱中
遭遇有直接关系。对沈家而言，这番风波只是开始。六年后的洪武二十五年
（1392），太子朱标病死，朱元璋册立朱标之子朱允炆为太孙，因担忧年轻的
太孙镇不住功臣宿将，遂于洪武二十六年制造了骇人听闻的"蓝玉案"，被屠
杀者达数万之众。沈家也牵连其中，被朱元璋下令满门抄斩。

四、消灭大族富户的三大办法

其实，陆家直到洪武十九年（1386）、沈家直到洪武二十六年才被借故连
根拔起，已算是一种"特殊恩典"。

毕竟，鉴于"元氏闇弱，威福下移，驯至于乱"②的历史教训，朱元璋决定
以猛治民，早在洪武初年，便已将拔除包括江南富户在内的民间有力量者作为
一项基本治国策略——洪武三年（1370），朱元璋曾特意下诏，让户部将"诸
郡富民"召集入京训话。训话的主旨是要富民知晓自己为何能安享富贵："古
人有言，民生有欲，无主乃乱。使天下一日无主，则强凌弱、众暴寡，富者不
得自安，贫者不能自存矣。"③简言之就是要支持朱元璋、支持洪武政权。特意

---

① 《沈伯熙墓志铭》，转引自《明朝没有沈万三：顾诚文史札记》，第8页。
② 《明史》卷一《太祖本纪一》，第12页。
③ 《明太祖实录》卷四十九，洪武三年二月庚午条。

召集天下富民入京训话，足见朱元璋对富民是极不放心的。

洪武时代拔除富民的手段之一是强制迁徙。如吴元年（1366）冬十月下令"徙苏州富民实濠州"①，洪武七年（1374）下令"徙江南富民十四万田濠州，以（李）善长总理之"②，洪武二十四年"徙天下富民"五千三百户于南京③。富民虽然可以保留土地与资产，但离开原籍便等于失去了原来的社会关系网络，进入京师更形同被皇权变相监管了起来，不但失去了返乡的自由，还得应付朝廷摊派下来的徭役征发和税赋征收任务。④

另一种常规手段，是将富户们牵连到政治大案当中。洪武十三年（1380）的胡惟庸案，本是缘于高层权斗的政治案件，结果却有许多民间富户被罗织为"胡党"。洪武十八年的郭桓案，造成的结果是"核赃所寄借遍天下，民中人之家大抵皆破"⑤。洪武二十三年的李善长案，洪武二十六年的蓝玉案，也皆是如此。除了政治大案，洪武时代的其他种种社会运动，如整肃胥吏、抓捕游民、举报害民者等，富户们皆是首当其冲的受害者。经历过洪武时代的方孝孺后来总结说"当是时，浙东、西巨室故家，多以罪倾其宗"⑥，"太祖高皇帝……在位三十年间，大家富民多以逾制失道亡其宗"⑦。

活跃于明代中期的苏州人吴宽也曾感慨说，"皇明受命，政令一新，富民豪族刬削殆尽"⑧。吴宽的祖宅原本在苏州城东，后来之所以搬离，便是因为

---

① 《明太祖实录》卷二十六，吴元年冬十月乙巳条。

② 《明史》卷一二七《李善长传》，第3771页。《明史》卷七十七《食货志一》也有相关记载，称"徙江南民十四万于凤阳"，第1879页。

③ 《明太祖实录》卷二百一十，洪武二十四年七月庚子条。

④ 苏州人徐孟声之所以成为南京人，便是因为"洪武中征富民实京师"，不得不随家庭一同迁徙。其父在京城下狱（原因不明）后，徐孟声代父坐牢，后遇赦得出。其墓志称，徐孟声"既居京师，日躬治徭赋，不遂卒业"，为了给朝廷办理徭役和税赋事务，不得不搁置学业。见（明）杨士奇：《东里续集》卷三十一《徐孟声甫墓表》。

⑤ 《明史》卷九十四《刑法二》，第2318页。

⑥ 方孝孺：《逊志斋集》卷二十二《采苓子郑处士墓碣》。

⑦ 《逊志斋集》卷二十二《故中顺大夫福建布政司左参议郑公墓表》。

⑧ （明）吴宽：《匏翁家藏集》卷五十八《莫处士传》。

"遭世多故，邻之死徙者殆尽，荒落不可居"[①]，原本繁华的苏州城东因洪武时代持续打击富户而变成了毫无人气的荒凉之地。吴宽还曾如此回顾祖父在洪武时代的保身之道：

> 先祖……平生畏法，不入府县门，每戒家人闭门，勿预外事。故历洪武之世，乡人多被谪徙，或死于刑，邻里殆空，独能保全无事。至永乐间无疾而卒，年六十有四。[②]

不编织任何社会关系网，不介入任何社会问题，将自己尽可能地龟缩起来。吴宽的祖父努力将自己变成了一个朱元璋理想中的原子化的"洪武百姓"。这种努力让他成功保住了性命，成了"邻里殆空"时代的一个异数。

嘉定横塘人秦文刚也是这样做的。他本是个读书人，却自号"横塘农"，常年坚持在田间耕作，为的便是保全性命：

> 服天下之至劳，莫如农矣。然古之人莫不业农也。不业则为游民，而游民不容于三王之世。……吾视三吴巨姓享农之利而不亲其劳，数年之中，既盈而覆，或死或徙，无一存者。吾以业农独全。[③]

秦文刚说，不务农就会被当成游民，游民是不容于上古三王之世的。朱元璋也在《御制大诰续编》里说，"中国先王之旧章"就是要消灭不务农的逸民旷夫，所以"上古好闲无功造祸害民者少"[④]。显见秦文刚深刻领会到洪武时代需要怎样的"理想民"。他知道做农夫是天底下极累的事情，远不如做商人或

---

① 《匏翁家藏集》卷六十一《先考封儒林郎翰林院修撰府君墓志》。

② 《匏翁家藏集》卷五十七《先世事略》。

③ （明）贝琼：《清江文集》卷十九《横塘农诗序》。贝琼生于元代，洪武三年（1370）应召参与编修《元史》，后来做过国子监助教，死于洪武十二年。

④ 《御制大诰续编·序》，《洪武御制全书》，第789页。

田主舒适。但洪武时代容不下包括商人与田主在内的富户，所以他宁愿做一个面朝黄土背朝天的农夫。

类似的小心翼翼，也见于富甲江南的陆家和沈家。洪武二十一年（1388），苏州府奉命举荐了一批人才入京做官，其中便有沈家的后代沈玠（沈万四之孙，沈万四乃沈万三之弟）。授官之日，沈玠战战兢兢地对朱元璋说：

> 臣玠诚不敢以富饶故妒诸户家，念臣一门自国初到今，屡蒙恩宥，得保有妻孥田庐，已逾素望。又尊官之，荣逮妻子，何敢更受禄哉？[①]

沈玠说的是真话，沈家此时之所以仍然存在，一是沈家人尽全力夹起尾巴做人，毫无折扣地响应朱元璋的各种号召，该出钱出钱，该出力出力[②]，二便是朱元璋满意沈家的驯服，尚未对其下狠手。故此，朝廷叫沈玠出来做官，他不敢推辞，却也不敢领朝廷的俸禄。一同获得任命的其他苏州富户，也战战兢兢辞掉了俸禄："臣等田地家财都是上位保全底，又蒙赐俸，难以消受。"朱元璋毫不客气地批复道："要辞，从你。"[③]可惜的是，陆家最终被卷入胡惟庸案，沈家最终被卷入蓝玉案，仍落了个满门抄斩的结局。

除了强制迁徙与制造冤狱，洪武时代还有一种消灭富户的隐蔽手段，即通过摊派军役、任命胥吏与粮长等职务，来削减富户们的财富，逼迫大族分家变成小户。军役层面的手段很容易理解——洪武二十年（1387）在常德、辰州二

[①] 刘三吾：《故吴兴处士沈汉杰墓志铭》，收录于（明）刘三吾撰，陈冠梅校点：《刘三吾集》，岳麓书社2013年版，第158页。

[②] 宋濂曾言：洪武时代的粮长大多被"以法绳之"，"惟苏之沈氏以奉法称，天子亲召与语，赐之酒食"。见宋濂：《上海夏君新圹铭》，收录于罗月霞主编：《宋濂全集》，浙江古籍出版社1999年版，第1740页。所谓"以奉法称"，指的便是沈家担任粮长期间始终尽力满足朝廷的要求。

[③] 《弘治吴江志》卷一〇《荐举》。转引自《明朝没有沈万三：顾诚文史札记》，第17页。

府实施的政策是"三丁以上者出一丁，往屯云南"①，在绍兴等府实施的政策是
"民四丁以上者以一丁为戍兵"②，意即家中有三丁、四丁及以上者，便有人
要遭殃，被强制征去当兵，留在家中的父母兄弟也会成为军户。在洪武时代做
士兵和军户非常悲惨（其实整个明代一直如此）。为了逃避这种悲惨的命运，
有三丁、四丁的大家庭，便很"理智"地选择了分家，成为单丁、二丁的小
家庭。

职务任命层面的逻辑也大体如此。洪武时代将大量的差役摊派给了富
户，这种做法不仅是为了"均贫富"，也是为了直接消灭富户。如洪武十九年
（1386），朱元璋命吏部从直隶应天诸府州县选取"富民子弟"一千四百六十
人赴京城担任胥吏③，便有一个重要的时代背景"民畏为吏"④——本书前文
《朱升一案》曾提到，在朱元璋的整肃下，松江府的胥吏三分之二被整肃、苏
州府的胥吏四分之三被整肃。选取"富民子弟"做胥吏，对富民们而言不是福
利，而是一场灾难。再如，洪武二十一年前后，朱元璋曾下诏让浙江杭州、直
隶徽州、凤阳宿州及河南等府的"市井富民"必须为朝廷"备马应役"，也
就是免费供应马匹。⑤这等于是在正规赋税之外，对富民额外再次征税。洪武
二十七年，朱元璋下诏在民间建设赈灾粮仓，"委富民守视"⑥，将粮仓的守护
职责摊派给了富户，富户不但要无偿提供劳力来管理粮仓，还得包赔因水淹、
霉变、鼠患等因素导致的粮食损耗。

除了各种临时摊派的差役，富户们还须承担做粮长、巡阑、里长、甲首等
常规差役。

按常规的说法，朱元璋明令洪武时代的粮长必须由富户担任，是因为他不

---

① 《明太祖实录》卷一百八十六，洪武二十年冬十月戊午条。
② 《明太祖实录》卷一百八十七，洪武二十年十一月己丑条。
③ 《明太祖实录》卷一百七十九，洪武十九年八月辛卯条。
④ 《御制大诰三编·把揭籍点吏第二十八》，《洪武御制全书》，第912页。
⑤ 《明太祖实录》卷一百八十九，洪武二十一年三月壬辰条。
⑥ 《明太祖实录》卷二百三十一，洪武二十七年春正月辛酉条。

信任地方官员与胥吏，认为这些人必定会在征收税粮时盘剥百姓，故希望以富户充当粮长来免除"有司科扰之弊"①，毕竟富户是当地人，且生活在民间，须顾及乡里风评。《御制大诰续编》里，朱元璋也曾说过："既已富豪，朕命办集钱粮，为朕抚恤细民，无生刁诈，广立阴骘，以待子孙绵远，岂不善哉！"②言下之意，富民本就有义务给朝廷免费服额外的劳役，有义务替朝廷去征收赋税筹办钱粮。

问题是，给朝廷服劳役没有报酬，去征收赋税筹办钱粮却有成本。如果粮长"觉悟不够"，想将这些成本转嫁给纳粮户，便必然要引起冲突。朱元璋在《大诰》中列举了许多"粮长害民"的案例，这些案例几乎全部缘于粮长与纳粮户因输粮成本而产生的矛盾。纳粮户认为粮长所收多于实际所需，粮长则抱怨每次替朝廷征粮运粮都要亏本，都得拿自家的财产来填补亏空。③因此类冲突过于频繁，严重影响到明帝国的税粮汲取工作，朱元璋最后出台强制性规定，要求纳粮户自备盘缠推举代表随粮长赴仓库交粮，"就乡里加三起程，其粮长并不许起立诸等名色，取要钱物"④，只许粮长按应纳税粮的三成加收纳粮成本费。这三成够开支运输费用，粮长便不亏；三成不够开支运输费用，粮长便需自掏腰包。

巡阑、里长与甲首的情况也是如此。巡阑是一种替朝廷征税的无偿劳役。粮长征的是农税，巡阑征的是商税（但征税对象不限于商人）。朱元璋有规定，巡阑一职"止取市民殷实户应当，不许佥点农民"⑤。富民被摊派做巡阑没有俸禄，完不成征税任务却要受罚，需拿出家财来补足欠额。作为最底层的办事人员，巡阑还会遭受上级官吏的压榨。里长与甲首也是替朝廷工作的免费劳役，需协助粮长和地方官府完成税粮与人力的汲取，也是洪武时代基层社会控

---

① 《明太祖实录》卷一百二，洪武八年十二月癸巳条。

② 《御制大诰续编·粮长瞿仲亮害民第二十二》，《洪武御制全书》，第807页。

③ 可参见《御制大诰续编》记载的"粮长瞿仲亮害民案""粮长郝阿仍害民案"。分别见《洪武御制全书》，第807页、824页。

④ 《御制大诰续编·议让纳粮第七十八》，《洪武御制全书》，第848页。

⑤ 《大明会典》卷二十，"赋役"。

制的重要一环（有举报抓捕逸民逃军的义务）。洪武十四年（1381），朱元璋下诏命令天下郡县编制"赋役黄册"（征收赋税的档案），以一百一十户为一里，"一里之中推丁粮多者十人为之长"[①]，明文规定了里长与甲首均以丁口多、家产多者担任。

以上种种，皆是洪武时代富户们破家亡身的恐惧所在。崇安县《袁氏宗谱》中的《寿八公遗文》颇有助于今人管窥这种恐惧。袁寿八是一位生活在洪武时代的富户，他在文章中详述了自己的避祸之道：

洪武三年间，始与兄景昭分析祖业，家财尽让与兄。既未有子，新朝法令森严，但求苟安而已。……自后生男武孙，又陆续买田二千余石。……洪武十五年间，为起富户赴京，不幸被里长宋琳等妄作三丁以上富户举保，差官起取，无奈而行。户下田多粮重，儿辈年幼，未能负任，诚恐画虎不成反类狗者也。切思光景如此，又要分赴京住坐，又抱不平欲告宋琳等不公，遂谓男武孙曰："即日现造田粮黄册，不乘此机，将低田亩多者写与他人，脱去袁进图头里长，只留袁成一户田粮，以谋安计，更将田粮居一里之长，又当上马重任十年图头各役，将来必陷身家矣。"武喜所言得当。如是，将户下田千有余石，尽写与三贵等里李增等边为业[②]，袁进户内过割升合无存。除写与他人外，尚留实在膏腴之田，计苗米九百五十石。当年赴京领勘合，就工部告状，转发刑部拘问得理，将宋琳等八家断发充军。冬下回还，再生一男名铁孙。……勉强于洪武二十一年，告白祖宗，将原田并又买到张八等田一千一百石内，抽出四百五十石与男武孙收管，又将田土四百五十石付幼男铁孙收管，又将田五十石付与妻李氏并残疾女珙娘收管，又将田土五十石付与次妻并残疾男斌孙收管。……余外田土一百余石，自己交收养老，并不载粮，向后充为公党之

① 《明太祖实录》卷一百三十四，洪武十四年春正月是月条。

② "尽写与三贵等里李增等边为业"一句，"边"字或辨读有误。惜笔者未能得见崇安《袁氏宗谱》原文。

用，仰武孙、铁孙二房轮交。[①]

袁寿八洪武三年（1370）与兄长分家时尚未有子嗣，此后陆续购入田产二千余石。洪武十五年被本地里长宋琳定为"三丁以上富户"，要被强制迁徙进京。当时的迁徙政策，一般由富户家中出一成年男丁带上家眷仆从常驻京城，既相当于人质，也相当于给朝廷提供免费的劳役（常驻京城者要替朝廷负担许多差役），其他家人则允许留在原籍经营。就财富的多少而言，袁寿八确实可算富户——按明代南方土地肥沃者亩产约三石，中等者亩产约两石[②]来计算，袁寿八购入的土地大概在千亩上下。但袁家此时只有袁寿八一个成年男丁，其长子"武孙"不过十岁上下，算不得成年男丁。袁寿八常驻京城，便意味着家中事务无人打理，要沦入破败没落的境地。故此，袁寿八对将自己当成"三丁以上富户"上报的里长宋琳怀有切齿之恨。为了给家庭谋取活路并报复宋琳，袁寿八决定在进京之前将自己名下"低田亩多"（田产按石计算，产量低者所占亩数多）的部分写入他人名下，最后共计划出去一千余石，超过其总田产的半数。同年，袁寿八被迫赴京后，即前往工部状告里长宋琳等人上报富户时存心不公，导致宋琳等八户人家被充军流放。袁寿八则于当年冬天得以脱去富民身份，自京城返回家中。

由袁寿八与其长子"武孙"的谈话——"即日现造田粮黄册，不乘此机，将低田亩多者写与他人，脱去袁进图头里长，只留袁成一户田粮，以谋安计，更将田粮居一里之长，又当上马重任十年图头各役，将来必陷身家矣"——可以得到两点信息：一，袁寿八是在忍痛切割土地，他的目的是让朝廷的"田粮黄册"里记载的袁家田数与里长宋琳等人上报的田数不符。二，因田产众多，袁寿八本人也被指派了里长之职。该职务在他眼里不是什么有权力的香饽饽，而是"将来必陷身家"的黑洞。他忍痛切割土地的另一个目的，就是摆脱里长

---

① 《袁氏宗谱》卷一《寿八公遗文》，转引自郑振满：《明清福建家族组织与社会变迁》，湖南教育出版社1992年版，第29—30页。

② 《中国历代粮食亩产研究》，第167—172页。

的职务，摆脱要承担的"各役"——其实，除了"各役"，被指派为里长的富户还有一重风险，那就是会因为办理朝廷的公务引来民众的痛恨，而洪武时代恰恰又是一个"举报害民者"运动盛行的时代。里长宋琳便是因为将袁寿八定性为富户，而被袁寿八切齿痛恨刻意报复，才遭到流放的。作为当事人的袁寿八，对此必然有着极为深刻的理解。

在《大诰》里，在朱元璋的笔下，担任粮长、里长、巡阑的富户们，都是些为非作歹不受教化的"愚顽"。在袁寿八这样的底层百姓眼中，"富户"这个身份却是灾祸的代名词。为避免成为富户，洪武二十一年（1388），袁寿八主持了一场分家：将名下的一千一百石田地分成五户——四百五十石分给长子"武孙"，四百五十石分给幼子"铁孙"，五十石分给妻子李氏和她的残疾女"琪娘"，五十石分给次妻和她的残疾儿子"斌孙"，袁寿八自己只留下一百余石田地养老。此时，参与分家的"铁孙"其实只有六岁，远未到成年分户的年龄。所以袁寿八自己也说，这次分家是"勉强"为之。其动机实如郑振满所言："袁寿八为什么要'勉强'为诸子分家呢？其目的显然是为了降低户等，避免充当富户及里长之役。"[1]

袁寿八的这种"勉强"分家，其实恰是朱元璋期望达成的目的。为了消灭有势力的民间组织，明初制度本就不允许百姓与"外甥妻兄弟"等合籍居住，唯公侯之家可以例外。[2]上述针对富户的种种打击政策，同样旨在消灭百姓的聚族而居，将所有的大家族都变成只有一丁、两丁的小家庭。

洪武三年（1370），朱元璋询问户部，天下富民何处最多。户部回答说"浙西"的富民最多："以苏州一府计之，民岁输粮一百石已上至四百石者四百九十户，五百石至千者五十六户，千石至二千石者六户，二千石

①　《明清福建家族组织与社会变迁》，第30页。

②　洪武十九年，朱元璋下诏："命凡公侯之家有外甥妻兄弟别籍者，许令合籍同居。"见《明太祖实录》卷一百七十七，洪武十九年三月丙子条。详细的论述，可参考葛剑雄主编，曹树基著：《中国人口史》第四卷，复旦大学出版社2000年版，第87页。

至三千八百石者二户。"①这意味着，仅苏州府一地便有田产超过两千亩者五百五十二户。②到了洪武三十年，朱元璋再次下旨让户部从户籍档案中筛选富户为朝廷所用时，户部的回奏已是："云南两广四川不取，今稽籍得浙江等九布政司直隶应天十八府州，田赢七顷者万四千三百四十一户，列其户名以进。"③七顷，便是七百亩。

持续二十余年的"富户消灭运动"，终于让明帝国田产超过七百亩的人家，仅余一万四千三百四十一户。

① 《明太祖实录》卷四十九，洪武三年二月庚午条。
② 这是一个很粗糙的计算。洪武三年苏州府官田、民田的具体比例与具体税额皆未知，唯《明史·食货志》中有记载称朱元璋曾制定税率，"凡官田亩税五升三合五勺，民田减二升"（见《明史》卷七十八《食货志二》，第1893页）。考虑到苏州官田按私租收取赋税的制度此时尚未展开，故笔者以亩税五升来计算，一户每年输税一百石的农户，便需拥有两千亩田地（十升为一斗，十斗为一石）。
③ 《明太祖实录》卷二百五十二，洪武三十年夏四月癸巳条。

第十二章 《大诰武臣》：两百万农奴

> 这等官人，上坏朝廷的法度，下苦小军，略不有些哀念，将那小军每
> 苦楚，也不如猪狗。
>
> ——《大诰武臣·序》

一、洪武士兵"不如猪狗"

《大诰武臣》的主旨，是以三十余个具体案例，来批评洪武时代武将们的种种贪赃枉法之举。这些批评勾勒出一幅图景，那就是：洪武时代的士兵们大体过着一种猪狗不如的生活。

比如，第三条里提到，广西都指挥耿良干了许多"害军害民的歹勾当"，是广西百姓聚众造反的主因。除了利用权力压迫广西地方官府、榨取地方百姓外①，还克扣麾下军人的"月盐钞"，强迫军丁给自己服"私

---

① 这种对地方百姓的榨取是一种常态。如驻扎在抚州的千户张邦与董升向当地百姓征收"喂养鹅鸭之米"，以批路引为名勒索外地旅客；杭州右卫的指挥陈祥与令史魏克铭，也以批路引为名勒索当地渔民，不给钱便不许下海。青州卫的百户王玘在蒙阴县驻守，强行将"带籽棉花"和"黄蜡香油等物"以摊派的方式高价"卖"给当地百姓，还将当地县官抓起来拷打。依次分别见：《大诰武臣·守门阻当第十》，《大诰武臣·生事害民第二十八》，《大诰武臣·排陷有司第三十》，《洪武御制全书》，第939页、第948页、第949页。

役"。朱元璋感慨说，耿良被杀之后，"广西的百姓都安然无事，也不反了"①。第九条里，朱元璋列举了大同前卫、镇南卫、叙南卫、宁海卫、金吾后卫、金山卫、莱州卫、河南卫，共计八处卫所军官剥削麾下士兵、向他们汲取钱财与劳动力的种种恶行。②第十六条里也提到，襄阳卫的千户孙齐、镇南卫的百户周原德、福州左卫的百户刘义、台州卫的镇抚钱兴、绍兴卫的百户王伯当、定辽卫的百户靳允恭、应天卫的百户袁思诚、沂州卫的百户王仁美、永州卫的百户毛思盟、仪真卫的百户刘仲贤、平阳卫的百户何敬，共计十一名军官，均犯下克扣士兵的盐钞军粮、赏赐银钞与屯种产出的罪行。③

这些案例显示，卫所军官压榨士兵的劳动力、剥削士兵应得的财物，在当时是一种普遍现象。

再如，第十二条里提到，青州护卫的千户孙旺"逼令军人自缢身死"，其他士兵前往京城告状，却被孙旺中途拦截抓回去关进大牢，罗织罪名使其中四人被凌迟处死，其余发配云南。兖州护卫的指挥蔡祥与千户毛和等军官，也是"百般苦军"，导致底层士兵进京告状，走到半路也被抓了回去"打死分尸"。④第十四条里提到，豹韬卫的百户王德甫仅仅因为"失去官木"，便打死士兵任良；府军前卫的百户王斌，仅仅因为撑船不好，便打死士兵佴德旺；羽林左卫的百户阚秋，仅仅因为没做好砍竹子的工作，便打死士兵周添。朱元璋怒斥这些基层军官说，"（这些士兵）若是在阵上违了号令，便打死了也不妨，而今因些小事儿，都将他打死了"，实在太过分，只好让这些军官为士兵偿命。⑤第二十一条与第二十二条提到，苏州卫的千户宗聚⑥、锦衣卫的千户王

---

① 《大诰武臣·耿良肆贪害民第三》，《洪武御制全书》，第934—935页。

② 《大诰武臣·科敛害军第九》，《洪武御制全书》，第938—939页。

③ 《大诰武臣·克落粮盐第十六》，《洪武御制全书》，第942页。

④ 《大诰武臣·邀截实封第十二》，《洪武御制全书》，第940页。

⑤ 《大诰武臣·打死军人第十四》，《洪武御制全书》，第941—942页。

⑥ 《大诰武臣·因奸杀人第二十一》，《洪武御制全书》，第945—946页。

成，皆犯下了"奸宿"麾下士兵之妻的罪行。金吾前卫的指挥冯裕与滁州卫的百户刘驴儿，皆犯下了藏匿"在逃军妇"并将其奸宿的罪行；儋州的千户王兴与蒲州的千户张保，皆犯下了强奸百姓妻女的罪行。①前文提到的广西都指挥耿良，也曾强奸麾下军人的妻子，强娶麾下军人的女儿，报复与自己不和的军官，或掠夺他们的财产，或借朝廷之手割断其脚筋、将其枭首。②

这些案例显示，卫所军官控制底层士兵的人身自由，杀害他们的性命，乃至伤害他们的家人，在当时也是一种普遍现象。

具体案例中，这两种普遍现象，也常常同时出现。如施州卫的指挥乐信，从军中抽调士兵九十二人，让他们充当私家伙计帮自己做买卖；叙南卫的指挥徐毅，从军中抽调了十五名士兵，让他们给自家充当仆役；大同前卫的百户刘海，也曾将麾下的士兵当作私家仆役使唤，让他们给自己砍柴卖钞。③再如海宁卫的千户费进，先是以盖营房为名，将麾下的士兵全派出去砍竹子和茅草。待到这些士兵将竹子与茅草砍回来堆在城里，便下令禁止士兵再出城，同时将这批茅草当柴售卖。士兵家中无柴可烧，又无法出城，只好拿钱向费进买柴。④

在《大诰武臣》的序言里，朱元璋说，洪武时代的士兵们生存境况非常悲惨，实可谓猪狗不如：

这等官人，上坏朝廷的法度，下苦小军，略不有些哀念，将那小军每苦楚，也不如猪狗。且如人家养个鸡狗及猪羊，也等长成然后用，未长成，怎么说道不喂食、不放。必要喂食看放有条理，这等禽兽畜生方可用。⑤

① 《大诰武臣·奸宿军妇第二十二》，《洪武御制全书》，第946页。
② 《大诰武臣·耿良肆贪害民第三》，《洪武御制全书》，第934—935页。
③ 《大诰武臣·私役军人第二十七》，《洪武御制全书》，第948页。
④ 《大诰武臣·生事苦军第二十九》，《洪武御制全书》，第949页。
⑤ 《大诰武臣·序》，《洪武御制全书》，第929页。

那普通人家养个鸡狗猪羊，也得等它们长成了才食用，没长成之前还得好好喂食放养它们。军官们对待士兵，却半点同情心都没有，将他们压榨至猪狗不如的地步。

二、两百万军户实为贱民

《大诰武臣》的序言里，朱元璋将洪武士兵生存境况不如猪狗的原因，归结为"管军人员"泯灭了良心，完全不肯听从他的教导："我每日早朝晚朝，说了无限的劝戒言语，若文若武，于中听从者少，努目不然者多，其心专一害众成家。"[1]

但实际上，洪武士兵的悲惨境遇，乃是一种制度性伤害。这种制度性伤害，本书第二章谈"史灵芝案"时，已于《残酷的军事农奴制》一节中有所介绍。这里再结合其他资料略做叙述。

朱元璋建立的卫所制度，是一种颇为特殊的军队体系。按刘基设计的军卫法，明帝国在全国各军事要害之地建立卫所，以五千六百人为一卫所，一千一百二十人为千户所，一百二十人为百户所，百户所下设有两名总旗、十名小旗。卫所之上，设有都指挥司，相当于地方军区。与这种军队建制配套的，是军户制度。卫所里的所有军人都来自军户。军户是一种世袭身份，每一军户必须出一人服兵役，或作士兵或任军官，家中符合当兵年龄的其他男丁则称作"余丁"（军官之家则称作"舍人"）。余丁平日里从事农业生产，前线服役者去世或逃亡后，便由余丁补充。军户由朝廷授田若干亩，除了每年缴纳税粮外，本户军士的月粮和日常军士开销，都需从田亩收入里支出。此外还需纳粮作为卫所军官的官俸。朱元璋这样做的目的，是想要让明帝国的军费与兵员皆可得到稳定的供应。钱粮来自军户，兵丁来自军户，朝廷只需牢牢控制住百万军户，向他们汲取人力与物力，便能保证帝国的战力永盛不衰。唯一的代

---

[1]　《大诰武臣·序》，《洪武御制全书》，第929页。

价，是军户将因此变成一种远比士农工商更悲惨的特殊阶层。①

军户的悲惨主要体现为两点。

第一，军户是一种非常低贱的身份。洪武初年的士兵，主要有三大来源。一是从征，也就是元末跟随朱元璋等起兵的百姓。二是归附，也就是自元军及群雄势力中投降归来的部队。三是征发与谪发，前者是强迫普通百姓参军，后者是因罪充军。洪武中期，朱元璋启动各种政治运动来打击官员、胥吏以及所谓的游民，被充军者虽非军队的主体，人数却越来越多，"不务生理者"会被充军，"游食者"会被充军，"主文者"与"野牢子"也会被充军。朱元璋在《大诰武臣》里讲了许多同情底层小军的话，但大量有罪者被充军，本身便意味着军人在洪武时代是一种很低贱的身份——洪武时代以罪人充军，罪人的子子孙孙皆为军户，曾有过"恩军"②"长生军"③的名号，意思是罪人本来该死，让他们充军属于法外开恩。

但也不是所有的罪人皆能充军免死。《大诰武臣》的第七条里，朱元璋痛斥了地方军官，说他们不该收纳"积年害民""害民吏""闲吏""皂隶"等充当军役。朱元璋说，这些人都是朝廷亟欲除掉的恶人，淮安卫的指挥储钦、全州千户所的千户乔义、温州卫的指挥焦益等人，却反将这些恶人收容在军队里，让他们在军中服役，这必然导致军中的好士兵也要被他们"连累坏了"。愤怒的朱元璋将储钦发配去云南充军，将乔义与焦益等发配去大宁充军，将其他军官发配去广西拿象。④在洪武时代，许多遭整肃的胥吏没有被发配充军，而是被罚去做工奴，去服沉重的劳役。

朱元璋不希望胥吏进入军队之中，是因为他觉得胥吏见多识广，有知识和人脉，且懂得明帝国基层权力的运作逻辑。这些人到了军队之中，便会将自己的能力与经验用在维护自身利益方面。这种维护不利于造就一支"有战斗力的

---

① 程念祺：《明帝国衰亡史》，北京人民出版社2019年版，第67—70页。

② 《明太祖实录》卷二百三十二，洪武二十七年夏四月癸酉条。

③ （明）陆容撰，李健莉校点：《菽园杂记》，上海古籍出版社2012年版，第66页。

④ 《大诰武臣·储钦等擅收军役第七》，《洪武御制全书》，第937页。

部队"——后来曾国藩打造湘军，其诀窍便是招募"朴拙少心窍"的山区农家子弟当兵，"凡标兵之求归行伍者，一概不收；凡练勇之曾经败溃者，亦不复用。大抵山僻之民多犷悍，水乡之民多浮滑，城市多游惰之习，乡村多朴拙之夫。故善用兵者，尝好用山乡之卒，而不好用城市、近水之人"①。为什么不收逃兵败兵？为什么不收水乡与城市之兵，只收山乡之民？道理很简单：这类人生活在恶劣封闭的环境里，恶劣造就犷悍，封闭造就朴拙，朴拙的含义便是他们不懂各种战场全身之术。曾国藩的前辈戚继光，也在《纪效新书》里说过，招兵时"第一切忌，不可用城市游滑之人。……第一可用，只是乡野老实之人"②。所谓"乡野老实之人"，便是指没知识没见识的底层愚民。

专挑愚民为军，此举本身便是将士兵当成了贱民。

第二，军户这种低贱的身份，会世世代代传承下去，无法摆脱。成了军户后，不但军丁自己的人生丧失了阶层跃升的希望，他的后代也注定要走他的老路（军户的子弟不许过继给他人）；如果没有后代，原籍军户里的兄弟子侄便会被朝廷当作替补，成为新的军丁。

按卫所制度，军丁既要承担戍守之责，又要从事耕作，还要承担各种军中劳役，却没有任何自我救济的合法途径（除了响应《大诰》的号召进京告状），连自杀的自由都没有（死了便需由父兄子侄来补上缺额），他们最终会变成军官们肆意压榨的对象，成为军官们呼来喝去的私人奴隶，便是必然之事。朱元璋所谓的底层士兵过得"不如猪狗"，表面上看是各级军官道德败坏，实质上则是卫所制度的必然产物——底层士兵的自由度与个人权利被剥夺得越厉害，他们遭遇到的压榨与汲取便会更沉重。

士兵们在军中"不如猪狗"的遭遇，反馈到民间，又会引发一系列的连锁反应。比如，普通百姓不愿与军户通婚，导致许多军丁年过三四十尚且未婚——本书前文第二章提到的"史灵芝案"中，与百姓姚小五争妻的军人唐闰山，便是一位没能娶上妻子的底层士兵。

---

① 《曾国藩全集》（一），岳麓书社2011年版，第461页。
② 《纪效新书·卷一·束伍篇》"原选兵"，中华书局1996年版，第23页。

再如，明成祖永乐八年（1410），湖广郴州桂阳县的知县梁善上奏朝廷说：本县百姓充军者多，有些军户家中已只有一丁却仍需"发遣补役"，被征发去补足军队的缺额。被征发之后，该军户家中的田地便荒芜了，"税粮无征，累及里甲"，征不到税粮，便要连累里甲拿出钱粮来补足。梁善希望朝廷变更政策，要么让家中只有一丁的军户不再被征发，留在原籍种地纳粮；要么将其征发到军队中后，将军户家中遗留抛荒的田地，从民田变成军屯田，免除民田的税粮。朝廷的回复是："军户一丁应合承继者，仍令补役，田土付丁多之家佃种。如果无人承种，准开粮额。"①家中只有一丁者，仍需将军户的身份传承下去。田地可以租佃给乡里人丁多的家庭，如果实在没有人愿意租种，可以免除税粮，但军户的传承不能断，该丁必须去卫所补充兵员。

这段记载至少透露了三点讯息：一，到了永乐年间，军户只有一丁的情况已经比较严重，是一个需要注意的现象级问题，这很可能是军户的贱民身份造成的直接后果。代代做军户没前途，会抑制生育的欲望；做军户太悲惨，也会让婚姻与养育成为经济难题。二，军户人口规模的萎缩，会殃及本地的普通百姓，军户无法缴足的税粮会转嫁给本地的里甲，官府只按簿册里的定额收取税粮，不足的部分便唯里甲是问，里甲只好自己出钱免灾。三，相比给予只剩一丁的军户以自由，朝廷更在乎维护军队的人力汲取机制。

附带一提，关于军户人口规模的萎缩，有一些洪武时代的资料可供对照。洪武二十年（1387）十月"诏湖广常德、辰州二府民，三丁以上者出一丁，往屯云南"②，这意味着当时湖广地区的军户主要是三丁之家。洪武二十年十一月，汤和上奏说，"籍绍兴等府民四丁以上者以一丁为戍兵，凡得兵五万八千七百五十余人"③，这意味着当时浙江地区的军户主要是四丁之家。洪武二十五年八月的政策是"太原等府，阅民户四丁以上者，籍其一为军"④，这

---

① 《明太宗实录》卷一百三，永乐八年夏四月戊戌条。
② 《明太祖实录》卷一百八十六，洪武二十年冬十月戊午条。
③ 《明太祖实录》卷一百八十七，洪武二十年十一月己丑条。
④ 《明太祖实录》卷二百二十，洪武二十五年八月丁卯条。

意味着当时山西的军户多是四丁之家。大体而言，洪武时代将民户强制变成军户时（不考虑因罪充军者），波及对象主要是家中有三丁、四丁及以上者。如果军户是一种有前途的阶层，自然不会发生现象级丁口萎缩，也不会在永乐年间出现许多军户仅剩一丁这种社会问题。此外，因为成家困难，无丁军户必定不少，只不过无丁户不会成为问题，因为当时的政策是无丁则户除（但有未成年幼丁者仍属军户）。

朱元璋选择以三丁、四丁家庭为军户，不许他们分家，也不许将户中男丁过继给外人，主要目的是确保军队的人员汲取在短期内不会发生问题。这种做法产生了一项负面效应——洪武时代的许多百姓选择脱离大家族变成更原子化的小家庭，目的是缩减家庭的丁口规模，以避免被征发为军户。如福建的宁化县，便是受了"明初患兵籍不足，民三丁抽一丁充之，有犯罪者辄编入籍，至父子兄弟不能相免也"的冲击，变成了一个以小家庭为主的新式社会，"洪武二十四年，宁化之户，一万二千五百八十八，口则四万四千九百三十"①，算下来每户只有不到四口人，也就是几乎全部是一丁家庭，一对夫妻加一名子女，至多还有一名长辈（当然，军户制度并非洪武时代大家族消失的全部原因，另一种力量来自朱元璋的富户消灭政策，见本书前文关于"陆仲和案"的叙述）。

洪武时代究竟有多少军户？史料中未见有较为确切的统计数字。明成祖永乐二年（1404）都察院左都御史陈瑛的说法可供参考。陈瑛说："以天下通计，人民不下一千万户，官军不下二百万家。"②这意味着，当时天下五分之一的人口，属于由明帝国兵部控制下的"不如猪狗"的军事农奴。洪武时代的情况，与永乐二年的情况，大约相距不远。从这个意义上来讲，洪武时代，实可谓是一个农奴制时代。

---

① （清）李世熊修纂，宁化县志编纂委员会整理：《宁化县志》，福建人民出版社1989年版，第211—212页。

② 《明太宗实录》卷三十，永乐二年八月庚寅条。

三、逃跑是唯一的希望

如果一名洪武百姓被强制充军，他的家庭被强制变成军户，他们该如何做才能改变自己急速下坠的命运？

第一种办法是哀求朝廷大发慈悲。

潮州读书人陈质便是这样做的。据《明史·沈溍传》记载，陈质的父亲是军籍。父亲去世后，陈质即被军方勾补进入卫所，来顶替"军事农奴"的缺额。但陈质希望能回去将书读完。此事通过某种渠道闹到了朱元璋跟前。朱元璋特批允许陈质脱离军籍。兵部官员沈溍出面反对，朱元璋说："国家得一卒易，得一士难。"堵上了沈溍的嘴。①

朱元璋的话说得很漂亮，但现实是，洪武时代的卫所士兵正承受着高强度的档案化管理，陈质能够摆脱军事农奴的身份去念书，实在是超级个案里的超级个案。绝大多数士兵不可能得到朱元璋的特殊"恩泽"。他们没有任何合法手段来摆脱"军事农奴"这一低贱身份。所以《沈溍传》在讲述了陈质的故事后，也不忘紧接着补充一句："然此皆特恩云。"

第二种办法是向负责征兵的官员行贿，让别人冒名顶替成为军户。

《御制大诰》的第七十三条讲述了两桩此类案件：一，凤阳临淮县的知县张泰等官员，拿了军户陈保仔等人的钱钞，改让本县其他百姓替陈保仔等去充军；二，河南嵩县的知县牛承等官员，也拿了军户赵成的钱钞，改让别人替赵成去充军。因为做士兵当军户太惨，很少有百姓愿意替别人去充军，这类操作的成功率一般很低。这两桩案子便皆被当事百姓告发。朱元璋知晓后，下令将两县官员悉数处斩。②

第三种办法是逃跑，也是最有效、最常用的办法。

---

① 《明史》卷一百三十八《沈溍传》，第3977页。原文是："潮州生陈质，父在戍籍，父没，质被勾补，请归卒业，帝命除其籍。溍以缺军伍，持不可。帝曰：国家得一卒易，得一士难。遂除之。"

② 《御制大诰·冒解军役第七十三》，《洪武御制全书》，第784—785页。

洪武时代的军士逃跑，不仅指逃离军营，还包括改名换姓脱离军户，成为普通的士农工商。逃离军营相对简单，贿赂管控士兵的基层军官便能做到。《大诰武臣》第十八条里，便记载了一批此类案件：应天卫的百户韦真，收了士兵叶德骥四两银子、二十贯宝钞、一件纻丝袄子后，将其放跑；兴化卫的镇抚陈林，拿了士兵王受钞五十一贯宝钞后，将其放跑；太原左卫的百户刘云，拿了士兵薛尚文、荆希成等人四十两银子、四十贯宝钞后，也将他们放跑；锦衣卫的百户裴兴，拿了力士（锦衣卫士兵的特别称呼）蒋次五等八人九十贯宝钞、五匹夏布后，也将他们放跑了。朱元璋骂这些基层军官：你们这些千户、百户的军功，全是众军集体奋战出来的，"若无了军呵，便做是一个好男子，也阵上浑当得几个人住，当不住，可便输了"——把士兵全放跑了，尔等再如何厉害，到了战场上也挡不住几个人，挡不住便要吃败仗送命，实在是被钱财蒙了心，连"身子也不顾了"。①

当然，无钱贿赂军官者，也可以趁着出营做工、月黑风高之类的机会逃走，只不过这样做的难度比较大。《大诰武臣》第五条记载有一桩"饿死军人案"。据朱元璋的讲述，该案的大致情节是：平阳守御千户所的千户彭友文，率领五百名士兵离开卫所去承担筑城任务。卫所长达两个月没有给这五百名士兵支派粮食，导致随身带了些盘缠的士兵将就着活了下来，没有带盘缠者"又怕法度，不敢去强夺人的吃，则得忍饥做工，把一百军都饿死了"②。五百士兵饿死了一百人，却没有发生大规模逃亡，只能解释为士兵并非不想逃亡，而是逃亡难度太大。虽然这可能是一桩极端案例（饿死军人在洪武时代不算常见），但多多少少能够说明，直接从军营逃跑的难度，要比花钱买通军官帮忙开绿灯高出许多。

逃跑难度的大小是一回事，要不要逃跑是另一回事。洪武时代之人皆知，充了军便等于一辈子全毁。对大部分士兵而言，不管有没有钱贿赂军官，不管军营的监控强度是大是小，逃跑是唯一的选择，也是唯一的人生希望。

---

① 《御制大诰武臣·卖放军人第十八》，《洪武御制全书》，第943—944页。
② 《大诰武臣·千户彭友文等饿死军人第五》，《洪武御制全书》，第936页。

据最高军事机构大都督府的统计，自吴元年（1366）十月至洪武三年（1370）十一月，短短四年间，共有四万七千九百八十六名士兵逃亡。这四万余人的情况被制成名册后，朱元璋下诏"天下诸司追捕之"①。洪武四年，大都督府又上奏朱元璋说，"内外卫所武臣不能约束军士，致逃亡者众"，建议出台相应的问责机制。随后制定的政策是：小旗麾下有三人逃亡，小旗降为普通士兵；总旗麾下有十五人逃亡，总旗降为小旗；百户麾下有十五人逃亡则月减俸一石，减至四石以上时，便要追夺百户所有的敕封降为总旗；千户麾下有五十人逃亡也是月减俸一石，减至十石时便要降级为百户。②大约同期，朱元璋还在鼓励推动卫所士兵携带妻儿驻守，以减少士兵逃亡的比例。③

对军官问责可以减少一些"受贿脱放"，将家室弄到驻屯地也会增加士兵逃亡的难度。但世世代代"不如猪狗"的现实恐惧没有减弱，士兵们的逃亡就不会停止。洪武十六年（1383），朱元璋无奈承认，明帝国的"无知之民"们"凡遇军士逃亡，往往匿于其家，玩法为常"。为了扭转这种现象，朱元璋让兵部出台了一套新政策：一，将藏匿的逃兵交出来送至官府，朝廷保证不追究逃兵和藏匿者。二，若不主动交出逃兵而被官府查出，藏匿者与逃兵同罪。④

洪武十九年颁布的《御制大诰续编》第七十一条，相当于上述政策的升级版。其主要内容是：

一，朱元璋承诺说，他不会追究那些主动自首的逃军和藏匿者：

> 若逃军改名换姓影在境内，闻《诰》到日，三五人自行赴官首告，赴京着役。……虽是在逃十年、十五年、十七八年、三五年，亦行尽皆出

① 《明太祖实录》卷五十九，洪武三年十二月丙子条。

② 《明太祖实录》卷六十九，洪武四年十一月乙亥条。

③ 洪武二十年，朱元璋"命西平侯沐英籍都督朱铭麾下军士，无妻孥者置营以处之"，便是担忧无妻儿子女的士兵更容易逃亡，故须集中到一处以方便管控。见《明太祖实录》卷一百八十五，洪武二十年九月"辛巳"条。

④ 《明太祖实录》卷一百五十三，洪武十六年夏四月戊子条。

首，与免本罪，仍前着役。……看了我的言语，你每众百姓将附近逃军，家下影射的逃军，众人好生抚绥送出来……便是你百姓受了逃军财物，隐藏十年之上，如今送出来，也不问你每要罪。

二，朱元璋威胁说，如果逃军不肯自首，两邻与里甲便有举报的义务，"虽是至亲必须首告"——哪怕逃军是自家的骨肉至亲，也必须第一个向官府举报，否则便要承担"连累受苦"的后果。

三，朱元璋还试图在百姓中间造成一种互相举报的恐怖氛围，来将藏匿民间的逃兵们集体挖出。他承认朝廷满天下捉拿逃兵给百姓造成了非常大的扰害，"民怨已满朕耳"，但将这种扰害的根源，算在了"影射（即藏匿之意）逃军之家"的头上，说他们将逃兵藏起来不举报，是在"坐视群民受害"，这种家庭"父母妻子兄弟并无一个为善者"。故此，朱元璋号召"邻里耆宿并豪杰之士"行动起来，将那些藏匿逃兵的家庭"全家拿赴京来"，该家庭将被迁居化外，他们的家产将被赏赐给参与捉拿之人。①

互相举报的恐怖氛围确实很快便形成了。朱元璋在《御制大诰三编》中说，"其有亲戚影射，四邻擒获到官者，本人枭令，田产入官，人口发往化外，如此者多矣"，许多逃囚（朱元璋没提到逃兵，但情况应是相同的）被亲戚藏匿起来，结果被邻居们抓捕送入官府。在这种恐怖氛围下，"有父母亲送子至官者，有妻舅、母舅、伯、叔、兄、弟送至京者多矣"，为了保全家庭里的其他人，父母只好将儿子扭送官府，亲戚们也只好将其他亲戚们抓送京城。②

举报氛围很恐怖，也确实吓住了一些人。但士兵的逃亡没有停止，因为逃亡的源头是军户世代代"不如猪狗"，此事在整个洪武时代坚如磐石，没有丝毫改善的迹象。于是，在洪武二十一年（1388）年初，兵部侍郎沈溍仍在就逃兵问题上奏。沈溍说：之前"因各卫军士逃亡"，兵部总共下发了一千四百三十二道勘合文书，让地方政府去抓捕逃兵、勾补军户。结果直到现

---

① 《御制大诰续编·逃军第七十一》，《洪武御制全书》，第843—844页。
② 《御制大诰三编·逃囚第十六》，《洪武御制全书》，第903页。

在，"十二布政使司及直隶府州"负责追逮工作的官吏全都玩忽职守，"俱无回报，是致军伍久阙"，某些地方还出现了"鬻放正名，以族属同姓者发补"的事情，不去抓真逃兵和真军户的男丁，反强迫其他同姓之人去顶替军户充军。①

由兵部发出一千四百三十二道公文可知，逃兵现象仍然极为严重——按洪武四年（1371）吏部的统计，明帝国有府一百四十一，州一百九十二，县一千一百一十三，共计一千四百四十六个县级以上行政区划。②虽然未必是每个行政区划皆下发了公文，也非每个行政区划只下发一次公文（比如有些公文可能发给了地方巡检司衙门），但公文数量与行政区划数量的简单比对，仍有助于理解逃兵问题的严重程度。此外，沈潜没有解释"十二布政使司及直隶府州"为何全都没有动静，仅笼统指责"追逮官吏玩法"。其实，地方政府之所以消极怠工，是因为在《御制大诰续编》的第七十一条里，朱元璋还有一项号召：

> 敢有违朕之言，仍有勾逃军官吏生事搅扰良民，其良民中豪杰之士、
> 耆宿老人会议捉拿赴京，见一名赏钞五锭。③

朱元璋一面命令地方官府派官吏下乡抓捕逃兵，一面又以物质奖励为饵号召"豪杰之士"与"耆宿老人"将那些"生事搅扰良民"的追逮官吏抓捕入京。如此，地方官府便没有了下乡积极捉拿逃兵的动力，毕竟"多做多错，少做少错，不做便不错"是官场中人人皆知的道理。积极下乡捉拿逃兵，未必能得到朝廷的奖赏（成果不可控），却有可能被地方耆老与豪杰当成害民者抓起来扭送京城（捉逃兵很难不与地方百姓发生冲突）。风险太大，收益太小，"最合理"的处理办法，便是消极怠工。

---

① 《明太祖实录》卷一百八十八，洪武二十一年春正月戊寅条。
② 《明太祖实录》卷七十，洪武四年十二月乙酉条。
③ 《御制大诰续编·逃军第七十一》，《洪武御制全书》，第844页。

朝廷当然也明白这种消极怠工的原因何在。只是，朱元璋公开颁布的政策是不可能更改的，唯一的补救之法，便只有用严格的"数目字"来考核地方官员。洪武二十五年（1392），朝廷出台新的"巡检考课之法"——地方巡检衙门的主要职务，便是抓捕逃兵、逃囚和盗贼。新考核办法规定：

> 巡检考满，捕获军囚盗贼等项二百名之上，无私杖者升一级，有私杖者对品用。一百名之上，无私杖者对品用，有私杖者降杂职。三十名之上，无私杖者降杂职，有私杖者降边远杂职。不满三十名者，发边远充军。①

大意是，巡检衙门的主官（一般是正九品）要想升职，必须在每个考核期抓捕到二百名以上的逃兵逃囚和盗贼，且没有"私杖"之类的违法行为。想要维持原职位，必须在每个考核期抓捕到一百名以上的逃兵逃囚和盗贼，且没有"私杖"之类的违法行为。如果考核期内抓到的逃兵逃囚和盗贼不足三十人，那该巡检衙门主官就要被发配到边远地区去充军了。

用"数目字管理"搞考核也治不了本。明代军人的逃亡之风从洪武时代一直刮到了崇祯时代。据做过兵部职方司主事的明代人陆容披露，唯一能够有效防止士兵逃亡的办法，是永乐时代的"旗手卫"和"府军前卫幼军"采取的政策。其具体内容是：

> 旗手卫有等军士，永乐间奉有不逃止终本身、逃者子孙勾补之旨。宁老死行伍，无一人逃者。府军前卫幼军，旧亦多逃。近比旗手之例，着为常令，故今亦无逃者。②

大意是，永乐年间，旗手卫（护卫皇帝出入并守卫四门的部队）的士兵有

---

①　《明太祖实录》卷二百二十三，洪武二十五年闰十二月辛卯条。

②　《菽园杂记》，第66页。

一项"优待"，如果自己不逃跑，便只需本人终身当兵；如果逃跑了，便需将他的子孙抓来补足缺额。所以，该部队的士兵全部宁愿老死在军队中，无一人逃跑。府军前卫幼军的士兵以前也经常逃跑，后来照搬了旗手卫的办法，便再也无人逃跑。

陆容说，"盖逃者特为身谋，其不敢逃者，为子孙谋也"——从前逃跑，是军人们想挽救自己的人生；现在不跑，是军人们想挽救子孙的人生。相比恐吓士兵本人，将他们的子孙当成人质，以他们后代的人生幸福做要挟，被证明是更有效的管控方式。

第十三章　老人治国：临死前的妥协

> 以其高年，历事也多，听记也广，其善恶、易难之事，无不周知，以
> 其决事也必当。凡诸有司，用是耆宿，无不昌焉。
>
> ——《御制大诰续编·耆宿第八》

一、刘老汉让朱元璋失望了

刘汶兴是河南府新安县一位年过五十的"耆老"[①]。

洪武十九年（1386）前后，他与本县诸多年过五十的百姓千里迢迢来到南京，希望朝廷释放本县主簿宋玘。这位宋玘，不久前刚被朝廷以"容留积年害民老吏"的罪名逮捕。

明代制度，主簿是知县的属官之一，相当于副职（佐贰官），主要负责全县的粮税、户籍与治安。在洪武时代，主簿们普遍战战兢兢地活在两难之中。一方面，汲取粮税与征发人丁是"技术活"，为了完成这些工作，主簿必须仰

---

① 《明太祖实录》卷二百二十四，洪武二十六年正月戊申条记载："诏免天下耆民来朝。先是诏天下民年五十以上者来朝京师，访民疾苦。有才能者拔用之，其年老不通治道则宴赉而遣之。至是来者日众。上谕吏部尚书詹徽等曰：朕念来朝耆民，其中亦有年高者，跋涉道途劳苦，可遣人驰传，于所在止之。"可知洪武时代"耆老""耆民"的年龄下限是五十岁。

仗经验丰富的胥吏。另一方面，朱元璋屡次发起胥吏整顿运动，有经验的胥吏皆已被打成"积年害民老吏"，新政策又明令地方官府只能从乡下招募会写字的农民来衙门做胥吏，严禁用市井中人[①]，理由是乡下农民比市井百姓更淳朴，坏心眼更少。但只用乡下农民，又带来了新问题，那就是他们缺乏政务处理经验，既不知如何抓丁征税最有效率，也不知如何因应上下级衙门，甚至连基本的公文格式也无法做到准确。

对主簿们而言，完不成抓丁征税任务要受到严惩，公然起用有经验的老胥吏又会被举报，也要受到严惩。唯一可行且普遍被采用的办法，便是明面上遵守新胥吏政策，私下里悄悄收留使用老胥吏。收留的方式有很多，比较常见的办法，是帮助已成为整治对象，或自服劳役之地逃回的老胥吏改换一个新身份。主簿负责管理户籍，这类操作难度不大。新安县主簿宋玘"容留积年害民老吏"的目的与手法，大概率便是如此。

按照朱元璋《御制大诰》第三十六条的规定，如果地方官"清廉直干"，是个爱护百姓的好官，却被朝廷误抓了起来，允许辖区内的"耆宿老人"与"士君子"联名赴京，向朝廷汇报情况[②]。刘汶兴等人赴京为宋玘作保，便是以这一条为政策依据。

但刘汶兴的作保未能获准。原因是朱元璋通过某种途径得知，刘汶兴等人来京并非自愿，而是受了本县典史李继业的胁迫。按朱元璋的叙述，具体胁迫过程如下：

----

① 《大明会典》卷八"吏役参拨"规定："凡金充吏役，例于农民，身家无过，年三十以下能书者选用。"

② 《御制大诰·民陈有司贤否第三十六》，《洪武御制全书》，第765页。该规定与洪武十八年七月镇江府百姓韦栋等人前往京城，为本府丹徒县知县胡孟通与县丞郭伯高作保一事有关。当时，胡孟通与郭伯高两人，已被朝廷当成害民官员抓走。韦栋等百姓来到京城，联名上奏说胡孟通与郭伯高是好官，给镇江百姓办了很多好事。朱元璋应允了韦栋等人的请求，将胡孟通与郭伯高释放，命其返回镇江担任原职，还公开表彰了韦栋等人，将其树立为明帝国的模范百姓。稍后发行的《御制大诰》里，便有了允许"耆宿老人"进京为地方官说好话的规定。见《明太祖实录》卷一百七十四，洪武十八年秋七月乙丑条。

其典史李继业因公曾集耆民，发放公事既毕，特谓耆民刘汶兴等一十三名曰："如今主簿朝廷拿去，尔众耆宿赴京保奏去。"耆民对曰："不敢去。"其典史恐民："你不想主簿在前你纳粮时，主簿出帖与你赴潼关近处籴粮上仓。你想这意思，也着去。你若不去保奏主簿，我将纳粮的缘故，即调你他处送纳。"耆老刘汶兴等惧怕，回言："去呵去，无盘缠。"典史云："明日来，我与你盘缠。"及至众老人明日赴县，意在取讨盘缠，并辞县官。其本官闭门不出，令皂隶传言："官人今日病，你老子每去自去。"因此老人自备盘缠，径赴京来妄诉。①

明代制度，典史也是知县的属官之一，主要负责收发公文。当主簿空缺时，典史会兼管他留下的工作。这位名叫李继业的典史，大概与主簿宋玘关系不错，故在宋玘被朝廷逮捕后，趁着以公事召集本县"耆民"的机会（洪武时代不许官吏下乡，基层公务往往以召集耆民、里长与粮长的方式推动），要求刘汶兴等人依据《御制大诰》的规定，去京城将宋玘保全下来。

刘汶兴等人的第一反应是"不敢去"。这很正常。一者，老年人身体条件多数较差，不愿长途跋涉出远门。二者，县乡村镇之人缺乏大世界的社会经验，一般不太愿意去遥远的京城与陌生的中央衙门打交道。于是，典史李继业又对他们动之以情，胁之以威。他提醒众耆民，宋玘在任期间，对众人是有恩的，要不是主簿愿意担责出具相关材料，众人不会得到"赴潼关近处籴粮上仓"的好处。李继业还说，如果众人受了主簿的恩，却不肯去京城联名保全主簿，那就只好变更主簿遗留下来的恩惠，"调你他处送纳"，给众人换一个缴纳税粮的去处（这段话显示，李继业此刻大约正暂代宋玘负责征粮等政务）。刘汶兴等人无奈，只好说"去是可以去，但奈何没有盘缠"（自河南前往南京，路费确实不低），李继业遂答应次日为众人提供盘缠。众人次日前往县衙时，却吃了闭门羹。李继业让皂隶转告众耆老，说自己生

病不能见人，要他们自行出发。刘汶兴等人没办法，只好自筹路费，来南京给主簿宋玘作保。

李继业先是答应提供路费，次日又变卦，不但拒绝提供路费，连接见众人也不愿意。这是件很奇怪的事情。朱元璋提供的材料里，没有解释这种态度突变的原因。李继业吝啬不愿出资，当然是一种解释，但略显牵强。据笔者理解，还有一种更大的可能：李继业再三思虑后，意识到出资让众耆老赴京为宋玘作保，存在很大的风险。如果有人举报自己与宋玘官官相护，这笔路费便会成为"铁证"。不提供路费，不接见众人，皆是为了彰显刘汶兴等人赴京乃是主动为之。

但这种谨慎没能挽救李继业的命运。朱元璋获悉刘汶兴等人来京的始末后（从朱元璋知晓李继业与众耆老间的详细对话内容来推测，举报者或是被迫自费来京的某个或某几个当事之人），便以"同恶相济""恐吓耆民"的罪名，将李继业定性成宋玘的同党。

刘汶兴等耆老也一并遭殃，被朱元璋判以"徒流之罪"。在洪武时代，这是很重的惩罚，徒刑要去服极沉重的劳役，流放要发配去偏远的烟瘴之地，皆有性命之忧。按正常情况，既已知晓刘汶兴等人是遭受胁迫不得不如此，便该减轻刑罚，何况这些人还都是上了年纪的老人。但朱元璋没有按常理行事，他解释说：这些老人遇上李继业这般"恶党"，却没有遵从《大诰》的指示将其抓捕进京，反屈服于李继业的胁迫，跑来京城"妄奏"，所以必须严惩。[①]

该判决的潜台词是，《大诰》刚刚赋予耆老们特殊的政治身份，让他们参与到基层治理中来，却发生了"刘汶兴案"这样的事情，朱元璋很失望。

---

① 《御制大诰三编·妄举有司第十四》，《洪武御制全书》，第902页。

二、别出心裁的"耆宿制度"

赋予民间耆老特殊政治身份的这件事，至晚可以追溯到洪武十八年（1385）七月。

该月，镇江府老人韦栋等人赴京为本县官员作保。朱元璋得到启发，开始关心百姓会不会挽留离职或被捕的地方官，挽留则说明地方官得民心，不挽留则说明地方官乃是"不才者"①。同年十二月，朱元璋又下旨说，之前由地方官府推荐给朝廷的"聪明正直之士"，大多名不副实，故决定让民间耆老也参与到推举工作中来。②同年底颁布的《御制大诰》，与次年颁布的《御制大诰续编》，又赋予了耆老联名举报害民官员、绑缚害民胥吏与游民送官、入京为好官作保等特权，且允许他们即便没有路引也可手持《大诰》集体赴京。

在《御制大诰续编》的第八条里，朱元璋解释了为什么要这样做。他说：自古至今，官府有大事皆需向本地"高年耆宿"咨询，所以古人以"德行超群，市村称善"为标准，将一些本地老人选拔出来，让他们担任"耆宿"一职。贤能的官员遇到难以决断的公事，便会将"耆宿"请来会商。这些老人年纪大，经历多，做出的决策必定妥当。如果明帝国的各级官府普遍重用"耆宿"，政务一定可以搞得很好，"无不昌焉"。③

这是一次重大的制度变革。

洪武时代以前，"耆宿"只是一种尊称，含义仅止于"德高望重的老人"。朱元璋赋予"耆宿"介入各种地方政务的合法权利，乃是将这些"德高望重的老人"制度化，将他们从普通百姓中剥离出来，提升为统治秩序里的重要一环。当时的具体政策，是"令天下郡县选民间年高有德行者，里置一人，

---

① 《明太祖实录》卷一百七十四，洪武十八年秋七月丙子条。

② 《明太祖实录》卷一百七十六，洪武十八年十二月丙午条："其令州县，凡民有孝廉之行，著闻乡里者，正官与耆民以礼遣送京师，非其人勿滥举。"

③ 《御制大诰续编·耆宿第八》，《洪武御制全书》，第799—800页。

谓之耆宿，俾质正里中是非，岁久更代"①。明代以一百一十户为一里，"里置一人"便相当于每一百一十户底层百姓里，会有一位老人由地方官府认证为"耆宿"。这些老人可以向朝廷推举"孝廉"，可以捉拿游民与胥吏，可以举报或保全地方官员，可以负责"籴粮置仓"的备荒工作②，可以向朝廷提议增设地方行政机构③，还可以代替官府处理乡间的官司纠纷④。

让耆宿参与地方治理，允准他们介入这么多基层事务，意味着朱元璋对耆宿的期望值很高，既希望他们成为地方官府了解民情的渠道（政务需与耆宿商议），也希望他们能对地方官吏起到监督作用（耆宿有赴京举报之权）。效果也确实有一些。比如开州府的耆宿董思文，因劝告本州同知郭惟一"务要安民"未果，选择赴京告状。郭惟一率人半路拦截，将董思文等人抓了回去，"收监在禁，监死董思文一家四口"。董思文的侄子董大再次赴京告状，郭惟一遂被朱元璋下令枭首示众。⑤

但更多的是失望。

朱元璋发现，许多耆宿获得参与地方治理的权力后，并没有对地方官吏的害民行为起到监督与约束作用，反成了新的害民者。嘉定县的老人蒲辛四便是一个典型。他与两个儿子分立为三个户籍，自己充当耆宿，一个儿子充当里长，一个孙子充当甲首。蒲辛四平日里经常欺负乡民周祥二，勒索骗取他的钱财。《大诰》颁布后，蒲辛四担忧周祥二响应《大诰》的号召，将自己当成害民者举报，遂父子三人合作抢先发难，将周祥二绑起来，诬陷他是"害民弓

---

① 《明太祖实录》卷一百九十三，洪武二十一年八月壬子条。
② 《明太祖实录》卷二百三十一，洪武二十七年正月辛酉条。
③ 《明太祖实录》卷二百三十一，洪武二十七年二月庚辰条记载："溧水县耆民奏朝廷：近开东坝，既利漕运且便商贾，宜立税课局、批验所、巡检司各一所。从之。"
④ 《明太祖实录》卷二百三十二，洪武二十七年四月壬午条记载："命民间高年老人理其乡之词讼。先是，州郡小民多因小忿辄兴狱讼，越诉于京。及逮问多不实。上于是严越诉之禁，命有司择民间耆民公正可任事者，俾听其乡诉讼。若户婚田宅斗殴者，则会里胥决之。事涉重者，始白于官。且给教民榜使守而行之。"
⑤ 《御制大诰三编·臣民倚法为奸第一》，《洪武御制全书》，第864页。

兵"——弓兵是一种官府派给百姓的劳役，主要负责维持地方治安。为了让周祥二承认自己是"害民弓兵"，蒲辛四对周实施了酷刑，"用油浸纸捻插于周祥二左足大指二指两间"。周祥二不肯签字画押，便点燃油纸捻灼烤他的脚趾。取得签字后，蒲辛四父子将周祥二押送到了京城。万幸通政司发现周祥二脚上"有火烧疮肿"，追查之下才让事情的真相曝光。朱元璋勃然大怒，下令将蒲辛四父子"枭令示众，籍没其家"。①

这类案件频频发生，让朱元璋一度得出了"充耆宿者，皆系无藉小人"②的论断。

在《御制大诰续编》里，朱元璋严厉批评了明帝国的地方官员，说他们挑选耆宿时"皆不审实明白"，没有好好调查候选人的历史背景，以致入选耆宿的有许多"劣迹百姓"——"有昔为皂隶者，有为簿书者，有屡犯过恶者，有弓兵者，有说事过钱者"。为了将这些"无藉小人"从耆宿队伍里清理出去，朱元璋颁布了两项政策：一，地方官府选拔耆宿时"务必崇尚德人"，必须对候选者进行背景调查；二，"无藉之徒"见到《大诰》后，须立即抽身辞去耆宿身份，老老实实回家抚养儿孙。朱元璋警告说，若有人不遵旨令，继续"在官应当耆宿，运不良之谋"，仍充当耆宿做害民之事，必会"身亡家破"。③

肃清政策没有产生实质性的效果。洪武二十一年（1388），户部郎中刘九皋上奏说，"耆宿颇非其人，因而蠹蚀乡里，民反被其害"，耆宿害民仍是常见现象，民间怨念很大。于是，这一年的八月，朱元璋下令"罢天下府州县耆宿"，直接废除了耆宿制度。④

---

① 《御制大诰三编·臣民倚法为奸第一》，《洪武御制全书》，第866页。
②③ 《御制大诰续编·耆宿第八》，《洪武御制全书》，第800页。
④ 《明太祖实录》卷一百九十三，洪武二十一年八月壬子条。

三、权力来自谁，便对谁负责

宣布废除耆宿制度，既意味着朱元璋的失望到达了一个顶点，也意味着耆宿害民的情况确实很严重。

这是一种早已注定的结局。因为朱元璋创设的耆宿制度，有一个致命缺陷，那就是耆宿的选拔不取决于里中一百一十户百姓，而是取决于地方官府——《御制大诰续编》第八条里说，"今之为官者……所用耆宿，又非其人"，且要求"《诰》至，所在有司，务必崇尚德人"。①

权力来自谁，权力的使用者便对谁负责。耆宿的权力来自地方官府，老人们就会很自然地变成地方官府的权力在基层（里）的延伸。本章开篇提到的"刘汶兴案"里，河南府新安县的众耆老，之所以愿意千里迢迢自费来南京城，为本县官员作保，便是因为他们的权力来自本县官员，他们的利益与这些官员捆绑在一起——官员们可以让众耆老享受"赴潼关近处籴粮上仓"的优待，也可以让他们丧失这项优待。

正因为耆宿的利益与地方官员的利益捆绑在一起，所以《明太祖实录》里记载的"耆民诣阙"事件中，也以进京给地方官员作保为最多。比如，济南府齐东县知县郑敏被逮捕后，该县有"邑民数十诣阙言其贤"，后来郑敏被调往他处，该县又有耆民来京要求让郑留任。②代州繁峙知县刘英被捕后，该县"耆民十四人诣阙"，说刘英是个"诚心爱民"的好官。③湖州府归安县的县丞高彬被捕后，有"耆民诣阙"，说他廉洁奉公从不扰民。④凤阳府泗州盱眙县的知县方素易因母亲去世必须离任，该县"耆民刘本等诣阙"，请求朝廷破格让他继续做下去。⑤安庆府怀宁县的县丞苏益被捕后，该县"耆民程庆六率众数十人诣

---

① 《御制大诰续编·耆宿第八》，《洪武御制全书》，第800页。
② 《明太祖实录》卷二百二十六，洪武二十六年四月乙亥条。
③ 《明太祖实录》卷二百三十一，洪武二十七年己亥条。
④ 《明太祖实录》卷二百三十四，洪武二十七年九月戊戌条。
⑤ 《明太祖实录》卷二百三十五，洪武二十七年十一月癸亥条。

阙"①，说他平日多行善政，希望朝廷将之释放。类似案例很多，不再赘举。

这些案例中，耆民们对地方官员的赞美究竟是不是事实，因史料匮乏已无从做更具体的分析。上述案件，朱元璋皆未派人调查便允准了耆宿们的请求。就这一点而言，刘汶兴等人实属运气不佳。②唯有一点可以确认，那就是：这些耆民是地方官员筛选出来的，他们与地方官员是一个利益共同体。

除了给官员作保，《明太祖实录》里也记载了一些耆宿赴京为地方百姓利益发声的案例。比如，山东宁海州文登县因连年水旱歉收，于是有"耆民王子春等"请求朝廷将"预备粮储"贷给没饭吃的民众。③西安府泾阳县有"耆民诣阙"，请求朝廷拨款维修塌坏的洪渠堰。④凤阳怀远县因干旱歉收，有"耆民胡官一等"来京，希望朝廷不要按惯例征收粮食，请求改收银钞布帛。⑤这些案例的存在也很容易理解，耆宿虽然拥有特殊的政治身份，但他们终究仍生活在里巷之中，仍生活在百姓中间。平常时日里利用特权欺压乡民，并不妨碍他们在水灾饥荒来临时赴京请愿。毕竟，若能得到朝廷的减免与赈济，对乡民有好处，对耆宿自己更有好处，他们名下也有田地需要灌溉，也有税赋需要缴纳。

笔者未能从《明太祖实录》中找到旨在为普通百姓申冤的"耆宿诣阙"事件。略有近似的一例发生在洪武十九年（1386）。当时，处州府丽水县的大姓陈公望等五十七人，被一个因"干谒富室不应所求"而心怀不满的"卖卜者"赴京举报，说他们正在聚众谋乱。朝廷高度重视，立即派了锦衣卫千户率部队前往丽水县抓人。丽水知县倪孟贤知道此事后大惊失色，紧急密召本县父老询问调查，又亲自下乡微服私访，发现所谓的造反集团"男女耕织如故"，于是召集本县耆老四十人，请他们赴南京上诉，戳穿"卖卜者"的诬告。朱元璋相

---

① 《明太祖实录》卷二百五十三，洪武三十年五月己未条。

② 刘汶兴案并非孤例。《御制大诰三编·有司逼民奏保第三十三》中提道："今胶州官夏达可，长子县官赵才，新安县官宋玘，建昌县官徐颐等公然会集耆民，逼令赴京妄行奏保。"见《洪武御制全书》，第916页。

③ 《明太祖实录》卷二百三十九，洪武二十八年七月辛亥条。

④ 《明太祖实录》卷二百五十六，洪武三十一年二月辛亥条。

⑤ 《明太祖实录》卷二百五十六，洪武三十一年二月甲戌条。

信了耆老的证词，知县倪孟贤与丽水县的众百姓遂逃过一劫。[1]

在这个案子里，虽然"大姓陈公望等五十七人"是受益者，但推动耆宿们赴京的主要动力，仍是知县。本县出了造反集团，地方官一定会被牵连。发动耆宿赴京来消弭这场谋反案，对倪知县来说生死攸关。

四、"老人治国"的玄机

因害民情况严重而被废除的耆宿制度，没有沉寂太久，很快又被朱元璋重拾了起来。

洪武二十二年（1389）八月，朱元璋下旨命令天下府州县衙门自民间挑选老人，"各举高年有德、识达时务、言貌相称、年五十以上者一人"[2]（距离废弃耆宿制度仅仅过去了一年）。洪武二十三年，朱元璋又"选天下耆民才智可用者，得千九百十六人"。这批由地方官府新推举出来的老人中，有许多被朱元璋直接任命为"府州县官"，成了官僚系统的一部分。[3]

刚刚废弃又重新拾起，是因为耆宿制度上寄托着朱元璋"老人治国"的执念。

这种执念是慢慢形成的。洪武十三年（1380），朱元璋曾下诏"命文武官年六十以上者皆听致仕"[4]，可见当时的他尚无"老人治国"的想法。洪武十八年制定"耆宿制度"，其实是朱元璋在给全民举报运动打补丁，镇江府老人韦栋等入京为本县被捕官员作保等事，让朱元璋意识到很可能有许多无辜官员遭到恶意举报，被误当成害民者抓了起来。之后耆宿制度因害民情况严重遭到废除，却又很快复苏，也同样是为了给全民举报运动打补丁。补丁的内容，既包

---

① 《明太祖实录》卷一百七十八，洪武十九年五月甲申条。

② 《明太祖实录》卷一百九十七，洪武二十二年八月乙卯条。

③ 《明太祖实录》卷二百六，洪武二十三年十一月癸丑条及是岁条。

④ 《明太祖实录》卷一百三十，洪武十三年二月戊辰条。

括给好官留一条申诉的活路，也包括用耆宿来填补因整肃运动而导致的官员数量不足，还包括转移因全民举报运动带来的巨大行政负担——洪武二十七年，朱元璋下旨让"民间高年老人理其乡之词讼"，耆宿们由此获得了处理地方诉讼事务的司法审判权。朱元璋解释说，这样做的原因是州郡小民常常因为小事越级到京城上诉。这些上诉"多不实"，所以现在严禁百姓越级上诉。从今以后，地方上的普通官司，由地方政府"择民间耆民公正可任事者"负责审判，涉及户口婚姻田宅斗殴的案子，则由这些官府指定的老人与里长胥吏一同审判。只有那些最严重的案子才允许上交给官府。[①]这番政策变化的主要目的，便是为了降低朝廷的行政成本，同时也强化了耆宿的权力，增加了他们对底层社会的控制力。

除此之外，在朱元璋看来，"老人治国"还有两大好处。能够摆到台面上来说的好处，是老人"以其高年，历事也多，听记也广，其善恶、易难之事，无不周知"[②]，可以用他们丰富的人生阅历与社会经验为地方官府服务。不能摆到台面上来说的好处，是老年人的心理特征与行为特征偏向求知欲低、厌恶求新求胜、回避冒险、安于现状。反馈到现实生活中，便是老年人在为人处事上，往往要比年轻人更保守、更固执、更服从。朱元璋致力于以知丁法、连坐法和路引制度等，造就一个物品流动性与人口流动性皆极差的静态社会，以老年人为地方官和基层管理者，正是最合适的做法。年轻人追求富贵，追求娶妻生子，追求人生的各种可能性，便难免有意无意要去冲击朱元璋的静态社会。但老年人不会，他们已经走到了人生之路的末端，相比挑战现存秩序，平安度过余生才是更重要的事情。

故此，朱元璋明知设置耆宿只是增加害民者的数量，仍决定要恢复耆宿制度。按一里（一百一十户）设置一名耆宿来算，许多县便要一次性多出数百乃至上千名对普通百姓拥有"合法伤害权"的新阶层人士。如正德《松江府志》记载，当时的上海县有里六百一十四处，便需设置六百一十四名耆宿；华亭县

---

① 《明太祖实录》卷二百三十二，洪武二十七年四月壬午条。

② 《御制大诰续编·耆宿第八》，《洪武御制全书》，第800页。

有里八百二十一处，便需设置八百二十一名耆宿。^①哪怕只有百分之十的耆宿参与害民，对底层百姓而言也已是灾难。

越到晚年，朱元璋对"老人治国"便越加迷恋。洪武三十年（1397），他让户部出台政策，再次强化了"里老"的权力。新政策命令明帝国所辖的每个村庄都要置办一面鼓，以便里老将百姓的日常劳动全面管起来：

> 凡遇农种时月，清晨鸣鼓集众，鼓鸣皆会田所，及时力田。其怠惰者，里老人督责之。里老纵其怠惰不劝督者，有罚。^②

自此，每至农耕时节，洪武时代的百姓便需闻鼓声即起床下田。"里老人"会挨家挨户搜查，看是否仍有壮丁在睡懒觉。被抓到者会遭遇肉体与道德上的双重惩罚。对于该政策，洪武三十一年（1398）颁布的《教民榜文》里，有着更详细的规定。内中说，河南、山东的农民当中，"有等懒惰、不肯勤务农业，以致衣食不给"，之前的办法是朝廷派人去监督他们耕种。《教民榜文》颁布后，监督工作便转交给里老人，农耕时节每天五更擂鼓，鼓声一响所有百姓需起床下田，由里老人负责清点人数。懒惰不肯下田者，"许老人责决"，可以用"竹篦荆条"抽打。榜文还说，老人需严格监督，务必让每个男丁都按时下地劳作，里中不许存在"游食"之人（自然也就意味着百姓没有了主动变更生计职业的自由）。若是老人监督不力，里中之人因穷潦倒犯罪被官府抓到，老人也要连坐。^③

这份《教民榜文》长达五千余字，实际上相当于朱元璋"老人治国"理念的一个总述。内中说：民间包括户籍婚姻、田产土地、打架斗殴在内的"一切

---

① 夏维中：《明代江南地区农村基层组织研究》，南京大学研究生论文，1997年，第59页。

② 《明太祖实录》卷二百五十五，洪武三十年九月辛亥条。

③ 朱元璋：《教民榜文》（洪武三十一年四月颁布），收录于《皇明制书》第九卷。

小事"①，均不许动不动就报官，需先提交给本地里甲和里老人裁决。如果没有走这一步就直接上诉至官府，官府不必问状告内容的真假，应先将告状者"杖断四十"，然后发还里甲和里老人裁决。反之，如果里甲和里老人不能裁决纠纷，导致百姓前往官府给官员们增加"紊烦"，里甲与里老人也会被各自"杖断六十"。即便里老人的年龄已超过七十岁不能挨打，也须按律法出钱赎买这六十杖的惩罚。

最要紧的一条，是榜文里宣布：官司经里甲和里老人判决妥当后，若有"顽民"胆敢不服，辗转再前往官府告状继续捏词诬告，"正身处以极刑，家迁化外"，告状者本人直接诛杀，其家庭流放边疆。尽管朱元璋一再强调里老人必须公正判决，但将百姓维权失败的代价设置到如此高昂的程度，会造成怎样的结果可谓一目了然：一，"顽民"在官司里受到里老人和里甲的不公正对待，他们能做出的"最理性选择"只能是忍气吞声。因为上诉到官府的风险太高，一旦官府选择不支持上诉，"顽民"便要面对自己被诛杀、全家被流放的命运。二，相比之下，要让为非作歹的里老人倒台，却是一件程序极为烦琐的事情。榜文里规定，里老人犯罪，情节轻一点的，需由其他里老人与里甲共同判决；情节严重的，需由其他里老人和里甲将之抓起来送至地方官府，再由地方官府押送入京，也允许由众老人合伙将之直接押送京城。但绝不允许地方官府去抓人和审判。抓送一名里老人入京，不但需要付出时间成本（路程加等待判决，少则一两月，多则超半年）和金钱成本（路费食宿等），还需要付出庞大的关系成本（需由众多里甲与里老人共同行动）。受冤屈的底层民众，鲜少有人能够承担这种成本。还有一条区别是：里老人入京奏事不需要路引，普通百姓则不然。若无门路从官府拿到进京路引，进京举报里老人便是不可能

---

① 按《教民榜文》的罗列，这些必须由里老人和里甲判决的"小事"，具体包括：户婚、田土、争占、失火、盗窃、骂詈、钱债、赌博、擅食田园瓜果等、私宰耕牛、弃毁器物稼穑等、畜产咬杀人、卑幼私擅用财、亵渎神明、子孙违犯教令、师巫邪术、六畜践食禾稼、均分水利。可以前往官府上告者，只有四类案件：奸、盗、诈伪、人命重事。

之事。如此种种，意味着里甲与里老人针对普通百姓拥有了巨大的"合法伤害权"。

朱元璋宁愿赋予里甲与里老人"合法伤害"普通民众的巨大权力，也不许地方官府再介入到百姓的常规案件当中，除了降低地方官府的行政负担这个目的，还有一个重要原因，那就是朱元璋通过四编《大诰》亲自发动起来的全民举报运动（包括全民抓胥吏、全民抓游民等），已经造成了巨大的社会灾难，走到了难以为继的地步。在《教民榜文》里，朱元璋无意中披露了这个事实：

> 两浙、江西等处，人民好词讼者多，虽细微事务，不能含忍，径直赴京告状。设若法司得人，审理明白，随即发落，往来亦要盘缠。如法司囚人数多，一时发落不及，或审理不明，淹禁月久，死者亦广；其干连之人，无罪而死者不少。详其所以，皆由平日不能互相劝诫，不忍小忿，动辄经由官府，以致身亡家破。如此者，连年不已，曾无警醒。

这段话有虚有实。

实者是朱元璋提供的事实判断，即两浙、江西的百姓群起入京状告和举报他人，他们将被告人抓捕入京，造成的结果是南京的司法部门内塞满了囚犯，许多人因没有得到及时审理，直接死在了监狱之中。那些得到审理的案件，也有许多无辜之人受到牵连而被判死。朱元璋承认，这样的情况"连年不已"。

虚者是朱元璋提供的价值判断，即他将上述事实发生的根源，归结为两浙和江西的百姓素质太差，"好词讼"。用今人的话说便是这些地域的百姓"国民性"不行。这是很容易识破的谎言。毕竟，在朱元璋启动全民举报运动之前，两浙、江西的百姓从未表现出这种特性。在朱元璋去世后，两浙、江西的百姓也再未表现出这种特性。"好词讼"这个词其实也不准确，洪武时代各地百姓涌入京城，究其实质并不是寻求法律帮助，而是在响应朱元璋的全民举报运动——在举报之风无孔不入的时代，每一个与他人有过纠纷者，都会担忧自己遭到对方的抢先举报，结果便只能是众人群起互相举报。朱元璋在《御制大诰三编》中便透露过这种人间地狱般的景象：

> 为《大诰》一出，邻里亲戚有所畏惧，其苏、松、嘉、湖、浙东、江
> 东、江西，有父母亲送子至官者，有妻舅、母舅、伯、叔、兄、弟送至京
> 者多矣。①

此外，之所以两浙和江西百姓的表现最为突出，是因为这些区域距离南京
比较近，百姓赴京的时间成本和路费成本较其他地方要少，且该区域长期受到
朱元璋的高度关注，三编《大诰》（不包括《大诰武臣》）里得到朱元璋赞扬
的举报案件（如陈寿六案），便主要发生在该区域。

洪武三十一年（1398）的朱元璋七十一岁，已经走到人生的尽头。虽然
他不愿公开承认自己发起的全民举报运动造成了巨大的民生灾难，但他明白这
场运动已无法持续。他将恢复社会秩序的期望，寄托在了"老人治国"上，于
《教民榜文》中明确严禁百姓们再进京举报告状（即便他们遭受了非常过分的
凌辱），且要求里老人负起抓捕进京告状举报者的重任：

> 今后，老人须要将本里人民恳切告诫。凡有户婚、田土、斗殴相争等
> 项细微事务，互相含忍。设若被人凌辱太甚，情理难容，亦须赴老人处告
> 诉，量事轻重，剖断责罚，亦得伸其抑郁，免致官府系累。若顽民不
> 遵榜谕，不听老人告诫，辄赴官府告状，或径赴京越诉，许老人擒拿
> 问罪。

除此之外，朱元璋还将抓捕"无赖泼皮"、抓捕逃囚逃军、进京为好官作
保、绑缚贪赃害民官吏等原本可以全民参与的工作（《大诰》里允许耆宿与豪
杰率民众一起行动），一并交由里老人来负责。朱元璋还说，入京保奏官员必

---

① 《御制大诰三编·逃囚第十六》，《洪武御制全书》，第903页。

须"众皆称善"，绑缚官员进京也必须"务在多人"，若只有三五人或十几人参与，"朝廷难以准信"。

遥想当年，群众运动发起之初，江苏常熟县百姓陈寿六，仅与自己的弟弟、外甥三人联手捆绑胥吏入京，便能受到朱元璋的激赞，被写入《大诰》，树立为"天字第一号百姓"。

政策变化如此巨大，实际上是在变相宣告由三编《大诰》发起的群众运动已经破产，宣告朱元璋打造"洪武理想国"的折腾走进了死胡同。

后　记

　　"好在有四编《大诰》留存下来。"

　　这是写作本书的过程中，我常常生出的一种感慨。如果没有《大诰》，史灵芝、朱升一、何添观、马德旺、杨馒头、罗辅、韦栋、罗本中这些普通洪武百姓的故事，便将湮没在时光之中，再难找到记载。所以，四编《大诰》虽然皆是宣传品，却仍然有着不可替代的史料价值，仍然是助人管窥洪武时代底层小民生存境况最重要的资料之一。前提是，阅读《大诰》时不要被朱元璋的宣传话语牵着鼻子走。

　　当然，完全不受影响是不可能的，毕竟四编《大诰》里所有案子的情节叙述，都是以朱元璋的需要来展开的。笔者能做的是尽量谨慎（可能做得还很不够），尽可能在不否定案情的前提下去补充更多的背景材料——毕竟，说出来的全部是真话，不等于说出了全部的真话。真话补充得越多，"洪武愚顽"们的真实面相，便会越清晰。

　　不过，写完最后一章《老人治国：临死前的妥协》后，我仍感到有些遗憾。那就是四编《大诰》反反复复号召、强迫民众互相举报，却基本没有提供"举报者"这个群体的命运信息——他们举报完别人，自举报中获得奖赏后，如何继续在乡民中生活？左邻右舍如何看待他们？四编《大诰》里，找不到这些问题的答案。

　　好在，明朝开国老兵俞本的《纪事录》里，还留存着这样一段记载：

（蓝玉案）其事连及内外卫分指挥、千百户镇抚，及府军左右二卫、总小旗军皆戮之。诏一切人等皆得擒缚党人赴上前，就以党人所任职事赏之，名曰"忠义"，及《忠义录》颁示天下武臣。不数年，忠义官俱被戮。[①]

俞本是一名文化程度不高的马军，元末群雄时期曾被选入朱元璋的警卫部队，进入明朝后，做过将领韦正的下属，也做过李善长的随从。朱元璋去世时，俞本尚存。上面这段记载，说的是洪武二十六年（1393）朱元璋制造的"蓝玉案"，除了对军中与蓝玉有关联的将士进行集中屠戮外，还颁布诏书再次启动全民举报的老套路，号召天下百姓举报乃至擒拿"蓝玉党人"。作为奖赏，举报擒拿者可以继承被举报擒拿者的职务。这些人有一个统一的名称，叫作"忠义官"。他们的行为曾被编成小册子《忠义录》，在全军发行。

俞本说，没过几年，这些踏着别人尸体爬上来的"忠义官"，便全被朱元璋给杀了。但李新峰考证认为，这些所谓的忠义官"确得被首告者官职，惟一般到他卫任职，且后来并未尽遭杀戮"[②]。

这段史实，至少透露了两点信息：一，无论如何粉饰，举报者都是不受欢迎的。所以这些"忠义官"虽然得到被举报者的官职，却无法前往被举报者的卫所任职，只能另调他处。二，民众有一种朴素的愿望，希望举报者没有好下场。故一旦有所谓的"忠义官"落马，便会在圈子里一传十十传百，最后给俞本造成了一种"不数年，忠义官俱被戮"的印象。这种印象不是事实，却是一种热切的期望。

我想，俞本的这种热切期望，也是四编《大诰》里那些"洪武愚顽"们的热切期望。

最后，感谢从酝酿选题到正式出版，为此书提供了诸多帮助的朋友和亲人。感谢行距文化的黄一琨先生和武新华女士，感谢浙江人民出版社的胡俊生

① （明）俞本撰，李新峰笺证：《纪事录笺证》，中华书局2015年版，第471页。
② 《纪事录笺证》，第474—475页。

老师，感谢本书的策划编辑魏力先生。感谢我的妻子为我创造了极好的写作环境，感谢我的女儿谌大猫总缠着我问朱元璋是个怎样的皇帝。本书虽然不以朱元璋为主角，但大体也可以算是一个答案。

谌旭彬

2021年9月于海淀魏公村

附文：朱元璋"丢脸"考

　　明清两代藏于宫内、传世至今的朱元璋画像，共计十三幅。这些画像，可区分为两种截然不同的面貌（见图一）。

　　一种是面如满月、慈眉善目、神态安详，一盛年，一老年，共计两幅。另一种，脸长额隆、鼻如蒜头、下颚前突，颇为怪异，即俗谓的"猪腰子脸像"，共计十一幅。前者当是明代官方确定的"标准像"。后者为何会藏入清宫南熏殿，迄今并无史料可以说明。

　　朱元璋究竟是不是猪腰子脸（或谓鞋拔子脸）？

图一：传世的两种容貌截然不同的朱元璋画像

一、丑像明代便已出现

坊间有一种流传甚广的说法，称朱元璋"猪腰子脸"的历史形象，是清朝为了抹黑前朝，刻意制造的一种丑化形象。这种揣测不成立，因为"猪腰子脸"画像在明朝就已经出现了。

活跃于明朝嘉靖、万历年间的官员张瀚，在其《松窗梦语》一书中，记录了这样一段亲身经历：

> 余为南司空，入武英殿，得瞻二祖御容。太祖之容，眉秀目炬，鼻直唇长，面如满月，须不盈尺，与民间所传之像大不类。相传太祖图像时杀数人，后一人得免，意者民间所传即后一人所写，未可知也。[①]

张瀚在武英殿所见朱元璋画像，"眉秀目炬，鼻直唇长，面如满月，须不盈尺"，显然指的是上文提及的官方标准像。"与民间所传之像大不类"一句，则透露类似"猪腰子脸"的怪异画像，当时已在民间流传。

活跃于明朝万历年间的另一位官员范守己，在其《曲洧新闻》一书中，也记录了相似的亲身经历：

> 在武英殿见太祖真容有二：壮年者，黑须，长寸余，面微长而丰，色甚皙，眉目有异。暮年者，须鬓若银，面益丰而圆矣，色更皙。乃知外间所传龙颔虬须，面有瘢志者妄也。[②]

也就是说，明朝嘉靖、万历年间，武英殿里供奉的朱元璋标准像有两幅，一盛年一老年。这两幅画像，都留传到了今天（如图二）。与张瀚一样，范守

---

① （明）张瀚：《松窗梦语》卷六《方术纪》，第3页。
② 丁国钧《荷香馆琐言》引《曲洧新闻》，转引自金性尧《明太祖御容》，收录于金性尧：《炉边话明史》，紫禁城出版社2011年版，第25页。

己也见过民间流传的"龙颔虬须，面有瘢志"的另一种朱元璋像。

图二：朱元璋标准像的盛年版与老年版

活跃于明朝万历、天启年间的官员张萱，在其《疑耀》一书中，也留下了一段很有意思的记载：

> 先大父令滇时，从黔国邸中摹高皇御容，龙形虬髯，左脸有十二黑子，其壮甚奇，与世俗所传相同，似为真矣；及余直西省，始得内府所藏高、成二祖御容。高皇帝乃美丈夫也，须髯皆如银丝，可数，不甚修，无所谓龙形虬髯十二黑子也。[1]

明人称祖父为"先大父"。也就是说，大约在正德、嘉靖年间，张萱的祖父在云南黔国公（沐英的后人）府中看到过朱元璋的画像，"龙形虬髯，左脸有十二黑子"。后来张萱自己得见宫中所藏朱元璋晚年版标准像，发现乃是"美丈夫"，与黔国公府所藏大为不同。

---

[1]　张萱：《疑耀》卷一，转引自《炉边话明史》，第26页。

综上可知，朱元璋的丑像至晚在明朝中后期已在民间广为流行。"美丈夫"版本的官方标准像却传播范围有限。

二、项上奇骨与穆穆之容

朱元璋的时代，没有照相技术。要辨别其画像的真伪，只能依靠文字史料。

明朝官方资料关于朱元璋容貌的描述，见于"孝陵神功圣德碑"。其中称，朱元璋"龙髯长郁，然项上奇骨隐起至顶，威仪天表，望之如神"。此碑立于明朝永乐年间，碑文得到了明成祖朱棣的认证。碑文末尾有"永乐十一年九月十八日孝子嗣皇帝棣谨述"这样的话，这段关于朱元璋容貌的描写，也有可能出自朱棣亲笔。[①]

"龙髯长郁"，说的是朱元璋两颊的胡子长且茂盛。"威仪天表，望之如神"，说的是朱元璋的整体形象端庄威严有如神人。总之，相貌很好，很有气势。

比较难以理解的，是"项上奇骨隐起至顶"这个表述。"项"是脖子的后部。脖子后面有一块"奇骨"，沿着后脑向上延伸到头顶，这个在"官方标准像"中是表现不出来的，因为这些画像都是"着冠正面像"，看不到后脑勺。

关于这块"奇骨"的由来，永乐九年（1411）至十六年第三次修纂的《明太祖实录》里，有一番神话式的交代："上梦人以璧置于项，既而项肉隐起微痛，疑其疾也。以药傅之，无验，后遂成骨，隆然甚异。"[②]神人在梦中把玉璧放在朱元璋的脖子上，让他的脖子鼓了个微痛的包，用药没能治好，包最后变

---

① 朱棣：《御制大明孝陵神功圣德碑》，收录于程国政编注，路秉杰主审：《中国古代建筑文献集要（明代上）》，同济大学出版社2013年版，第37—40页。

② 《明太祖实录》卷二十八，吴元年十二月戊申条。

成了骨头。

该神话故事出现后的次月，朱元璋便宣布登基称帝。显而易见，这个故事是为政治服务的，当不得真。实情应该是，朱元璋的后脖子曾经受伤或者得病，病愈后留有隆起的肉瘤或骨瘤，影响了他的后脑轮廓。

至于朱元璋标准像的由来，活跃于明朝成化年间的官员陆容于其《菽园杂记》一书中，留下了一段很有价值的记载：

> 高皇尝集画工，传写御容，多不称旨。有笔意逼真者，自以为必见赏，及进览，亦然。一工探知上意，稍于形似之外，加穆穆之容以进，上览之，甚喜，仍命传数本以赐诸王，盖上之意有在，它工不能知也。[1]

陆容出生时，朱元璋已去世近四十年。朱元璋建都南京，洪武年间受召入宫"写御容"的画师，如赵原、沈希远、陈遇陈远兄弟等，多来自江浙。陆容曾官任浙江右参政，其记述大约闻自江浙画坛。"笔意逼真"难获赏识，"稍于形似之外，加穆穆之容"则能得皇帝的欢心，似可说明朱元璋的真实相貌并不出众，需做一定的"艺术渲染"才能成为"标准像"。

三、父亲"继承"儿子的样貌

不过，留传至今的两张"朱元璋标准像"（图二），应该均成型于朱棣时代。

据清光绪三年（1877）刊刻的《鄞县志》记载，靖难之变后，曾在洪武年间入宫为朱元璋"写御容"的浙江画师陈远，曾受召前往北京，凭记忆重绘朱元璋标准像：

---

[1] 《菽园杂记》，第113页。

永乐四年，某殿灾，失太祖遗像，复召远绘。远为追想濡染如生，成祖对之，不觉泪下。①

《鄞县志》的撰修虽去朱元璋与朱棣的时代已远，但据书中注释，其材料取自《明州画史》（明州即今浙江宁波一带）。该书作者邱承嗣生于明代天启初年，卒于清代康熙中期。邱撰写《明州画史》，除利用《图绘宝鉴》及郡志外，还参考了诸多当地家谱如《陈氏谱》《钱氏谱》等，非是道听途说之作。

朱棣登基时，朱元璋藏于宫中的标准像已遭毁坏一事，还见于永乐年间的官修史书《奉天靖难记》，该书竭力渲染朱棣讨伐建文帝朱允炆的"合法性"，对建文帝极尽污蔑之能事。其中一条，便是栽赃建文帝破坏朱元璋标准像：

（朱允炆）日益骄纵，焚太祖高皇帝、孝慈高皇后御容。②

说朱元璋标准像是朱允炆故意焚毁，自然不可信——作为朱元璋生前亲自指定的接班人，焚烧朱元璋标准像对朱允炆而言并无任何好处。也正是考虑到难以取信于人，晚于《奉天靖难记》成书的另一官修史书《明太祖实录》（第三版），删去了"建文帝焚烧朱元璋标准像"这段记载。但是，不管是谁烧的，也不管是怎么烧的，该材料足以证明当朱棣登基称帝时，其父朱元璋的标准像已经不存了。

在永乐初年，《奉天靖难记》是一部公开刊行的著作，是一次覆盖全国的政治宣传。该书既然宣扬建文帝焚毁了朱元璋标准像，朱棣登基后便"有责任"召人重绘朱元璋的标准像。《奉天靖难记》撰成的时间，上限是永乐二年

---

① 清光绪三年《鄞县志》卷四十五《艺术传》"陈远条"。
② 王崇武：《奉天靖难记注》，商务印书馆1948年版，第20页。

（1404）十二月，下限是永乐四年八月前①（见吴德义先生的考据）。《明州画史》则记载称，陈远于永乐四年受召前往北京，凭记忆重绘朱元璋标准像。这种时间点上的重叠，自然不是巧合。

与旧版朱元璋标准像相比，陈远"追想濡染"画出来的新标准像，有了一些新的变化。前文提到，活跃于明朝嘉靖、万历年间的官员张瀚，曾得到机会入武英殿瞻仰朱元璋的标准像。他发现，标准像里朱元璋的容貌端庄祥和，与民间流行的丑像大相径庭。此外，张瀚在武英殿，还有另一个重要发现：

成祖之容大类太祖，但颐间多髯，二缕长垂至腹。②

图三：朱元璋（左）、朱棣（右）父子标准像对比图

"大类"是非常像的意思，"颐"即两腮。张瀚发现，武英殿的标准像里，明成祖朱棣与明太祖朱元璋，除了胡子有区别外，简直就是一个模子刻出

① 吴德义：《〈奉天靖难记〉的编撰与历史书写》，《江西社会科学》2014年第3期。

② 《松窗梦语》卷六《方术纪》，第3页。

来的。朱元璋的新标准像与朱棣的标准像都流传了下来，具体如图三，可以很直接地检验张瀚当年的记载是否属实。

尽管一张是正面像，一张是略侧脸像，仍可很容易地看出，这二人的脸型、眉毛、眼眶、眼睛、鼻子、嘴型、耳朵几乎一模一样。唯一的区别，就是张瀚说的，朱棣"颐间多髯，二缕长垂至腹"。父子容貌相似很正常，但相似到如此程度仍属罕见。

这种相似，很可能是有意为之。

永乐初年，为了证明自己推翻建文帝、夺取帝位的合法性，朱棣对建文帝极尽污蔑之能事，还利用《奉天靖难记》一书，篡改了自己的身世，将母亲更改为马皇后，以取得"嫡子"身份。借相士之言，渲染自己仅就面相而言亦当做天子，也是这场宣传工作的一部分。《明太宗实录》中有如下叙述：

> 上（朱棣）貌奇伟，美髭髯，举动不凡。有善相者见上，退谓人曰：龙颜天表，凤姿日章，重瞳隆准，太平天子也。①

同期，朱棣又命人重修《明太祖实录》，其中出现了郭子兴"见上（朱元璋）状貌奇伟，异常人"的描述②；"孝陵神功圣德碑"里也出现了朱元璋"龙髯长郁""威仪天表，望之如神"的描述。

这很可能是一番环环相扣的运作：一，朱棣先依据自己的相貌，将自己

---

① 《明太宗实录》卷一，洪武十三年三月壬寅之国条。

② 今人所见《明太祖实录》中关于朱元璋的形象描述，是朱棣时代修订的结果。如谢贵安所言："《太祖实录》在南京修纂了三年，前方与燕王朱棣打了整整两年半的仗。及至南京陷落，初修本落入朱棣手中，其册数、卷数和字数，均成千古之谜，其关于朱元璋的形象是如何塑造的，也不得而知。"攻下南京后，朱棣立即亲自指挥命人重修《明太祖实录》，九个月后完成。永乐九年（1411），朱棣担忧《明太祖实录》中可能仍存有不利于自己的内容，再次亲自指挥启动重修，费时六年零七个月才完成，该版本即今人所见到的《明太祖实录》。见谢贵安：《试述〈明太祖实录〉对朱元璋形象的塑造》，《学术研究》2010年第5期。

说成是"貌奇伟，美髭髯"、有太平天子之像者；二，再通过修改《明太祖实录》，撰写"孝陵神功圣德碑"，将朱元璋的容貌也描述成"奇伟""龙髯长郁"；三，再诏来陈远等在洪武时代参与过"写御容"的旧画工，让他们重绘朱元璋标准像，造成一种朱元璋与朱棣父子容貌极其相似的效果。

这场"整容运动"的核心目的，便是为了证明朱棣拥有帝王之相——朱元璋以布衣起兵，其相貌已被"证明"是帝王之相；朱棣相貌的核心特征与朱元璋高度相似，自然也就意味着朱棣也是帝王之相。换言之，朱棣命人重新绘制的那张朱元璋标准像，其实是父亲"继承"了儿子的样貌，是不可信的。

四、丑脸是相术语言的具化

再来看朱元璋的丑像。

笔者所见记载朱元璋长了一张"猪腰子脸"的最早的材料，是明代著名相士袁忠彻所撰的《古今识鉴》。该书刊刻于明朝景泰二年（1451），也就是朱元璋去世五十三年之后。书中借方士"铁冠道人"之口，如此描写朱元璋的相貌：

> 明公状貌非常，龙瞳凤目，天地相拱，五岳俱附，日月丽天，附骨入鬓，音吐洪畅，贵不可言。①

相术语言里，"天"指天庭，即额头；"地"指地阁，即下巴。"天地相拱"，即额头与下巴同时前凸，形成一种遥遥相对之状。这种脸，民间俗谓"鞋拔子脸"或"猪腰子脸"。

---

① （明）袁忠彻：《古今识鉴》卷八《国朝》"太祖高皇帝"条。

图四是一幅相术中的"流年运限图"，引自袁忠彻之父袁珙所撰《柳庄相法》一书①，笔者以圆圈标出了天庭、地阁、日角、月角、附骨的具体位置。对照此图，便不难理解所谓"日月丽天，附骨入鬓"是什么意思了。

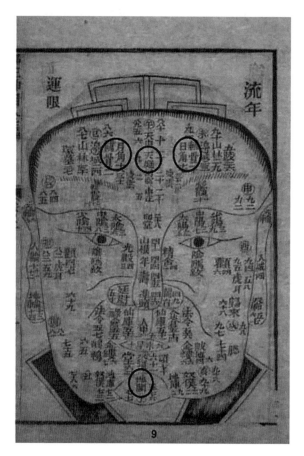

图四：《柳庄相法》所绘相术名词位置图

图五同样引自袁珙的《柳庄相法》。笔者也以圆圈标识出了"五岳"的位置②。所谓"五岳俱附"，便是指脸上的这五个部位，呈一种向内归附的态势，大致相当于俗谓的"脸没有长开"。

---

① 袁珙：《柳庄相法》上卷，扫叶山房光绪十五年春初新镌，"流年运限"图。
② 《柳庄相法》上卷，"十二官五官"图。

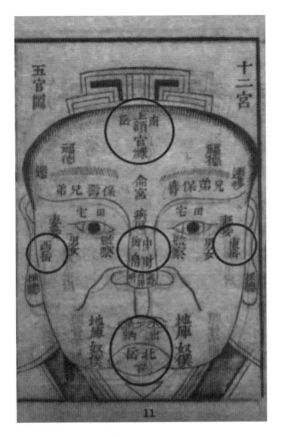

图五：《柳庄相法》所绘五岳位置图

　　袁忠彻在《古今识鉴》中关于朱元璋容貌的这段记载，之所以值得重视，是因为他与父亲袁珙曾同时以相术服务于朱棣，深受朱棣的信任。永乐八年（1410），袁珙去世时，朱棣"为之哀悼"，赐钞六百锭办理丧事，并命姚广孝为袁珙撰写了墓志铭。据该墓志铭记载，袁珙在相面时，如此描述朱棣的面相：

　　　　圣上太平天子也。龙形而凤姿，天广地阔，日丽中天，重瞳龙髯，二
　　　　肘若肉印之状，龙行虎步，声如钟，实乃苍生真主，太平天子也。但年交
　　　　四十，髯须长过于脐，即登宝位时。①

　　──────────
　　①　姚广孝：《故承直郎太常寺丞柳庄袁先生墓志铭》，收录于（明）姚广孝著，栾贵明辑校：《姚广孝集》，商务印书馆2016年版，第308页。

姚广孝这段记载，与袁忠彻在《古今识鉴》中记述的袁珙相朱棣，内容大体相似，唯后者多了一些内容。《古今识鉴》里是这样说的（见图六）：

> 殿下异日太平天子也。龙形凤姿，天广地阔，额如悬辟，伏犀贯顶，日丽中天，五岳附地，重瞳龙髯，五事俱分明，二肘若肉印状，龙行虎步，声如钟。足底龟文双黑痣，年交四十，髯过于脐，即登宝位。①

较之姚广孝所写墓志铭，《古今识鉴》里多出来的内容是"额如悬辟""伏犀贯顶""五岳附地""足底龟文双黑痣"。其中最让笔者在意的是"伏犀贯顶"。前文曾提到，经朱棣认证乃至有可能是朱棣直接撰写的"孝陵神功圣德碑"的碑文里，也曾提到朱元璋拥有"项上奇骨隐起至顶"。父子二人皆拥有奇骨灌顶的特殊相貌，这种事当然不会是巧合，而是朱棣在利用袁珙这些相士，刻意重塑朱元璋与自己的相貌，尽可能让朱元璋与自己变得越来越像。

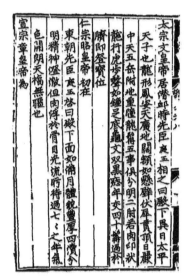

图六：袁忠彻《古今识鉴》所载袁珙相朱棣

---

① 《古今识鉴》卷八《国朝》"太宗文皇帝"条。

此外，还有一种很有意思的情况：一，朱棣时代形成的官方文字材料里，朱元璋相貌的核心特征与朱棣完全一样，都是奇伟、美髭髯、奇骨贯顶，留存至今的画像材料（也就是二人的标准照）也证明了这一点。二，袁珙、袁忠彻父子作为朱棣最信任的相术师，参与了对朱元璋的"整容"工作（袁珙相朱棣便是这工作的一部分）。但在袁忠彻的私人著作《古今识鉴》里，朱元璋的形象却没有与永乐年间的官方材料保持一致。在这本书里，朱元璋相貌有一个核心特征是"天地相拱"，朱棣的相貌却是"天广地阔"。

这一矛盾只能解释为：袁忠彻父子知道永乐年间重绘的朱元璋新标准像，并非朱元璋的真实相貌。新标准像里的朱元璋，与朱棣一样都是"天广地阔"。但袁忠彻父子笔下中的朱元璋，却长了一张"天地相拱"的脸——袁氏父子未必见过朱元璋。但他们父子籍贯鄞县，受召北上为朱棣重绘朱元璋标准像的画师陈远也是鄞县人。陈远来到北京城时，袁忠彻父子正以相术服务于朱棣，父子二人有机会从陈远口中获悉朱元璋的真实相貌。袁忠彻于正统四年（1439）退休回乡，闲居鄞县二十年，于景泰二年（1451）撰成《古今识鉴》一书。乡居期间，他也有足够多的机会从陈远的后人口中获知朱元璋的大致相貌。至于《古今识鉴》中为朱元璋相面的"铁冠道人"，恐不过托名而已。

再来看南熏殿所藏的朱元璋丑像。它们有一种明显的共同特征，那就是服饰全然不合规制、面容畸形到不似人类所应有。

这些画像绝无可能出自受召入宫"写御容"的画师陈远等人之手——即便私下绘制，这些人也不会画错服饰的形制。它们应该是民间画师根据民间传闻的朱元璋样貌所绘。这种民间传言，当是发端于袁忠彻的《古今识鉴》。仍以图一中的左图为例，这位奇丑无比的朱元璋，可谓完全满足《古今识鉴》里的文字表述：一，龙瞳凤目——龙瞳圆、凤目长；二，天地相拱——额头与下巴外突；三，五岳俱附——全往中间长；四，日月丽天——"丽"是附着之意，日角和月角附在天庭上；五，附骨入鬓——眉骨及略向上部位的骨头斜插向上，直入鬓角。

事情很可能是这样的，袁忠彻父子自某些渠道（如陈远等画师）获悉了朱元璋的真实相貌，然后按照相术理论以相术名词对该样貌做了一番文字化处理（这种处理一般会很夸张），形成相术语言。这套相术语言流入民间后，民间画师便以之为依据，一板一眼绘制出了众多朱元璋像。这是一个"由画像翻译为相术语言，再由相术语言翻译为画像"的故事。在这个故事里，朱元璋被抽象成了一个望之不像正常人类的丑八怪。[①]

　　总而言之，无论是宣扬神赐"项上奇骨"，还是不喜"笔意逼真"强迫画师增加"穆穆之容"，抑或是朱棣强迫画师将自己与朱元璋的标准像绘成高度相似，抑或是将相术语言里的帝王之姿转译为画像，究其本质，都是权力在试图粉饰凡人，都是权力的掌控者不甘心拥有一副凡人的相貌。在这一过程中，朱元璋不想要自己的真脸，朱棣也不想要朱元璋的真脸。

　　于是，朱元璋的真脸，就这样没了。

---

　　① 可参考胡丹：《"相人术"与明代前期政治》，《北大史学》2013年；胡丹：《相术、符号与传播："朱元璋相貌之谜"的考析与解读》，《史学月刊》2015年第8期。两文认为："朱元璋由奇人到奇貌的变化，并非野史向壁虚构，它由官方的历史书写首先完成，《太祖实录》反复渲染太祖相貌的奇伟，是这一转换的关键。"此说对笔者启发甚大。但笔者认为，朱棣为朱元璋"整容"并不是将朱元璋往丑了整，而是相反，乃是在以朱棣的基本样貌为底本，让朱元璋的样貌尽可能向朱棣靠拢。